Berechtigung und Aktualität des Böckenförde-Diktums

Schriften zum

STAATSKIRCHENRECHT

Herausgegeben von
Axel Frhr. von Campenhausen,
Christoph Link und Jörg Winter

Band 60

PL ACADEMIC RESEARCH

Julia Palm

Berechtigung und Aktualität des Böckenförde-Diktums

Eine Überprüfung vor dem Hintergrund der religiös-weltanschaulichen Neutralität des Staates

Möglichkeiten des Staates zur Pflege seiner Voraussetzungen durch Werterziehung in der öffentlichen Schule

PL ACADEMIC RESEARCH

Bibliografische Information der Deutschen Nationalbibliothek
Die Deutsche Nationalbibliothek verzeichnet diese Publikation in der Deutschen Nationalbibliografie; detaillierte bibliografische Daten sind im Internet über http://dnb.d-nb.de abrufbar.

Zugl.: Köln, Univ., Diss., 2012

Umschlaggestaltung:
© Olaf Glöckler, Atelier Platen, Friedberg

D 38
ISSN 1437-3149
ISBN 978-3-631-62739-6

PL Academic Research ist ein Imprint der Peter Lang GmbH.

Peter Lang – Frankfurt am Main · Berlin · Bruxelles · New York · Oxford · Wien · Warszawa

www.peterlang.de

Meinen Eltern

Vorwort

Die vorliegende Arbeit wurde von der rechtswissenschaftlichen Fakultät der Universität zu Köln im Sommersemester 2012 als Dissertation angenommen. Die mündliche Prüfung fand zu Beginn des Wintersemesters 2012/2013 statt. Aktuelle Rechtsprechung und Beiträge in der Literatur habe ich bis Mai 2012 berücksichtigt.

Bei meinem Doktorvater Herrn Prof. Dr. Stefan Muckel bedanke ich mich herzlich für seine Unterstützung bei der Anfertigung der Dissertation. Mein Dank gilt auch Herrn Prof. Dr. Wolfram Höfling, M.A., für die schnelle Verfassung des Zweitgutachtens. Außerdem bedanke ich mich bei Herrn Prof. Dr. Manfred Baldus für seine Anregungen in der Anfangsphase der Verfassung meiner Dissertation.

Herrn Rechtsanwalt Dr. Marcus Richter von der Kanzlei Görg Rechtsanwälte möchte ich ebenfalls danken, der mir bei der Erstellung dieser Arbeit hilfreich zur Seite gestanden und ihre Entstehung begleitet hat.

Nicht zuletzt danke ich meinen Eltern für die unersetzbare Unterstützung im Rahmen meiner Ausbildung. Ihnen widme ich diese Arbeit.

Bergisch Gladbach, Januar 2013 Julia Palm

Inhaltsverzeichnis

Abkürzungsverzeichnis

a.A.	anderer Ansicht
abgedr.	abgedruckt
Abs.	Absatz
AfkKR	Archiv für katholisches Kirchenrecht (Zeitschrift)
Anm.	Anmerkung
AöR	Archiv des öffentlichen Rechts (Zeitschrift)
ARSP	Archiv für Rechts- und Sozialphilosophie (Zeitschrift)
Art.	Artikel
APuZ	Aus Politik und Zeitgeschichte
Az.	Aktenzeichen
BayEUG	Bayerisches Gesetz über das Erziehungs- und Unterrichtswesen
BayVBl.	Bayerische Verwaltungsblätter
BayVerfGH	Bayerischer Verfassungsgerichtshof
BbgSchulG	Brandenburgisches Schulgesetz
Bd.	Band
BGB	Bürgerliches Gesetzbuch
BK	Bonner Kommentar
BKGG	Berliner Kommentar zum Grundgesetz
BlnSchulG	Schulgesetz für das Land Berlin
BVerfG	Bundesverfassungsgericht
BVerfGE	Entscheidungen des Bundesverfassungsgerichts
BVerwG	Bundesverwaltungsgericht
BVerwGE	Entscheidungen des Bundesverwaltungsgerichts
bw SchulG	Schulgesetz für Baden-Württemberg
dens.	denselben
ders.	derselbe
dies.	dieselben
DÖV	Die Öffentliche Verwaltung (Zeitschrift)
DVBl.	Deutsches Verwaltungsblatt
EvStL	Evangelisches Staatslexikon
FAZ	Frankfurter Allgemeine Zeitung
f./ff.	folgende/fortfolgende
Fn.	Fußnote

GG	Grundgesetz
HdbStKirchR	Handbuch des Staatskirchenrechts der Bundesrepublik Deutschland
HStR	Handbuch des Staatsrechts der Bundesrepublik Deutschland
Hrsg.	Herausgeber
HSchG	Hessisches Schulgesetz
i.e.	id est
i.V.m.	in Verbindung mit
JöR	Jahrbuch des öffentlichen Rechts der Gegenwart
JZ	Juristenzeitung
KMK	Kultusministerkonferenz
KuR	Die Zeitschrift für die kirchliche und staatliche Praxis – Kirche & Recht
krit.	Kritisch
LER	„Lebensgestaltung – Ethik – Religionskunde“
LSAVerf	Verfassung des Landes Sachsen-Anhalt
m.w.N.	mit weiteren Nachweisen
NJW	Neue Juristische Wochenschrift
Nr.	Nummer
NVwZ	Neue Zeitschrift für Verwaltungsrecht
NVwZ-RR	Neue Zeitschrift für Verwaltungsrecht – Rechtsprechungs-Report
NWVBl.	Nordrhein-Westfälische Verwaltungsblätter
OVG	Oberverwaltungsgericht
RdJB	Recht der Jugend und des Bildungswesens. Zeitschrift für Schule, Berufsbildung und Jugenderziehung
RelKErzG	Gesetz über die religiöse Kindererziehung
RhPfVerf	Verfassung für Rheinland-Pfalz
Rn.	Randnummer
Rspr.	Rechtsprechung
S.	Seite
saarl SchoG	Gesetz zur Ordnung des Schulwesens im Saarland
sog.	sogenannte (r, s)
Sp.	Spalte
st.	ständig
SVerf.	Verfassung des Freistaates Sachsen
taz	die tageszeitung
ThürV	Verfassung des Freistaats Thüringen
u.a.	unter anderem
v.	von/vom

v.a.	vor allem
Verf BW	Verfassung des Landes Baden-Württemberg
Verf BY	Verfassung des Freistaates Bayern
Verf HE	Verfassung des Landes Hessen
Verf NRW	Verfassung für das Land Nordrhein-Westfalen
VG	Verwaltungsgericht
vgl.	vergleiche
VVDStRL	Veröffentlichungen der Vereinigung deutscher Staatsrechtslehrer
WRV	Weimarer Reichsverfassung
z.B.	zum Beispiel
ZevKR	Zeitschrift für evangelisches Kirchenrecht
ZRP	Zeitschrift für Rechtspolitik
zust.	zustimmend

A. Einleitung

I. Hinführung zum Thema: Das „*Böckenförde*-Diktum"

Die zentrale Aussage der Ausarbeitung *Ernst-Wolfgang Böckenfördes* mit dem Titel „Die Entstehung des Staates als Vorgang der Säkularisation", wonach der Staat von Voraussetzungen lebe, die er selbst nicht garantieren könne, ist der wohl meistzitierte Satz im wissenschaftlichen Werk des ehemaligen Bundesverfassungsrichters, der auch als „*Böckenförde*-Diktum" bezeichnet wird. Erstmals formulierte er ihn 1964 im Vorfeld des Zweiten Vatikanischen Konzils, das im Jahr 1965 stattfand, in Ebrach während eines Vortrags. Im Kontext lautet er:

> „So stellt sich die Frage nach den bindenden Kräften von neuem und in ihrem eigentlichen Kern: *Der freiheitliche, säkularisierte Staat lebt von Voraussetzungen, die er selbst nicht garantieren kann.* Das ist das große Wagnis, das er, um der Freiheit willen, eingegangen ist. Als freiheitlicher Staat kann er einerseits nur bestehen, wenn sich die Freiheit, die er seinen Bürgern gewährt, von innen her, aus der moralischen Substanz des einzelnen und der Homogenität der Gesellschaft, reguliert. Andererseits kann er diese inneren Regulierungskräfte nicht von sich aus, das heißt mit den Mitteln des Rechtszwanges und autoritativen Gebots, zu garantieren suchen, ohne seine Freiheitlichkeit aufzugeben und – auf säkularisierter Ebene – in jenen Totalitätsanspruch zurückzufallen, aus dem er in den konfessionellen Bürgerkriegen herausgeführt hat. (...) So wäre denn noch einmal – mit Hegel – zu fragen, ob nicht auch der säkularisierte weltliche Staat letztlich aus jenen inneren Antrieben und Bindungskräften leben muß, die der religiöse Glaube seiner Bürger vermittelt. Freilich nicht in der Weise, dass er zum ‚christlichen' Staat rückgebildet wird, sondern in der Weise, daß die Christen diesen Staat in seiner Weltlichkeit nicht länger als etwas Fremdes, ihrem Glauben Feindliches erkennen, sondern als die Chance der Freiheit, die zu erhalten und realisieren auch ihre Aufgabe ist."[1]

Das Diktum ist laut *Böckenförde* kein normativer Satz, sondern stellt eine analysierende und resümierende Feststellung am Ende eines Beitrages dar.[2] In diesem führt *Böckenförde* aus, dass der moderne Staat sich aus der schrittweise erfolgten Ablösung der politischen Ordnung mitsamt ihren Institutionen aus kirchlicher Observanz und Herrschaft entwickelt und die Entstehung des modernen Staates somit einen Vorgang der Säkularisation dargestellt habe.[3] In seiner Ausarbeitung

---

1 Erstveröffentlichung *Böckenförde*, Die Entstehung des Staates als Vorgang der Säkularisation, in: Buve, Säkularisation und Utopie, S. 75-94. Hier zitiert nach *Böckenförde*, Recht, Staat Freiheit, dort auf S. 112 (Hervorhebung im Original).

2 *Böckenförde*, „Der freiheitliche säkularisierte Staat...", S. 19.

3 *Böckenförde*, Die Entstehung des Staates als Vorgang der Säkularisation, S. 93.

stellt *Böckenförde* dazu die verschiedenen Phasen der Säkularisierung und die damit einhergehende Loslösung von Staat und Religion dar.[4]

Als erste Stufe dieses Säkularisierungsprozesses führt *Böckenförde* zunächst die Entlassung des weltlichen Herrschaftsbereiches aus dem Bereich des Geheiligten und der unmittelbaren Orientierung auf das Jenseits hin an. In dieser ersten Phase, ausgelöst durch den Investiturstreit im 11. Jahrhundert, sei die christliche Religion die Homogenität stiftende Fundierung im Volk geblieben.[5]

Als nächsten Abschnitt der Säkularisierung nennt *Böckenförde* die Glaubensspaltung, die zugleich Auslöser einer Krise gewesen sei. Es sei unklar gewesen, wie ein Miteinander der nun verschiedenen Konfessionen in einem Staat zu verwirklichen sein sollte. Die Frage der Religion sei zur Aufgabe der Politik geworden. Ergebnis einer Reihe von Bürgerkriegen sei ein Staat gewesen, der seinen Aufbau und seine Legitimation ab diesem Zeitpunkt nur noch weltlich und politisch herleitete. Prinzipiell seien Religion und Politik daher getrennt gewesen.[6] Zwar habe noch immer fast überall in Europa das Prinzip der Staatsreligion geherrscht, es sei hierbei aber nicht um unbedingte Durchsetzung der religiösen Wahrheit, sondern um ihre Unterstellung unter die Bedingungen der Politik gegangen, um die Sicherheit und Ordnung des Staates zu fördern. Die Frage der Entscheidung für die Staatsreligion sei dadurch „der Abwägung, der Ausgrenzung von Freiheitsräumen, ja für den Weg zur Toleranz" für Andersgläubige offen geworden.[7]

Seit der Französischen Revolution und der aus ihr hervorgegangenen Erklärung der Menschen- und Bürgerrechte von 1789 habe der Staat seine Legitimation nicht länger in göttlicher Stiftung gefunden, sondern habe sich allein auf das Individuum, also den Menschen als rein profanes Wesen bezogen.[8] Zudem sei die Religion durch die Verfassung von 1791 dem gesellschaftlichen Bereich zugeordnet worden und auf diesen beschränkt gewesen; verfassungsrechtlich normiert waren nunmehr Glaubens- und Religionsfreiheit.[9]

Als Resultat des Säkularisierungsprozesses sei festzuhalten, dass der Staat nicht länger selbstgenügsam sei und nicht mehr in der alten Polis-Tradition der

---

4 Vgl. dazu auch statt vieler *Reinhard*, Geschichte der Staatsgewalt, S. 259 ff. Vgl. auch die Darstellung der Entwicklung zur heutigen funktional ausdifferenzierten Gesellschaft bei *Depenheuer*, Religion als ethische Reserve der säkularen Gesellschaft, S. 11 ff. Krit. zur These von der „Entstehung des Staates als Vorgang der Säkularisation" *Dreier*, JZ 2002, S. 6 ff.

5 *Böckenförde,* Die Entstehung des Staates als Vorgang der Säkularisation, S. 99.

6 *Böckenförde,* Die Entstehung des Staates als Vorgang der Säkularisation, S. 99-101.

7 *Böckenförde,* Die Entstehung des Staates als Vorgang der Säkularisation, S. 104.

8 *Böckenförde,* Die Entstehung des Staates als Vorgang der Säkularisation, S. 107.

9 *Böckenförde,* Die Entstehung des Staates als Vorgang der Säkularisation, S. 108.

„societas perfecta" stehe.[10] Vielmehr sei er in heutiger Zeit zur eigenen Fundierung und Erhaltung auf andere Kräfte angewiesen, weil der säkularisierte Staat die Religion und die aus ihr erwachsende Sittlichkeit nicht als konstitutive Elemente in sich aufnehmen könne. Ergebnis dieser historischen Entwicklung sei für den Staat der Verlust der Bindungskraft der Religion. Säkularität bedeute also die Ablösung der politischen Ordnung von ihrer geistlich-religiösen Bestimmung und Durchformung um einer eigenen, weltlich konzipierten Zielsetzung und Legitimation willen.[11]

Der Staat sei zudem aufgrund der historischen Erfahrung der Glaubenskriege an das Gebot der religiös-weltanschaulichen Neutralität gebunden, welches bereits aus dem Staatsbegriff selbst folge und daher keiner normativen Voraussetzungen bedürfe.[12] Aus diesem Gebot ergebe sich, dass der Staat zur Vermeidung religiöser und weltanschaulicher Konflikte zwar keine Partei ergreifen dürfe.[13] Zum Zwecke der Friedenssicherung müsse er seine Souveränität aber zur Konfliktlösung einsetzen und sei folglich nicht auf eine rein passive Rolle verwiesen.[14] Vom Staat werde demnach nicht in allen Fällen verlangt, sich lediglich zu enthalten, sondern er müsse zum Teil auch mittels seiner Souveränität neutralisierend auf gesellschaftliche Kräfte einwirken.[15] *Böckenförde* geht also von einem „etatistischen Effekt"[16] der staatlichen Neutralität aus, der zufolge der Staat aus historischen Gründen eine neutrale Instanz bildet, die dem freien Walten naturhafter Kräfte der Gesellschaft Einhalt gebietet und Grenzen setzt.[17]

Für *Böckenförde* ergibt sich aus dieser Entwicklung die Frage, woraus der Staat lebe, „nachdem die Bindungskraft aus der Religion für ihn nicht mehr essentiell ist und sein kann".[18] Es sei nun fraglich, ob „Sittlichkeit" auch inner-

---

10 *Böckenförde*, Staat – Gesellschaft – Kirche, S. 30 ff.

11 *Böckenförde,* Die Entstehung des Staates als Vorgang der Säkularisation, S. 93.

12 *Böckenförde*, Die Entstehung des Staates als Vorgang der Säkularisation, S. 109 („strukturbedingte Weltlichkeit und Neutralität des Staates").

13 *Böckenförde*, ZevKR 20 (1975), S. 130 f. Vgl. auch *Badura*, Der Schutz von Religion und Weltanschauung durch das Grundgesetz, S. 22, 81 f.; *Oebbecke*, DVBl. 1996, S. 336 ff.

14 Der Ruf nach Neutralität ist oft ein Zeichen verfassungskritischer Zustände; um desintegrativen Kräften entgegenzuwirken, kann eine Neutralisierung dieser Kräfte durch den Staat von großer Zweckmäßigkeit sein, vgl. *Samm*, Die Stellung der Deutschen Bundesbank im Verfassungsgefüge, S. 114 Anm. 38; *Schlaich*, Neutralität als verfassungsrechtliches Prinzip, S. 41.

15 *Schlaich*, Neutralität als verfassungsrechtliches Prinzip, S. 41.

16 *Schlaich*, Neutralität als verfassungsrechtliches Prinzip, S. 134.

17 *Böckenförde*, Die verfassungstheoretische Unterscheidung von Staat und Gesellschaft als Bedingung der individuellen Freiheit, S. 43 f. *Böckenförde* geht davon aus, dass eine Unterscheidung von Staat und Gesellschaft Bedingung der individuellen Freiheit sei. Nur durch diese sei es dem Einzelnen möglich, sich gebietsweise vom Staat zu distanzieren oder sich von diesem gänzlich zu enthalten. Die Begrenzung dieser Freiheit wird dann vom Staat geschaffen.

18 *Böckenförde,* Die Entstehung des Staates als Vorgang der Säkularisation, S. 92.

weltlich und säkular begründet werden könne. Hieraus ergebe sich die Problemstellung, woher nun dem säkularisierten Staat die ihn tragende Kraft erwachsen möge und wo er die inneren Kräfte, die die Freiheit der Staatsbürger regulieren, finden könne.[19] Das Kernproblem bei diesen Kräften im Staat liegt *Böckenförde* zufolge darin, dass der Staat diese nicht selbst garantieren könne, wenn er nicht seine Freiheitlichkeit aufgeben wolle. Mithin sei der Staat vielmehr darauf angewiesen, dass sich die Freiheit, die er seinen Bürgern gewähre, aus einem ethischen Minimalkonsens der Gesellschaft und der moralischen Substanz der Bürger heraus reguliere. Sobald der Staat jedoch selbst die Garantie jener inneren Regulierungskräfte durch Rechtszwang und autoritatives Gebot anstrebe, gebe er zugleich seine Freiheitlichkeit auf.[20] Der Staat sei demzufolge nicht allein durch Machtkonzentration und Ausübung von Zwangsgewalt sowie der Gewährleistung individueller Freiheit lebensfähig.[21] Der Staat sei in seinem Bestand vielmehr abhängig von einem Zusammengehörigkeitsgefühl und einer Einordnungsbereitschaft seiner Bürger.[22] Ohne die Mitwirkung der Staatsbürger aus ihrer Freiheit heraus könne der Staat nicht fortbestehen, da er anderenfalls durch die Individualisierung und Isolierung der einzelnen Bürger auseinander falle.[23]

Der Staat sei demnach auf einen ethischen Minimalkonsens und gemeinsame Grundwerte[24] seiner Bürger angewiesen. Die Bürger müssten bereit sein, ihre grundrechtlich gewährleisteten Freiheiten wie die Meinungs-, Informations- und Versammlungsfreiheit wahrzunehmen; ebenso vertraue der Staat darauf, dass die Bürger elterliche Verantwortung übernehmen und ihre Kinder in ausreichendem Maße erziehen sowie sich bereit zeigen, einem Beruf nachzugehen und die Gesetze zu befolgen.[25]

In diesem Dilemma liegt die Pointe des „*Böckenförde*-Diktums“: Dem Staat ist es nicht nur unmöglich, die Voraussetzungen, von denen er lebt, zu garantieren, sondern er darf es überdies nicht tun. Eine staatlich definierte Freiheit ist nach *Böckenfördes* Verständnis der Grundrechte keine Freiheit. Die Gemeinsamkeit verbürgenden Kräfte sind mithin nach dieser Auffassung vorrechtlich und der Möglichkeit der Gewährleistung durch hoheitliche Mittel des Rechts-

---

19 *Böckenförde*, Die Entstehung des Staates als Vorgang der Säkularisation, S. 111.

20 *Böckenförde*, Die Entstehung des Staates als Vorgang der Säkularisation, S. 112 f.

21 *Böckenförde*, Fundamente der Freiheit, S. 89.

22 *Böckenförde*, Die Zukunft politischer Autonomie, S. 110 f.; *ders.*, Der säkularisierte Staat, S. 25.

23 *Böckenförde*, „Der freiheitliche säkularisierte Staat…“, S. 20 ff.

24 Der Begriff der „Grundwerte“ bezeichnet den für das Zusammenleben in einem Gemeinwesen erforderlichen ethischen Grundkonsens, vgl. *Isensee*, NJW 1977, S. 545.

25 Beispiele nach *Tillmanns*, Wehrhaftigkeit durch Werthaftigkeit – der ethische Grundkonsens als Existenzvoraussetzung des freiheitlichen Staates, S. 32.

zwangs entzogen.[26] *Böckenförde* erkennt zwar die Notwendigkeit, dass der Staat die Freiheit in der Wirklichkeit des Lebens normativ regele, um Konflikte zu vermeiden, die aus der Freiheitsbetätigung einer Vielzahl von Menschen entstehen, da dem Staat das Gewaltmonopol zukommt. Die Freiheit ist daher seiner Meinung nach auf das Recht angewiesen, das ihren Bestand garantieren und zudem die Freiheitsbetätigung überhaupt erst ermöglichen kann.[27]

Aufgaben des Staates im Hinblick auf Freiheitssicherung und Freiheitsverwirklichung sieht *Böckenförde* folglich in der Rahmensetzung und Sicherung der rechtlichen Freiheitssphäre.[28] Des Weiteren gewährleiste der Staat die Möglichkeit zur Freiheit in der Form der Sozialstaatlichkeit, indem jedem Menschen die Möglichkeit zur Teilhabe am öffentlichen Leben gegeben werde.[29]

Die Frage, ob dem Staat über diese Aufgaben der Gewähr der äußeren subjektiven Freiheit hinaus auch Aufgaben im Bereich der inhaltlichen Orientierung der Freiheit zukommen, beantwortet er ablehnend. Dem Staat ist es seiner Auffassung nach wegen seiner normativen Bindung an das Gebot der religiös-weltanschaulichen Neutralität verwehrt, geistige und ethisch-sittliche Gehalte als verbindliche zu präsentieren, selbst wenn diese ein tragendes Fundament der individuellen Selbstbestimmung darstellen könnten, der Staat ist mithin auf eine schützende und stützende Funktion in Bezug auf diese Gehalte verwiesen.[30] Dem Staat kommt nach *Böckenförde* in der Folge keine Kompetenz zu, die der Freiheit vorausliegenden ethisch-sittlichen Grundlagen selbst herbeizuschaffen und zu gewährleisten. Über die Schaffung äußerer Grenzen zur Ermöglichung der Freiheitsbetätigung und zur Sicherung der Freiheit hinaus ist der Staat *Böckenförde* zufolge nicht zuständig für die inhaltliche Zielrichtung der Freiheit.

Das Paradoxon, dass der Staat auf Regulierungskräfte angewiesen ist, die seinen Verfall verhindern, und diese dennoch nicht selbst hervorbringen und damit garantieren kann, da diese vor-rechtlich und daher der Möglichkeit der Gewährleistung durch hoheitliche Mittel des Rechtszwanges entzogen sind, hat nach *Böckenförde* nicht zur Folge, dass dem Staat schlichtweg überhaupt keine Handlungsmöglichkeiten verbleiben. Er dürfe auf nichthoheitliche Art eine Stütze für sie darstellen und ihnen Schutz gewähren, wobei er dies erreichen könne, wenn er Bedingungen erzeuge, die die Entfaltung und Weitergabe der Regulierungskräfte vereinfache. Dies könne der Staat jedenfalls im Rahmen der staatlichen Schulen, von Bildung und Wissenschaft und im Bereich der Kultur- und

---

26 *Böckenförde*, Der säkularisierte Staat, S. 24 f.
27 *Böckenförde*, Freiheit und Recht, Freiheit und Staat, S. 43 f.
28 *Böckenförde*, Freiheit und Recht, Freiheit und Staat, S. 54.
29 *Böckenförde*, Freiheit und Recht, Freiheit und Staat, S. 51 ff.
30 *Böckenförde*, Freiheit und Recht, Freiheit und Staat, S. 54 f.

Religionspolitik leisten.[31] Hier könne er ethisch-sittliche Gehalte als Orientierungspunkte der Freiheitsbetätigung setzen, indem er diese Gehalte vor allem im Bereich der staatlichen Schulerziehung präsentiere und pflege. Dabei müsse der Staat stets seine Pflicht zur Neutralität in religiös-weltanschaulichen Dingen beachten, welche ihm grundgesetzlich aufgegeben sei.

Dem Staat sei es demzufolge verwehrt, eigene Werte[32] vorzustellen oder gar als verbindlich darzustellen, er bleibe vielmehr darauf verwiesen, die ethisch-sittlichen Gehalte zu schützen und zu stützen, wobei er verdeutlichen müsse, dass es sich nicht um eigene Werte handele.[33]

Aus dem seinen Beitrag abschließenden Appell an die Christen, den Staat nicht länger als etwas Fremdes, ihrem Glauben Feindliches zu erkennen, könnte der Schluss gezogen werden, dass *Böckenförde* die in seiner These angesprochenen „Voraussetzungen“ des Staates weitgehend auf die Religion und die Kirchen bezieht. *Böckenförde* formulierte diesen Appell an die Christen noch vor dem Zweiten Vatikanischen Konzil 1965, das erst die Anerkennung der Religionsfreiheit durch die katholische Kirche hervorbrachte.[34] In diesem Kontext besehen ergibt sich eine weiterreichende Stoßrichtung des Appells. Er fordert letztlich die Kirchen auf, ihre Skepsis gegenüber dem säkularen Staat abzubauen und sich vielmehr mit ihrer Prägekraft einzubringen, ohne diese dabei als die einzige ethische Prägekraft der Gesellschaft zu sehen. Als weitere gesellschaftliche, Homogenität stiftende Gruppierungen sieht er auch „weltanschauliche, politische oder soziale Bewegungen“ an, die „den Gemeinsinn der Bevölkerung und die Bereitschaft (...), nicht stets rücksichtslos nur auf den eigenen Vorteil zu schauen, vielmehr gemeinschaftsorientiert und solidarisch zu handeln“, fördern können.[35]

Das „*Böckenförde*-Diktum“ illustriert also das Dilemma des modernen Staates, der davon ausgehen muss, dass sich der für ihn erforderliche ethische Minimalkonsens und die Einordnungsbereitschaft seiner Bürger ohne staatliche Regelung bilden. Die Grundrechtsträger sind im Rahmen ihrer Grundrechtsaus-

---

31 *Böckenförde*, „Der freiheitliche säkularisierte Staat...“, S. 20; *ders.*, Der säkularisierte Staat, S. 31.

32 Zu einer Definition des Wertbegriffs vgl. etwa *Di Fabio*, JZ 2004, S. 1 ff.

33 *Böckenförde*, Freiheit und Recht, Freiheit und Staat, S. 54 f.

34 Erklärung über die Religionsfreiheit „Dignitatis Humanae“, abgedruckt bei *Rahner/Vorgrimler*, Kleines Konzilskompendium, S. 661 ff.

35 *Böckenförde*, taz v. 23.09.2009, S. 4. Krit. *Heinig*, Öffentlich-rechtliche Religionsgesellschaften, S. 39 ff., der darauf hinweist, dass die Begriffe des „säkularisierten Staates“ und seiner „Voraussetzungen“ aufeinander verwiesen. Hierin sieht er eine versteckte Nobilitierung der Religion, da der Begriff der Säkularisierung stets einen Bezug zu dieser herstelle. Zudem erweise sich Religion aus religionstheoretischer Perspektive stets auch als soziales Ambivalenzphänomen, da ihre bellizistisch-desintegrative Dimension neben ihrer sozialstabilisierenden Gemeinwohlrelevanz nicht außer Acht zu lassen sei.

übung gewissermaßen sich selbst überlassen. Ob die Freiheitsberechtigten von ihrer Freiheit überhaupt Gebrauch machen und wenn ja, auf welche Art und Weise der Freiheitsgebrauch erfolgt, ist staatlicher Regelung entzogen.

Den jeweiligen Grundrechten, welche den Staat zur Schaffung eines Freiheitsraumes verpflichten, sind im Grundgesetz keine korrespondierenden Grundpflichten[36] gegenübergestellt, die ihrerseits den Grundrechtsträger zum Freiheitsgebrauch in die Pflicht nehmen könnten.[37] Es besteht allein eine staatlicherseits nicht erzwingbare Verfassungserwartung dahingehend, dass der Bürger von seinen Freiheiten überhaupt Gebrauch macht und dies auch in einer Weise tut, die dem Gemeinwohl zuträglich ist. Es existiert also eine Asymmetrie von Rechten und Pflichten in der freiheitlichen Verfassung des Grundgesetzes.[38] Den Grundrechten kann kein Pflichtelement immanent sein, ohne dass sie in ihr Gegenteil verkehrt werden.[39] „Freiheit ist dem Einzelnen vorgegeben, nicht aufgegeben."[40]

Der Staat eröffnet den Bürgern nach *Böckenförde* und den an ihn anknüpfenden Autoren durch die Gewährleistung von Grundrechten folglich die Möglichkeit zur Eigengestaltung ihrer Lebensverhältnisse, befindet sich aber auch in einer dementsprechenden Erwartungshaltung, dass die Bürger das Angebot auch

---

36 Grundpflichten sind Pflichtbeiträge zum Gemeinwohl, die von der Verfassung gefordert werden und durch Aktivierung der Freiheit in Richtung auf dieses erbracht werden sollen, vgl. etwa *Götz*, VVDStRL 41 (1983), S. 12.

37 *Bethge*, NJW 1982, S. 2147 m.w.N.; *Isensee*, Demokratischer Rechtsstaat und staatsfreie Ethik, S. 106; *ders.*, DÖV 1982, S. 609 ff.; *ders.*, in: HStR III, § 57 Rn. 86. Einzelne Grundpflichten, die aber jeweils nicht das „Pendant" eines Freiheitsrechts darstellen, finden sich verstreut an wenigen Stellen des Grundgesetzes: Art. 9 Abs. 2 GG (Unterlassungspflichten für Vereine), Art. 14 Abs. 2 GG (Eigentum verpflichtet), Art. 21 Abs. 2 GG (Unterlassungspflicht für Parteien). Vgl. für andere Grundpflichten *Starck*, in: v. Mangoldt/Klein/Starck, GG, Bd. 1, Art. 1 Rn. 197. Lediglich Art. 6 Abs. 2 S. 1 GG normiert die elterliche Erziehungspflicht und regelt damit eine Verpflichtung, von der verfassungsrechtlich gewährleisteten Freiheit auch Gebrauch zu machen, vgl. dazu *Herzog*, Grundrechte und Gesellschaftspolitik, S. 70 f. Zudem setzt Art. 20 Abs. 2 GG die Grundpflicht des Bürgers zum Gehorsam gegenüber rechtskräftigen Gesetzen, Verwaltungsakten und Gerichtsurteilen voraus, wobei eine Normierung dieser Grundpflicht aufgrund ihrer Selbstverständlichkeit entbehrlich ist, vgl. etwa *Schulze-Fielitz*, in: Dreier, GG, Bd. 2, Art. 20 (Rechtsstaat) Rn. 17.

38 Dieser Grundrechtsindividualismus, der den Freiheitsgebrauch allein in das Belieben des Grundrechtsträgers stellt, wurde oft kritisiert, vgl. etwa *Hofmann*, VVDStRL 41 (1983), S. 49 ff. m.w.N. Zwar gibt es auch Ansichten, die den Grundrechtsträger bezüglich des Grundrechtsgebrauchs in die Pflicht nehmen wollen, doch ist auch danach der Nichtgebrauch der Grundrechte nicht sanktionierbar, vgl. *Krüger*, Allgemeine Staatslehre, S. 543.

39 *Bethge*, NJW 1982, S. 2147 m.w.N. Es gibt also nur einzelne grundrechtliche Konstellationen, die die Möglichkeit der staatlichen Erzwingbarkeit der Grundrechtsausübung ausdrücklich beinhalten, so etwa Art. 6 Abs. 2 GG. Vgl. dazu *Herzog*, Grundrechte und Gesellschaftspolitik, S. 70 f.

40 *Bethge*, NJW 1982, S. 2148.

annehmen und von ihren grundrechtlich gewährleisteten Freiheiten Gebrauch machen. So sei dem Grundgesetz etwa die Erwartung immanent, dass die Grundrechtsträger Ehen schließen und Familien gründen.[41] Die grundrechtlich geschützten Aktivitäten der Bürger bringen zudem das Sozialprodukt hervor, von dem wiederum das gesamtwirtschaftliche Gleichgewicht sowie etwa das Bildungsniveau der Gesellschaft abhängen.[42] Der Staat kann somit lediglich für die Schaffung der Bedingungen zur Freiheitsausübung seiner Bürger sorgen, erzwingen kann er sie nicht. Es gibt nach *Isensee* „keine verfassungsstaatliche Versicherung für das Wagnis der Freiheit", der freiheitliche Staat lebe vielmehr aus einem Grundvertrauen in die Gemeinwohlfähigkeit seiner Bürger.[43]

Die Annahme der grundrechtlichen Freiheitsangebote ist danach eine Grundrechtsvoraussetzung.[44] Hierauf richtet sich für Autoren, die an *Böckenfördes* Gedanken anschließen, dann auch die Erwartung der Verfassung, welche davon ausgehe, dass jeder Freiheitsberechtigte Freiheitsfähigkeit, Freiheitsqualifikation und Freiheitsbereitschaft entwickelt.[45] Freiheitliche Verfassungsstaatlichkeit sei „vertrauende Staatlichkeit."[46]

II. Die veränderte religionssoziologische Lage in Deutschland und die Diskussion um das Neutralitätsgebot

Das „*Böckenförde*-Diktum" wird mittlerweile „geradezu rituell zitiert".[47] Erwähnung findet das Diktum nicht nur in der rechtswissenschaftlichen Diskussion, sondern oft auch im Rahmen politischer Debatten.[48] *Hermann Lübbe* stellte deshalb zum klassisch gewordenen „*Böckenförde*-Diktum" fest, dass dieses „mit einer innovationsfreien Regelhaftigkeit wiederholt" werde, die erkennen ließe,

41 *P. Kirchhof*, in: HStR IX, § 221 Rn. 59.

42 *Isensee*, in: HStR V, § 115 Rn. 222 ff.

43 *Isensee*, in: HStR V, § 115 Rn. 233.

44 *P. Kirchhof*, in: HStR IX, § 221 Rn. 60.

45 *P. Kirchhof*, Die Freiheit der Religionen und ihr unterschiedlicher Beitrag zu einem freien Gemeinwesen, S. 111.

46 *Uhle*, in: HStR IV^3, § 82 Rn. 3.

47 So *v. Campenhausen*, Offene Fragen im Verhältnis von Staat und Kirche am Ende des 20. Jahrhunderts, S. 111. Vgl. nur humanismus aktuell 22 (2008) mit dem Titel „Humanismus und ‚Böckenförde-Diktum'„. Aus der rechtswissenschaftlichen Literatur vgl. *Isensee*, Demokratischer Rechtsstaat und staatsfreie Ethik, S. 107 f.; *ders.*, NJW 1977, S. 551; *ders.*, Das Dilemma der Freiheit im Grundrechtsstaat, S. 754; *Tillmanns*, Wehrhaftigkeit durch Werthaftigkeit, S. 33, 41.

48 Vgl. nur *Schäuble*, Die Politische Meinung Nr. 473 (2009), S. 14, und das von *Rath* geführte Interview mit *Böckenförde* mit dem Titel „Freiheit ist ansteckend", taz v. 23.9.2009.

dass der Satz auf einen Sachverhalt ziele, der ebenso unwidersprechlich wie fundamental sei.[49] Das Diktum wird von einigen „fast als allgemein gesicherte Erkenntnis" angesehen.[50]

Doch das „*Böckenförde*-Diktum" sieht sich auch kritischen Stimmen gegenüber. So wird das Diktum bisweilen – freilich mit kritischer Konnotation – als „staatspolitisches Orakel" bezeichnet.[51] Die damalige Bundesjustizministerin *Zypries* stellte die Frage, ob der Staat sich im Hinblick auf die ihm vorausliegenden Voraussetzungen seine Passivität in der heutigen Zeit weiterhin werde leisten können.[52] Des Weiteren wird vorgeschlagen, das „*Böckenförde*-Diktum" insofern zu ergänzen, dass dem Staat bei der Sicherung seiner „Voraussetzungen" zumindest weiterreichende Möglichkeiten zukommen, als ihm von *Böckenförde* zuerkannt werden.[53] Andere wiederum halten das Diktum schon in seinem Ansatz für unzutreffend. Sie gehen davon aus, dass der Staat sehr wohl in der Lage sei, seine „Voraussetzungen" zu garantieren.[54]

---

49 *Lübbe*, Staat und Zivilreligion, S. 57.

50 *Mückl*, AfkKR 173 (2004), S. 295.

51 *Ebert*, Ernst-Wolfgang Böckenförde – Ein Mann und sein Dictum, S. 108. *Ebert* äußert sich insgesamt kritisch zur argumentativen Dichte der Ausarbeitung *Böckenfördes* bezüglich der „Entstehung des Staates als Vorgang der Säkularisation" und vermutet ein karrierepolitisches Manöver *Böckenfördes*, um sich im Rahmen seiner Karriere in der Justiz der Unterstützung der christlichen Parteien gewiss zu sein.

52 *Zypries*, 5. Rede zur Religionspolitik v. 12.12.2006: „Ich frage mich, ob wir uns diese Passivität des Staates an diesem Punkte weiterhin leisten können. Sicher, im freiheitlichen Staat kann es keine verordnete Leitkultur geben. Aber fördern kann der Staat die Ausbildung von Kultur und Werten schon – und zwar nicht zuletzt in der Schule. Dort muss mehr als nur Wissensvermittlung geleistet werden." Vgl. zum „*Böckenförde*-Diktum" vor dem Hintergrund von Säkularisierung und Pluralismus auch *Kreß*, Ethik der Rechtsordnung, S. 24 ff.

53 *Würtenberger*, Zur Legitimität des Grundgesetzes in historischer Perspektive, S. 35, etwa schlägt vor, das Diktum um den Zusatz zu ergänzen, dass die Freiheitlichkeit des Staates dann nicht in Frage gestellt werde, „wenn der Staat werbend für jenen Konsens in den Grundwerten eintritt, die, wie in Art. 79 Abs. 3 GG geregelt, Bedingungen eines pluralistischen Staates sind". Gleichermaßen verlangen auch *P. Kirchhof*, FAZ v. 22.5.1999, Nr. 117, S. 8 („Freiheit in der Gemeinsamkeit der Werte. Der Staat lebt von Voraussetzungen, die er nicht vollständig garantieren kann, aber zu einem erheblichen Teil selbst mitverantwortet") und *Schröder*, JZ 2010, S. 875, eine Präzisierung des „*Böckenförde*-Diktums" dahingehend, dass der Staat seine Voraussetzungen zumindest teilweise, wenn auch nicht vollständig und umfassend garantieren könne und diese sogar aus verfassungsrechtlichen Gründen mitverantwortet.

54 *Fikentscher*, Die heutige Bedeutung des nichtsäkularen Ursprungs der Grundrechte, S. 63.

1. Die veränderte religionssoziologische Lage

In der vorliegenden Untersuchung soll nun geprüft werden, ob das Diktum, das *Böckenförde* vor nunmehr fast fünfzig Jahren formuliert hat, vor dem Hintergrund der mittlerweile eingetretenen religionssoziologischen Veränderungen noch seine Berechtigung findet.

In der modernen freiheitlichen Gesellschaft ist Pluralismus[55] ein Faktum.[56] Er ist gerade ein notwendiges Merkmal der freiheitlichen Gesellschaften, denn der Staat erhebt in einer solchen keinen Anspruch darauf, die Lebensführung seiner Bürger in ihrer inhaltlichen Ausrichtung zu steuern, woraus sich eine große Vielfalt in der Ausgestaltung der Lebensformen ergibt.[57] Die Legitimationsquellen des modernen Staates sind nunmehr allein im Diesseits zu finden, sie fließen nur noch in dieser Welt.[58] Der gesellschaftliche Pluralismus äußert sich etwa in verschiedenen ökonomischen oder politischen Interessen.[59] Hervorstechender noch

55 Vgl. allgemein zum Pluralismus etwa *Luhmann*, Soziale Systeme, S. 426 ff.

56 *Huster*, Die ethische Neutralität des Staates, S. 5, in Übernahme der Formulierung bei *Rawls*, Der Bereich des Politischen und der Gedanke eines übergreifenden Konsenses, S. 336 ff.

57 So auch *Tillmanns*, Wehrhaftigkeit durch Werthaftigkeit, S. 30.

58 *Isensee*, JZ 1999, S. 269. Als Ersatz für die aus Weltanschauung und Religion zu entnehmende Verhaltensordnung werden im demokratischen und freiheitlichen Staat Verhaltensrichtlinien durch Verfahren geschaffen, *Luhmann* spricht insofern von einer „Legitimation durch Verfahren", die die Legitimation durch religiöse Wahrheiten abgelöst habe, vgl. *Luhmann*, Legitimation durch Verfahren. Diese durch staatliche Entscheidungen gefundenen Verhaltensrichtlinien resultieren aus dem größtmöglichen Konsens in der Gesellschaft, der nunmehr die Legitimationsgrundlage für die Ordnung der Gemeinschaft darstellt, welche allerdings keine weltanschauliche Orientierung bieten kann und darf, vgl. *Zippelius*, Allgemeine Staatslehre, § 7 III 2.

59 *Tillmanns*, Wehrhaftigkeit durch Werthaftigkeit, S. 30. Es zeichnet sich außerdem insgesamt ein Erosionsprozess des gesellschaftlichen Zusammenhangs ab. Steigende Scheidungsquoten, Kriminalitäts- und Suizidraten sowie der Mitgliederschwund bei Großorganisationen wie Parteien, Gewerkschaften und Kirchen sprechen für diesen Befund, vgl. dazu *Münch*, Die neue Arbeitsgesellschaft, S. 63. Die fortschreitende Individualisierung innerhalb der Gesellschaft führt demnach zu schwindender Solidarität in den Familien, Vereinen und anderen Lebensordnungen, vgl. dazu *Zippelius*, Allgemeine Staatslehre, § 7 III 3. Zur Individualisierung aus soziologischer Sicht s. *Beck*, APuZ 29/2001, S. 3 ff. Begünstigt wird diese Entwicklung dadurch, dass der moderne Staat, vor allem in seiner Funktion als Sozialstaat, immer mehr Verantwortungsbereiche an sich zieht und damit den Bürger zugleich zusehends aus einer verantwortungsvollen Position verdrängt, wodurch sich ein „fordernder Sozialbürger" entwickelt hat, der sich nicht mehr in gleichem Maße wie in früherer Zeit dem Staat innerlich verpflichtet fühlt, vgl. *Starck*, Vom Grund des Grundgesetzes, S. 25 f. *Habermas* zufolge droht daher eine „entgleisende Modernisierung der Gesellschaft", in deren Folge sich das die Gesellschaft einigende Band löst und jeder Bürger seine subjektiven Rechte allein nach seinem Interesse ohne Hinwendung auf das Gemeinwohl verfolgt, vgl. *Habermas*, Vorpolitische Grundlagen des demokratischen Rechtsstaates?, S. 111 f.

ist aber die Pluralität in kulturellen und weltanschaulichen Belangen.[60] Die Religion hat im säkularisierten Staat ihre übergreifende Integrationsfunktion verloren.[61] Noch vor fünfzig Jahren gehörten laut der Volkszählung im Jahre 1961 etwa 95 % aller in der Bundesrepublik Deutschland lebenden Menschen einer der beiden christlichen Kirchen an.[62] Die religiöse Landschaft in Deutschland ist ein halbes Jahrhundert später jedoch nicht länger überwiegend vom Christentum bestimmt, sondern zeigt sich vielmehr heterogen, auch wenn das Christentum immer noch die quantitativ am stärksten vertretene Religion darstellt.[63] Zwar mag auch in früherer Zeit innerhalb der abendländischen Wertvorstellungen ein „Binnenpluralismus" existiert haben, doch hat sich der religiös-weltanschauliche Pluralismus in Deutschland nicht zuletzt durch die migrationsbedingte Präsenz des Islam zu einem multikulturellen Pluralismus entwickelt.[64]

Im Rahmen des nach verbreiteter Ansicht zu beobachtenden Säkularisierungsprozesses[65] vollzieht sich eine Entkirchlichung, ein Mitgliederschwund der Kirchen – „den Volkskirchen kommt das Volk abhanden".[66] Die Religion gibt der Gesellschaft danach nicht länger eine Struktur.[67] In der pluralen und offenen Gesellschaft stehen die Kirchen vielmehr vor dem Problem, sich gegenüber den anderen in der Gesellschaft wirkenden Kräften behaupten zu müssen.[68] Der Pro-

---

60 *Huster*, Die ethische Neutralität des Staates, S. 5. Oft wird in diesem Zusammenhang *Samuel P. Huntington* zitiert, der in Bezug auf das Zusammentreffen der verschiedenen Kulturen von einem „clash of civilizations" spricht, vgl. *Huntington*, The Clash of Civilizations and the Remaking of The World Order.

61 *Gabriel*, Religionen und ihre Stellung zum Staat, S. 16.

62 Statistisches Bundesamt, Statistisches Jahrbuch für die Bundesrepublik Deutschland 1967, S. 42.

63 Statistisches Bundesamt, Statistisches Jahrbuch für die Bundesrepublik Deutschland 2011, S. 70 ff. Vgl. zu kulturellen Konfliktfeldern statt vieler *Kälin*, Grundrechte im Kulturkonflikt; *Lemmen*, Muslime in Deutschland, S. 129 ff.

64 *Albrecht*, Religionspolitische Aufgaben angesichts der Präsenz des Islam in der Bundesrepublik Deutschland, S. 106.

65 In dieser Arbeit wird zwischen den Begriffen „Säkularisation" und „Säkularisierung" unterschieden. Mit dem Begriff der „Säkularisation" wird hier die religionsverfassungsrechtliche Dimension dieses Begriffsfeldes bezeichnet, wohingegen das Wort „Säkularisierung" für die geistesgeschichtliche und religionssoziologische Dimension stehen soll. So auch *Kaufmann*, Gegenwärtige Herausforderungen der Kirchen durch die Säkularisierung, S. 103; *Heun*, Art. „Säkularisierung (J)", in: EvStL 2006, Sp. 2073.

66 Zu den Ursachen vgl. nur *Pollack*, Säkularisierung – ein moderner Mythos?, S. 80 ff.

67 *Gauchet*, La religion dans la démocratie, S.13.

68 *Isensee*, Verfassungsstaatliche Erwartungen an die Kirche, S. 115. Die Kirchen sehen sich allerdings selbst als gesellschaftliche Faktoren der Integration, denen ein Öffentlichkeitsauftrag zukommt. Diesbezüglich erscheint es zweifelhaft, ob die Sorge für das Gemeinwohl in Form des gesellschaftspolitischen Engagements der Kirchen ihrer Aufgabe entspricht; dies könnte einen Prozess der „Selbstsäkularisierung" der Kirchen in Gang bringen, sodass diese am Ende dieses

zess der Individualisierung in der Gesellschaft schlägt sich auch in den Erscheinungsformen der Religiosität nieder, es kommt zu einer „Glaubensindividualisierung“.[69]

Gegen die Säkularisierungsthese wird zwar eingewandt, diese greife zu kurz, wenn sie allein dahingehend verstanden wird, dass Religion in moderner Zeit verschwunden sei.[70] Religion sei demnach nicht „ausgestorben“, sondern habe sich lediglich in ihrer Erscheinungsform gewandelt.[71] So habe etwa der XX. Katholische Weltjugendtag im Sommer 2005 eine große Besucherzahl verzeichnet[72] und seit dem Jahr 1970 seien vermehrt sogenannte Jugendreligionen und andere religiöse Bewegungen auf den Plan getreten, welche scheinbar die von den traditionellen Kirchen abwandernden Mitglieder auffangen würden.[73] Außerdem sei in den vergangenen Jahren beim religiösen Fundamentalismus eine steigende Tendenz zu notieren.[74] All dies berücksichtigt, wird – durchaus belegt – vertreten, Religion habe wieder politische Bedeutung erlangt. Allerdings soll es sich dabei nicht um eine schlichte „Rückkehr der Religion“, sondern vielmehr um das

---

Prozesses tatsächlich nur noch eine Stimme unter den vielen Stimmen der Gesellschaft darstellen, vgl. *Depenheuer*, Religion als ethische Reserve der säkularen Gesellschaft, S. 6 ff. *Depenheuer* wirft diesbezüglich die Frage auf, ob die Sorge für das Gemeinwohl in Form des gesellschaftspolitischen Engagements der Kirchen tatsächlich ihrer Aufgabe entspricht. Dies ist seines Erachtens unter anderem deshalb zweifelhaft, da sie als Stimme aus der Gesellschaft, als die sich sie mittlerweile verstehen, bloß eine Meinung unter vielen darstellen. Ihm erscheint es aus Sicht der Kirchen sinnvoller, die funktional ausdifferenzierte Gesellschaft anzuerkennen und sich wieder auf ihren ursprünglichen Wirkungskreis zurückzuziehen und die „Wahrheit“ zu verkünden, sodass sie nicht wie im Rahmen politischen Engagements auf Kompromisse angewiesen sind. So entgingen sie einer bereits begonnenen „Selbstsäkularisierung“. Die Kirchen könnten der Politik nicht konkrete Handlungsvorschläge unterbreiten, sondern nur aus ihrer kirchlicher Sicht moralische Grenzen aufzeigen, S. 6 ff.

69 *Gabriel*, Christentum zwischen Tradition und Postmoderne, S. 142 ff.; *Sydow*, JZ 2009, S. 1141; *Walter*, Religionsverfassungsrecht, S. 22 ff.

70 Vertiefend dazu aus dem Feld der soziologischen Diskussion *Luckmann*, Die unsichtbare Religion. Vgl. auch *Pollack*, Säkularisierung – ein moderner Mythos?.

71 So etwa *Luckmann*, Die unsichtbare Religion.

72 Dazu *Frerk*, humanismus aktuell 21, 2007, S. 18.

73 Vgl. dazu etwa *Haack*, Jugendreligionen. Ursachen, Trends, Reaktionen. Zu anderen neuartigen (pseudo-) religiösen und weltanschaulichen Gruppierungen vgl. *Muckel*, Religiöse Freiheit und staatliche Letztentscheidung, S. 64 ff. m.w.N. Zum Paradox von abnehmender Kirchlichkeit und zunehmender Religiosität vgl. *Drehsen*, Wie religionsfähig ist die Volkskirche?, S. 125 ff.

74 Vgl. zum religiösen Fundamentalismus etwa den Verfassungsschutzbericht 2010 (Vorabfassung) des Bundesministeriums des Innern, S. 173 ff.

Auftreten einer abgewandelten Form derselben[75], mithin um eine „Wiederkehr des Religiösen“ handeln.[76]

Auch wenn aus dem Voranstehenden folgt, dass Religion auch aktuell noch gesellschaftlich relevant ist, kommen nicht ganz unberechtigte Zweifel auf, ob sie ausreichende Grundlagen für das erforderliche Maß an ethischer Grundübereinstimmung der Staatsbürger im Sinne des „*Böckenförde*-Diktums“ bieten kann. Es ist nicht länger nur das Christentum, dem fast alle Staatsbürger anhängen; die teilweise empfundene „Renaissance der Religionen“, die sich als globales Phänomen darstellt, führt nicht zu einer religiösen Homogenität zurück, sondern erzeugt Pluralität.[77] Der Religion wurde früher eine integrierende sowie Staat und Gesellschaft stützende Wirkung zugeschrieben, was heute nicht länger in gleichem Maße der Fall ist, da ihr nicht mehr in allen Fällen ein solcher positiver Effekt zuzuschreiben ist.[78]

2. „Flexible Kontinuität“ des Religionsverfassungsrechts?

Die verfassungsrechtlichen Regelungen zum Verhältnis von Staat und Religion[79] entstanden noch vor gänzlich anderem religionssoziologischen Hintergrund, nämlich angesichts einer rein christlich geprägten Religionslandschaft. Die Veränderungen der modernen Gesellschaft und die aus ihr resultierenden Problemstellungen im Verhältnis von Staat und Religion bündeln sich „wie durch ein Prisma“[80] im Religionsverfassungsrecht.[81] Aus diesem Grund, vor allem in An-

---

75 *Gabriel*, Gesellschaftliche Modernisierung und der Bedeutungswandel des Religiösen, S. 170 ff., spricht von einem „Wandel des Aggregatzustandes“ der Religion, welche weniger greif- bzw. sichtbar erscheine als in früherer Zeit.

76 *Graf*, Die Wiederkehr der Götter; *Ladeur/I. Augsberg*, Toleranz – Religion – Recht, S. 1 ff. Außerhalb Europas ist die Religion in weiten Teilen der Welt sogar im Vormarsch, vgl. *Gabriel*, APuZ 52/2008, S. 12.

77 *Waldhoff*, Die Zukunft des Staatskirchenrechts, S. 65, 103, der teilweise sogar eine Diffusität anstelle von Homogenität erkennt.

78 Dies wird auch in der rechtswissenschaftlichen Literatur deutlich, die bisweilen deutlich das Spaltungspotential von Religion hervorhebt. Dazu beispielhaft *Kästner*, JZ 1998, S. 974 ff.; *Muckel*, Religiöse Freiheit und staatliche Letztentscheidung, S. 1 ff.; *Richter*, Relativierung universeller Menschenrechte durch Religionsfreiheit?, S. 89 ff.

79 Art. 4 Abs. 1 und 2 sowie Art. 140 GG i.V.m. Art. 136-139, 141 WRV; Art. 3 Abs. 3 S. 1, 33 Abs. 3 GG (religiöse Diskriminierungsverbote) und Art. 7 Abs. 2, 3 und 5 sowie 141 GG (Religion in der Schule).

80 *M. Heckel*, ZevKR 44 (1999), S. 341.

81 In der vorliegenden Arbeit wird anstelle des traditionellen Begriffs „Staatskirchenrecht“ der Begriff „Religionsverfassungsrecht“ verwendet, um die Regelungen der Rechtsordnung zu beschreiben, die das staatliche Verhältnis zur Religion zu betreffen. Mit dieser Terminologie soll

betracht der Präsenz des Islam, wird in der rechtswissenschaftlichen Literatur die Frage gestellt, ob das Religionsverfassungsrecht noch zeitgemäß sei.[82]

Der Islam hat sich als Religion mittlerweile in Deutschland derart etabliert, dass er nicht als lediglich vorübergehende Erscheinung abgetan werden kann.[83] Der Islam stellt als überwiegend kulturfremde Religion nicht nur ein politisches Problem,[84] sondern auch eine besondere Herausforderung für das deutsche Religionsverfassungsrecht dar. Die für die moderne Staatlichkeit unerlässliche Trennung von Religion und Staat etwa ist dem Islam nicht bekannt.[85] Daher wird die Frage aufgeworfen, ob der Staat des Grundgesetzes überhaupt in der Lage sei, auch „Mohammed eine angemessene Heimstatt zu sein",[86] und die Überlegung angestellt, ob eine ablehnende Antwort hierauf nicht ein „staatsrechtliches Armutszeugnis"[87] darstellte, wenn das geltende Religionsverfassungsrecht nicht in der Lage sein sollte, den Herausforderungen des Islam gerecht zu werden.

Im Anschluss an diese Fragen wird in der rechtswissenschaftlichen Literatur erwogen, ob die herkömmlichen Maßstäbe und Ansätze zur rechtlichen Prüfung angesichts der veränderten Lage und des fremden Gegenstands, nämlich des Islam, noch in „flexibler Kontinuität"[88] anzulegen sind oder ob gegenwärtig eine

---

verdeutlicht werden, dass Thema dieser Arbeit nicht nur das Verhältnis des Staates zu den christlichen Kirchen sein soll, sondern auch zu den übrigen Religionen und Weltanschauungen. Vgl. zur diesbezüglichen Diskussion nur *Görisch*, NVwZ 2001, S. 885 ff.; *Hense*, Staatskirchenrecht oder Religionsverfassungsrecht?, S. 9 ff.; *Neureither*, NVwZ 2011, S. 1492 ff. Ähnlich wie hier *Morlok/Krüper*, Art. „Religionsrecht", in: EvStL 2006, Sp. 2019 ff.

82 Vgl. nur *Albrecht*, Religionspolitische Aufgaben angesichts der Präsenz des Islam in der Bundesrepublik Deutschland, S. 82 ff.; *Loschelder*, Der Islam und die religionsrechtliche Ordnung des Grundgesetzes, S. 149 ff.; *Hillgruber*, JZ 1999, S. 538 ff.; *Muckel*, Der Islam unter dem Grundgesetz; *Uhle*, Die Integration des Islam in das Staatskirchenrecht der Gegenwart, S. 299 ff.

83 Vgl. nur *Korioth/I. Augsberg*, JZ 2010, S. 829; *Muckel*, Religiöse Freiheit und staatliche Letztentscheidung, S. 3; *Rohe*, JZ 2007, S. 806. Teilweise wird sogar prophezeit, der Islam könne in näherer Zukunft zur dominierenden Religion in Deutschland werden, vgl. *Jüngel*, Untergang oder Renaissance der Religion?, S. 182.

84 Vgl. *Derrida*, Schurken, S. 48 ff., welcher davon spricht, die Vereinbarkeit der westlichen Demokratie mit der islamischen Kultur sei ein „gewaltiges, wenn nicht das einzige politische Zukunftsproblem".

85 *Loschelder*, Der Islam und die religionsrechtliche Ordnung des Grundgesetzes, S. 149; umfassend auch *Reiners*, Die klassische islamische Staatsidee, ihre moderne Interpretation und ihre Verwirklichung in den Verfassungsordnungen muslimischer Staaten, S. 44 ff.

86 *Brenner*, VVDStRL 59 (2000), S. 280 f.

87 *Brenner*, VVDStRL 59 (2000), S. 280 f.

88 Formulierung nach dem Titel des Aufsatzes von *Hense*, Herder Korrespondenz 51 (1997), S. 136 ff.

andere Bewertung erfolgen muss.[89] Angesichts der Veränderung des vormals überwiegend christlich bestimmten religiösen Lebens in Deutschland wird nunmehr über eine Neubestimmung der Rolle von Religion in der heutigen Gesellschaft diskutiert. So soll das Recht gehalten sein, „neue Strategien für eine angemessene Reaktion auf die veränderte Situation zu entwickeln".[90] Diese Veröffentlichungen beschäftigen sich also mit der Frage, wie offen sich das deutsche Rechts- und Kultursystem solchen Religionen und Kulturen gegenüber zeigen kann, die sich von der christlich-abendländischen Kultur unterscheiden, und wie flexibel es bei der Frage ihrer Behandlung ist.

3. Das Gebot der religiös-weltanschaulichen Neutralität in der aktuellen Diskussion

In der aktuellen Auseinandersetzung zu möglichen Neujustierungen des Religionsverfassungsrechts finden sich auch Stimmen, die sich mit dem Gebot der religiös-weltanschaulichen Neutralität des Staates befassen. Hierin kann die Fortsetzung einer weiteren Diskussion gesehen werden: In dieser wird oft beklagt, dass das Band, welches den Staat noch zusammenhalte, dünn geworden sei und zu reißen drohe.[91] Es sei durchaus zweifelhaft, ob in unserer Gesellschaft noch das erforderliche Maß an Übereinstimmung in ethischen Grundsatzfragen vorhanden sei. Hieraus ergebe sich die Frage, ob der Staat dem das Gemeinwesen tragenden „vinculum" Pflege zukommen lassen kann, um die ihn tragenden Säulen und damit sich selbst abzusichern.

Ethische Überzeugungen können gewichtige Faktoren im Rahmen der politischen Ordnung darstellen, da sie zum Teil auch öffentliche Interessen betreffen.

---

89 Mit dieser Fragestellung bereits *Loschelder*, Der Islam und die religionsrechtliche Ordnung des Grundgesetzes, S. 151. Ebenso *Kloepfer*, DÖV 2006, S. 53; *Ladeur/I. Augsberg*, JZ 2007, S. 13, erklären das Neutralitätsprinzip vor diesem Hintergrund für unzureichend, vgl. dazu unten B.II.2.a).

90 *I. Augsberg*, Der Staat 48 (2009), S. 239.

91 *Volkmann*, „Risse in der Rechtsordnung", FAZ v. 11.3.2004, S. 8 ff. Die Frage, ob in der Gesellschaft noch das erforderliche Maß an Übereinstimmung in ethischen Grundsatzfragen vorhanden ist, hat sich in der Bundesrepublik Deutschland schon in den Siebziger Jahren im Rahmen der sog. Grundwerte-Debatte gestellt. Ausgangspunkt dieser Diskussion waren rechtspolitische Reformen der sozialliberalen Koalition, die die strafrechtlichen Bestimmungen zur Pornographie, den § 218 StGB, das neue Ehescheidungsrecht und eine geplante Neuregelung des elterlichen Sorgerechts betrafen. Vgl. dazu grundlegend *Gorschenek*, Grundwerte in Staat und Gesellschaft. Vgl. aus der neueren Literatur den Sammelband von *Heitmeyer*, Was treibt die Gesellschaft auseinander?, sowie *Fest*, Die schwierige Freiheit. Vgl. auch den Überblick über die Literatur bei *Huster*, Die ethische Neutralität des Staates, S. 19 f. mit Fußnoten.

So schlagen sich etwa ein auf ethischen Überzeugungen beruhender abnehmender Familienzusammenhalt oder ein sich verringernder politischer Einsatz, mithin also jegliches nicht gemeinwohlorientierte Verhalten, in der Gestaltung der politischen Ordnung nieder.[92] Zudem ist auch die Akzeptanz einer politischen Ordnung unter anderem von den ethischen Überzeugungen der Bürger abhängig: Stehen sie in größerer Anzahl der Akzeptanz der freiheitlichen Ordnung entgegen, so wird sich hieraus eine Problemstellung für den Staat entwickeln.[93] Ist der Pluralismus so weitreichend, dass keine allgemein anerkannten Werte mehr existieren, die die Grundprinzipien des Zusammenlebens umfassen, so wirkt er sich negativ auf den gesellschaftlichen Zusammenhalt aus.[94]

Daran schließt sich sodann die Frage an, wie der Staat den Pluralismus in ethischen Fragen rechtlich und politisch bewältigen kann:[95] „Die pluralistische Situation will bewältigt und verwaltet, nicht ausgegrenzt und ignoriert sein."[96] Das Verhältnis des Staates zum religiösen und weltanschaulichen Pluralismus in der Gesellschaft wird durch den Begriff der religiös-weltanschaulichen Neutralität des Staates beschrieben.[97] An der Verpflichtung des Staates zu religiösweltanschaulicher Neutralität sind also die Möglichkeiten des Staates zu messen, eine gemeinsame Basis in ethischen Grundsatzfragen zu schaffen bzw. aufrechtzuerhalten und somit eine Pflege seiner „Voraussetzungen" zu betreiben.

In der jüngsten Literatur wurden angesichts der Fragestellung nach der Bewältigung des religiös-weltanschaulichen Pluralismus verschiedene Vorschläge bezüglich einer Neujustierung des Gebots der religiös-weltanschaulichen Neutralität des Staates entwickelt. Einige gehen sogar so weit, einen Abschied vom Neutralitätsgebot zu fordern, da dieses zur Bewältigung des ethischen Pluralismus nicht geeignet sei.[98]

---

92 *Huster*, Die ethische Neutralität des Staates, S. 21 ff.

93 *Huster*, Die ethische Neutralität des Staates, S. 22.

94 *Mikat*, Zur Ortsbestimmung des deutschen Staatskirchenrechts, S. 15.

95 *Huster*, Die ethische Neutralität des Staates, S. 19 f.

96 *Schlaich*, Neutralität als verfassungsrechtliches Prinzip, S. 187 (Hervorhebung des Originals nicht übernommen).

97 *Huster*, Die ethische Neutralität des Staates, S. 42. Das Verhältnis von Staat und Kirche ist indes nicht nur im Religionsverfassungsrecht von zentraler Bedeutung, sondern ihm kommt auch in Bezug auf das im Verhältnis dazu weitere Feld der Beziehung von Staat und Gesellschaft eine Signalfunktion zu, *Schlaich*, Radikale Trennung und Pluralismus, S. 11.

98 Vgl. die eindringliche Formulierung von *Pannenberg:* „Durch das Prinzip der religiösen Neutralität des Staates ist in der Neuzeit das Bewusstsein davon verdrängt worden, dass politische Ordnung ohne Religion gar nicht möglich ist. (...) Insofern beruht die These von der Neutralität des Staates gegenüber der Religion auf einer Selbsttäuschung, wenn sie nicht im Einzelfall bewusste Heuchelei darstellt.", *Pannenberg*, Christlicher Glaube und Gesellschaft, S. 116. Im Widerspruch zum *Böckenförde*-Diktum formuliert *Fikentscher*, Die heutige Bedeutung des nichtsäkularen Ursprungs der Grundrechte, S. 63: „Wenn man dem Pluralismus die Chance gibt (...),

Letztere Vorschläge der rechtswissenschaftlichen Literatur gehen von einem anderen Verständnis des Gebots der religiös-weltanschaulichen Neutralität aus als *Böckenförde*, indem sie dem religiös-weltanschaulich neutralen Staat weiterreichende Möglichkeiten der Einwirkung auf die ethischen Überzeugungen der Bürger zugestehen. Damit greifen sie die Berechtigung des Diktums im Hinblick auf *Böckenfördes* Verständnis der religiös-weltanschaulichen Neutralität des Staates an.

Beruht das Diktum also – insbesondere angesichts der religionssoziologischen Entwicklungen – auf einer „falschen Vorstellung von staatlicher Neutralitätspflicht“?[99] Kommen dem Staat doch weitergehende Möglichkeiten einer gemeinwohlorientierten Einwirkung auf die ethischen Überzeugungen seiner Bürger zu, als *Böckenförde* es ihm in seinem Diktum zugesteht, und kann er daher seine „Voraussetzungen“ weiterreichend pflegen, als bisher vielfach angenommen wird?

III. Gang der Untersuchung

Diesen Fragen soll die vorliegende Arbeit nachgehen. Untersucht wird die Berechtigung des „*Böckenförde*-Diktums“ im Hinblick auf dessen Verständnis der religiös-weltanschaulichen Neutralität des Staates.[100] Hierzu wird zunächst der Gehalt des Gebots der religiös-weltanschaulichen Neutralität des Staates ermittelt (B.). In einem ersten Schritt wird dazu zunächst die Konzeption des Bundesverfassungsgerichts auf ihre Berechtigung untersucht (B.I.). Anschließend werden die in der Literatur neuentwickelten Hierarchisierungsmodelle in Bezug auf ihre Vereinbarkeit mit dem Grundgesetz überprüft (B.II.). Im nächsten Schritt werden Möglichkeiten und Grenzen des Staates vorgestellt, durch Werterziehung im Unterricht in den öffentlichen Schulen die Herstellung eines Grundkonsenses in ethischen Fragen anzustreben (C.). Abschließend wird aufgrund der gewonne-

---

das Christentum zu verdrängen, ist es mit dem Pluralismus auch vorbei. Es trifft nicht zu, dass der Rechtsstaat von Voraussetzungen lebt, die er nicht garantieren kann (…). Er kann sie garantieren, weil er von diesen Voraussetzungen garantiert wird. Die (Grundrechts-)Dogmatik ist kein ‚secular system‘.“ Vgl. zu weiteren Neujustierungen bzgl. des Gebots der religiös-weltanschaulichen Neutralität unten ausführlich B.II.

99 So *Würtenberger*, Zu den Voraussetzungen des freiheitlichen, säkularen Staates, S. 294.

100 Einen weiteren Aspekt des „*Böckenförde*-Diktums“ stellt die Freiheitlichkeit des Staates dar, die es dem Staat nach *Böckenförde* verwehren soll, seine „Voraussetzungen“ zu garantieren, vgl. oben S. 35 ff. Dieser Aspekt des Diktums wird aufgrund seines Umfangs in dieser Arbeit im Hinblick auf seine Berechtigung nicht behandelt.

nen Ergebnisse die Berechtigung des „*Böckenförde*-Diktums“ hinsichtlich der Fragestellung überprüft, ob dem Staat bei der Pflege seiner „Voraussetzungen“ nicht doch weiterreichende Möglichkeiten zukommen, als *Böckenförde* ihm zugesteht (D.). Die Ergebnisse der vorliegenden Arbeit werden schließlich noch einmal in Form von Thesen zusammengefasst (E.). Die Untersuchung beschränkt sich bei alledem auf diejenigen Problemstellungen, die sich für den neutralen Staat bei der Einwirkung auf die ethischen Überzeugungen der Grundrechtsträger aus seinem Verhältnis zu ihren religiösen und weltanschaulichen Überzeugungen und Lebensweisen ergeben.[101]

101 Die Untersuchung *Stefan Husters* etwa bezieht sich nicht nur auf die staatliche Neutralität in religiös-weltanschaulichen Fragen, sondern auf die ethische Neutralität des Staates, also darüber hinaus auf „Fragen der Lebensgestaltung im umfassenden Sinne“, vgl. *Huster*, Die ethische Neutralität des Staates, S. 34. Vgl. dazu unten B.II.3.

B. Das Gebot der religiös-weltanschaulichen Neutralität

Die Problematik der religiös-weltanschaulichen Neutralität[102] des Staates ist eine der „Ewigkeitsfragen"[103] des deutschen Religionsverfassungsrechts. Im Hinblick auf die divergierenden Ansichten in der Rechtswissenschaft ist dem Grundgesetz augenscheinlich keine eindeutige Antwort auf die Frage zu entnehmen, was der Begriff der religiös-weltanschaulichen Neutralität des Staates bedeutet.[104]

I. Das Gebot der religiös-weltanschaulichen Neutralität im Verständnis des Bundesverfassungsgerichts

1. Verfassungsrechtliche Herleitung des Gebots der religiös-weltanschaulichen Neutralität – „offene Neutralität"

Das Gebot der religiös-weltanschaulichen Neutralität fand in der Rechtsprechung des Bundesverfassungsgerichts bereits früh Erwähnung. Zunächst jedoch erfolgte weder eine verfassungsrechtliche Herleitung des Begriffs noch wurde dieser vom Bundesverfassungsgericht definiert.[105] Insofern wird gar von einem „Geburtsfehler" bezüglich des vom Bundesverfassungsgericht entwickelten Begriffs der religiös-weltanschaulichen Neutralität gesprochen.[106]

Erst im Jahr 1965 fand sich in der bundesverfassungsgerichtlichen Entscheidung zur Kirchenbausteuer eine verfassungsrechtliche Ableitung des Neutralitätsgebots:

> „Das Grundgesetz legt durch Art. 4 Abs. 1, Art. 3 Abs. 3, Art. 33 Abs. 3 GG sowie durch Art. 136 Abs. 1 und Abs. 4 und Art. 137 Abs. 1 WRV i.V.m. Art. 140 GG dem Staat als Heimstatt aller Bürger ohne Ansehen der Person weltanschaulich-religiöse Neutralität auf. Es verwehrt die Einführung staatskirchlicher Rechtsformen und untersagt auch die Privilegierung bestimmter Bekenntnisse."[107]

---

102 Die Wurzel des Begriffs der Neutralität liegt im lateinischen ne-uter, keiner von beiden.

103 *Heinig*, JZ 2009, S. 1136.

104 *Meyer-Teschendorf*, Staat und Kirche im pluralistischen Gemeinwesen, S. 146.

105 BVerfGE 12, 1, 3; 18, 385; 19, 1, 8.

106 *Huster*, Die ethische Neutralität des Staates, S. 13.

107 BVerfGE 19, 206, 216. Eine noch ausführlichere verfassungsrechtliche Herleitung des Begriffes findet sich in BVerfGE 93, 1, 16 f.: „Art. 4 Abs. 1 GG verleiht dem Einzelnen und den religiö-

Dieser Normenbestand setzt sich zum Einen aus den in Art. 3 Abs. 3 und 33 Abs. 3 GG enthaltenen Differenzierungsverboten zusammen, welche es dem Staat verbieten, religiöse Gründe zum Kriterium einer Ungleichbehandlung zu machen. Dies wird auch von Art. 140 GG i.V.m. Art. 136 Abs. 1 WRV aufgegriffen, da diese Norm ein religionsbezogenes Differenzierungsverbot im Hinblick auf die Geltung der bürgerlichen und staatsbürgerlichen Rechte und Pflichten beinhaltet.[108] Zudem führt das Bundesverfassungsgericht Art. 140 GG i.V.m. Art. 137 Abs. 1 WRV an, der eine institutionelle Verbindung von Staat und Kirche verbietet. Ebenso zählen zu der vom Bundesverfassungsgericht angeführten Normenkette die Glaubensfreiheit aus Art. 4 Abs. 1 GG sowie Art. 136 Abs. 4 WRV, dem zufolge niemand zu einer kirchlichen Handlung oder Feierlichkeit oder zur Teilnahme an religiösen Übungen oder zur Benutzung einer religiösen Eidesform gezwungen werden darf. In der Entscheidung zur Kirchenbausteuer formulierte das Bundesverfassungsgericht auch, dass alle Bürger sich im Staat heimisch fühlen sollen, der Staat müsse somit „Heimstatt aller Bürger" sein können.[109] In der Folgezeit wurde das Gebot der religiös-weltanschaulichen Neutralität in einer Vielzahl von Entscheidungen des Bundesverfassungsgerichts in zum Teil verschiedener Formulierung herangezogen.[110]

---

sen Gemeinschaften aber grundsätzlich keinen Anspruch darauf, ihrer Glaubensüberzeugung mit staatlicher Unterstützung Ausdruck zu verleihen. Aus der Glaubensfreiheit des Art. 4 Abs. 1 GG folgt im Gegenteil der Grundsatz staatlicher Neutralität gegenüber den unterschiedlichen Religionen und Bekenntnissen. Der Staat, in dem Anhänger unterschiedlicher oder gar gegensätzlicher religiöser und weltanschaulicher Überzeugungen zusammenleben, kann die friedliche Koexistenz nur gewährleisten, wenn er selber in Glaubensfragen Neutralität bewahrt. Er darf daher den religiösen Frieden in einer Gesellschaft nicht von sich aus gefährden. Dieses Gebot findet seine Grundlage nicht nur in Art. 4 Abs. 1 GG, sondern auch in Art. 3 Abs. 3, Art. 33 Abs. 1 sowie Art. 140 GG in Verbindung mit Art. 136 Abs. 1 und 4 und Art. 137 Abs. 1 WRV. Sie verwehren die Einführung staatskirchlicher Rechtsformen und untersagen die Privilegierung bestimmter Bekenntnisse ebenso wie die Ausgrenzung Andersgläubiger (vgl. BVerfGE 19, 206 [216]; 24, 236 [246]; 33, 23 [28]; st. Rspr.). Auf die zahlenmäßige Stärke oder die soziale Relevanz kommt es dabei nicht an (vgl. BVerfGE 32, 98 [106]). Der Staat hat vielmehr auf eine am Gleichheitssatz orientierte Behandlung der verschiedenen Religions- und Weltanschauungsgemeinschaften zu achten (vgl. BVerfGE 19, 1 [8]; 19, 206 [216]; 24, 236 [246]). Auch dort, wo er mit ihnen zusammenarbeitet oder sie fördert, darf dies nicht zu einer Identifikation mit bestimmten Religionsgemeinschaften führen (vgl. BVerfGE 30, 415 [422])."

108 Vgl. dazu etwa *Ehlers*, in: Sachs, GG, Art. 140/Art. 136 WRV Rn. 1 ff.

109 BVerfGE 19, 206, 216.

110 BVerfGE 24, 236, 246 f. („für den Staat verbindlichen Gebot weltanschaulich-religiöser Neutralität", „der religiös-neutrale Staat"); 30, 415, 421 f. („der nach dem Grundgesetz bestehenden Verpflichtung des Staates zur weltanschaulich-religiösen Neutralität", „Gebot staatlicher Neutralität im kirchlichen Bereich"); 32, 98, 106 („dem für den Staat verbindlichen Gebot weltanschaulich-religiöser Neutralität"); 33, 23, 27 f. („Gebot staatlicher Neutralität in Fragen des

In historischer Hinsicht leitet sich die Neutralität dem Bundesverfassungsgericht zufolge aus der Entstehung des modernen Staates ab, welche sich als Prozess der Neutralisierung religiöser Wahrheitsansprüche darstelle.[111] Nach diesem Begründungsmodell religiös-weltanschaulicher Neutralität hat sich der Staat zur Sicherung des Friedens von den divergierenden Wahrheitsansprüchen in der Gesellschaft losgesagt und wurde so souverän gegenüber den widerstreitenden Parteien.[112] Um seine säkulare Stabilität nicht zu gefährden, überlässt der Staat Wahrheitsfragen der individuellen Entscheidung.[113] Die einzige verpflichtend und absolut geltende „Wahrheit" ist in diesem System dann die friedenssichernde Organisation der verschiedenen Wahrheitsansprüche durch den Staat, welche durch das staatliche Gewaltmonopol abgesichert wird.[114]

Religionsfreiheit und religiös-weltanschauliche Neutralität entwickelten sich demnach aus einer „Verlegenheit" heraus: Der Staat hat nicht – wie es ohne Betrachtung der historischen Entwicklung erscheinen mag – um der Religion willen von seiner religiös geprägten Identität Abstand genommen, sondern vielmehr um des Friedens willen und damit aus allein säkularen Zwecken.[115]

Glaubens und der Weltanschauung", „für den Staat verbindlichen Gebot weltanschaulich-religiöser Neutralität"); 41, 29, 50 („religiöse und weltanschauliche Neutralität"); 42, 312, 330 („Der Staat wird ‚säkularisierter Staat', später ‚weltanschaulich neutraler Staat'„); 44, 37, 52 („der vom Grundgesetz konstituierten staatskirchenrechtlichen Ordnung, die auf der religiösen und weltanschaulichen Neutralität des Staates [...] beruht"); 44, 103, 104 („der weltanschaulich neutrale Kultur- und Sozialstaat"); 74, 244, 252 („der religiös neutrale Staat"); 93, 1, 16 („Aus der Glaubensfreiheit des Art. 4 Abs. 1 GG folgt [...] der Grundsatz staatlicher Neutralität gegenüber den unterschiedlichen Religionen und Bekenntnissen. Der Staat, in dem Anhänger unterschiedlicher oder gar gegensätzlicher religiöser und weltanschaulicher Überzeugungen zusammenleben, kann die friedliche Koexistenz nur gewährleisten, wenn er selber in Glaubensfragen Neutralität bewahrt"); 99, 100, 126 („Grundsatz staatlicher Neutralität gegenüber den Religionen und Bekenntnissen"); 102, 370, 386 ff. („Grundsatz staatlicher Neutralität gegenüber den unterschiedlichen Religionen und Bekenntnissen", „Grenzen [...], die dem Staat bei der Bewertung religiöser Lebensäußerungen durch das Gebot der Neutralität gezogen sind", „ religiös-weltanschaulich neutralen Staat", „der auf Neutralität und Parität bedachten Verfassung").

111 BVerfGE 93, 1, 16 f.: „Der Staat, in dem Anhänger unterschiedlicher oder gar gegensätzlicher religiöser und weltanschaulicher Überzeugungen zusammenleben, kann die friedliche Koexistenz nur gewährleisten, wenn er selbst in Glaubensfragen Neutralität bewahrt. Er darf daher den religiösen Frieden in einer Gesellschaft nicht von sich aus gefährden."

112 Vgl. die Darstellung bei *Böckenförde*, Die Entstehung des Staates als Vorgang der Säkularisation; zuletzt etwa *Depenheuer*, Wahrheit oder Frieden?, S. 18 ff.; *Morlok*, Selbstverständnis als Rechtskriterium, S. 333.

113 *Huster*, Die ethische Neutralität des Staates, S. 47.

114 *Depenheuer*, Wahrheit oder Frieden?, S. 23.

115 *Schlaich*, Konfessionalität – Säkularität – Offenheit, S. 437 f. So auch *Huster*, Die ethische Neutralität des Staates, S. 47 f., der aus diesem Grund dieses Begründungsmodell staatlicher

Das Bundesverfassungsgericht versteht die religiös-weltanschauliche Neutralität aufgrund der noch im Überblick zu erläuternden normativen Basis der Art. 4 Abs. 1, Art. 3 Abs. 3, Art. 33 Abs. 3 GG sowie Art. 136 Abs. 1 und Abs. 4 und Art. 137 Abs. 1 WRV i.V.m. Art. 140 GG[116] allerdings nicht als eine laizistisch ausgeprägte:

> „Die dem Staat gebotene religiös-weltanschauliche Neutralität ist indes nicht als eine distanzierende im Sinne einer strikten Trennung von Staat und Kirche, sondern als eine offene und übergreifende, die Glaubensfreiheit für alle Bekenntnisse gleichermaßen fördernde Haltung zu verstehen. Art. 4 Abs. 1 und 2 GG gebietet auch in positivem Sinn, den Raum für die aktive Betätigung der Glaubensüberzeugung und die Verwirklichung der autonomen Persönlichkeit auf weltanschaulich-religiösem Gebiet zu sichern.“[117]

Es ist allerdings festzuhalten, dass bei den Entscheidungen des Bundesverfassungsgerichts eine zunehmende Verselbstständigung des Gebots der religiös-weltanschaulichen Neutralität von seinen verfassungsrechtlichen Grundlagen zu beobachten ist. Deutlich wird dies insbesondere in der Entscheidung zu staatlichen Sektenwarnungen.[118] Hiernach soll der Schutzbereich der Religionsfreiheit bei staatlichen Warnungen vor Sekten nur dann eröffnet sein, wenn der Staat gegen das Gebot der religiös-weltanschaulichen Neutralität verstoßen hat. Das Verhältnis von Religionsfreiheit und religiös-weltanschaulicher Neutralität dreht sich hier gewissermaßen um, denn letztere bestimmt nunmehr, was der Religionsfreiheit unterfällt.[119]

2. Normativer Status des Gebots der religiös-weltanschaulichen Neutralität

Die Entwicklung der religiös-weltanschaulichen Neutralität in den bundesverfassungsgerichtlichen Entscheidungen, welche eine weitgehende Verselbstständigung des Prinzips der religiös-weltanschaulichen Neutralität des Staates offen-

---

Neutralität als Modus-vivendi-Ansatz bezeichnet, da diese danach einen bloßen Modus vivendi darstellt.

116 Vgl. unten B.I.3.

117 BVerfGE 108, 282, 300.

118 BVerfGE 105, 279.

119 Kritisch hierzu etwa *Möllers*, VVDStRL 68 (2009), S. 58 ff.; *Waldhoff*, Neue Religionskonflikte und staatliche Neutralität. Eine solche Verselbstständigung des Gebots der religiös-weltanschaulichen Neutralität zeigte sich jüngst auch im Berliner Schulgebetsfall, bei dem die Senatsverwaltung einem Schüler einer öffentlichen Schule unter schlichter Berufung auf die Pflicht des Staates zur Neutralität ein Verbot erteilen wollte, in den Pausen zu beten. Vgl. dazu VG Berlin, Urteil v. 29.11.2009 – Az. VG 3 A 984.07. Vgl. zum Berliner Schulgebetsfall auch unten Fn. 607.

bart, lässt es angezeigt erscheinen, den normativen Status dieses Gebotes zu überprüfen.

a) Das Gebot der religiös-weltanschaulichen Neutralität als Rechtsprinzip mit Verfassungsrang

Nach einer Ansicht stellt die religiös-weltanschauliche Neutralität ein „Rechtsprinzip mit Verfassungsrang dar", welches „als integrales, nicht nur summatives, als normatives, nicht nur heuristisches Prinzip" angesehen werden müsse und nicht unter Hinweis auf die Grundrechte als überflüssig oder unselbstständig zu qualifizieren sei.[120] *Böckenförde* ging früher davon aus, dass die Verfassungsnormen, aus denen das Verfassungsgericht die religiös-weltanschauliche Neutralität entwickelt hat, eine Konkretisierung dieses Grundsatzes darstellen.[121]

b) Die religiös-weltanschauliche Neutralität als heuristischer Begriff

Dieser Ansicht steht eine Auffassung gegenüber, welche den normativen Status des Neutralitätsgebots als eigenständigen Grundsatz bezweifelt.[122] Hier wird vertreten, bei den „Prinzipien der Nichtidentifikation des Staates, seiner Säkularität und religiösen Neutralität, der Parität und der Toleranz" gehe es nur „um Theoreme oder um ethische Gebote"[123] und religiös-weltanschauliche Neutralität stelle keine „Verfassungsformel"[124] dar. Es sei vielmehr eine „ex post-Zusammenfassung und Schlussfolgerung aus den einschlägigen Verbürgungen der Verfassung", aus denen sie sich auch in inhaltlicher Hinsicht ableite.[125] Nach dieser Auffassung beruht sie auf dem Grundrecht der Religionsfreiheit und dient die-

---

120 *Nolte*, JöR 48 (2000), S. 109 ff.

121 *Böckenförde*, ZevKR 20 (1975), S. 129: Diese Normen „können in der Tat nicht als ein Bündel zufällig gleichlaufender Einzelnormierungen, ohne prinzipiellen Gehalt, verstanden werden; sie sind Niederschlag und Konkretisierung des dem Staat von seinem Ursprung her eingestifteten Prinzips, gemeinsame Ordnung und gemeinsames Haus für alle Bürger zu sein, ohne Rücksicht auf deren religiöse oder weltanschauliche Überzeugung."

122 Vgl. die Übersicht über die ältere Literatur bei *Schlaich*, Neutralität als verfassungsrechtliches Prinzip, S. 12 ff.

123 *Isensee*, ZRP 1996, S. 11.

124 *Merten*, Der „Kruzifix-Beschluß" des Bundesverfassungsgerichts aus grundrechtsdogmatischer Sicht, S. 1008.

125 *Böckenförde*, NJW 2001, S. 725. *Böckenförde* rückt hier offenbar von seiner früher vertretenen gegensätzlichen Ansicht ab, vgl. Fn. 121.

ser.[126] Für das Verständnis jener Normen liefere das Neutralitätsgebot als heuristische Hilfestellung jedoch „eine für die Norminterpretation regulative Idee".[127]

c) Aufgabe des Gebots der religiös-weltanschaulichen Neutralität

Anknüpfend an die Auffassung, dass es dem Gebot der religiös-weltanschaulichen Neutralität an Eigenständigkeit fehle, gibt es Ansichten, die ihm jedwede Bedeutung absprechen.[128] Das Gebot sei auch deshalb nicht zwingend erforderlich, weil bereits das Rechtsstaatsgebot und die Grundrechte, insbesondere die Religionsfreiheit, die erforderliche Unparteilichkeit des Staates und Freiheit der Bürger in ausreichendem Maße Schutz gewährleisteten.[129] *Möllers* erklärt das Gebot daher als bloße „Reflexfigur der gleichen Freiheit", da die individuelle Freiheit der Religionsausübung bereits hinreichend geschützt sei.[130] Auch sei das Gebot der Neutralität nach dieser Meinung im Schrifttum nicht weiterreichend als das Verbot der Staatskirche aus Art. 137 Art. 1 WRV i.V.m. Art. 140 GG. Es genüge daher, dieses verfassungsrechtlich verankerte Prinzip heranzuziehen anstatt ein nicht ausdrücklich normiertes Prinzip daneben aufzustellen, dessen es nicht bedürfe.[131] Bei alledem wird überdies die unzureichende Herleitung des Prinzips durch das Bundesverfassungsgericht bemängelt.[132]

Gegen eine Aufgabe des Gebots der religiös-weltanschaulichen Neutralität wird angeführt, dass das Gebot fest im Verbot der Staatskirche in Art. 137 Abs. 1 WRV i.V.m. Art. 140 GG verwurzelt sei, da diese Norm zwei Dimensionen aufweise. Die Norm habe eine institutionelle und eine ideelle Dimension. Der ideellen Dimension der Norm zufolge sei eine inhaltlich-semantische Abschichtung von Staat und Religion erforderlich, wonach dem Staat also über die institutionelle Verbindung mit Religionsgemeinschaften hinaus auch die Identifizierung mit einer Religion verboten sei.[133] Diese Doppeldimensionalität des Art. 137 Abs. 1 WRV folge schon aus der Entstehungsgeschichte der Norm. Im Jahre

126 *Schlaich*, Radikale Trennung und Pluralismus, S. 12.

127 *Heinig*, JZ 2009, S. 1140. Ähnlich auch *Waldhoff*, Die Zukunft des Staatskirchenrechts, S. 76 ff.

128 *Holzke*, NVwZ 2002, S. 912 f.; *Maunz*, AfkKR 1970, S. 441 f.

129 *Möllers*, VVDStRL 68 (2009), S. 57 f.

130 *Möllers*, VVDStRL 68 (2009), S. 58.

131 *Classen*, Religionsrecht, Rn. 126. *Holzke*, NVwZ 2002, S. 910 ff., führt an, als Ersatz des Gebots der religiös-weltanschaulichen Neutralität solle die Erkenntnis eintreten, dass das Grundgesetz die Religionsförderung in Grenzen zulasse und die Verfassung ein Mindest- und ein Höchstmaß an gebotener Religionsförderung aufstelle. Der Gestaltungsraum zwischen diesen Grenzen sei vorrangig durch die Länder auszufüllen.

132 *Eberl*, BayVBl. 1996, S. 108.

133 *Heinig*, Öffentlich-rechtliche Religionsgemeinschaften, S. 176 ff.; *Morlok*, in: Dreier, GG, Bd. 3, Art. 137 WRV Rn. 18 ff.

1919, dem Entstehungsjahr der Weimarer Reichsverfassung, existierte bereits keine Staatskirche mehr, sodass der Regelungsgehalt der Norm weiterreichend sein müsse als ein bloßes Verbot einer institutionellen Verflechtung von Staat und Kirche.[134]

d) Stellungnahme

Der Forderung, das Gebot der religiös-weltanschaulichen Neutralität aufzugeben, ist entgegenzutreten. Das Gebot ist auch dann, wenn es die bereits verfassungsrechtlich gewährleistete Freiheit lediglich wiederaufgreift, als „Ausbuchstabierung dessen, was gleiche Freiheit in der konkreten Verfassungsordnung des Grundgesetzes bedeutet", zu sehen.[135] Insofern gewinnt die individuelle Freiheit an Konturen und kann so effektiver geschützt werden. Zudem ist das Gebot der religiös-weltanschaulichen Neutralität auch im Verbot der Staatskirche aus Art. 137 Abs. 1 WRV angelegt. Es zeigt sich, dass insgesamt die besseren Argumente dafür sprechen, das Gebot der religiös-weltanschaulichen Neutralität des Staates keineswegs als überflüssig zu erachten.

Bei der Frage, ob das Gebot der religiös-weltanschaulichen Neutralität ein eigenständiges verfassungsrechtliches Prinzip darstellt, ist im Ausgangspunkt festzuhalten, dass staatliche Neutralität nicht nur im Religionsverfassungsrecht, sondern darüber hinaus auch in anderen Sachbereichen ein verfassungsrechtliches Prinzip darstellt.[136] Dem Staat kommt eine Einheits- und Friedensfunktion zu, welcher er nur dann nachkommen kann, wenn er den zentrifugalen, pluralistischen Kräften der Gesellschaft neutral gegenübertritt, er darf mithin im gesellschaftlichen Streit nicht selbst Partei werden.[137] Dies gilt nicht nur für religionsrechtliche Fragen, sondern auch für andere wertbehaftete Bereiche, der Staat muss also gegenüber der Pluralität der Wertvorstellungen seiner Bürger neutral sein.[138] Zu nennen sind hier etwa die Neutralität des Bundesrechnungshofs, der Bundesbank, des Bundespräsidenten, des Rundfunks und die wirtschaftspolitische Neutralität[139] sowie die staatliche Neutralität in Kunstfragen.[140] Für alle diese Bereiche muss der Inhalt des Neutralitätsgebots bereichsspezifisch bestimmt werden: Neutralität ist folglich ein heuristischer Begriff, der in seinen verschie-

---

134 *Heinig*, JZ 2009, S. 1140.

135 *Heinig*, JZ 2009, S. 1140.

136 Vgl. dazu die umfassende Untersuchung von *Schlaich*, Neutralität als verfassungsrechtliches Prinzip.

137 *Isensee*, in: HStR I, § 13 Rn. 47.

138 *Schlaich*, Neutralität als verfassungsrechtliches Prinzip, S. 133.

139 *Schlaich*, Neutralität als verfassungsrechtliches Prinzip, S. 68 ff., 71 ff., 83 ff., 105 ff.

140 Vgl. statt vieler *Huster*, VVDStRL 65 (2006), S. 58 ff. m.w.N.

denen Anwendungsbereichen auch einen verschiedenen Sinn entfaltet.[141] Das Gebot der Neutralität stellt somit keine Norm oder einen Rechtsbegriff dar, auch wenn sich in der Rechtsordnung Neutralitätselemente finden mögen. Das Neutralitätsgebot kann damit nur ein „Interpretationsmittel zur Erkenntnis von Normen und deren Inhalt" darstellen.[142]

Nichts anderes kann für das Gebot der religiös-weltanschaulichen Neutralität gelten. Dieses stellt keinen eigenständigen normativen Begriff und damit subsumtionsfähigen Rechtssatz dar, aus dem normative Aspekte abgeleitet werden könnten. Vielmehr muss der Begriff der religiös-weltanschaulichen Neutralität am Verfassungstext gemessen werden. Hier wird auf die vom Bundesverfassungsgericht ausgearbeitete normative Herleitung des Prinzips zurückgegriffen, der zufolge der Umfang der religiös-weltanschaulichen Neutralität aus Art. 4 Abs. 1, Art. 3 Abs. 3, Art. 33 Abs. 3 GG sowie aus Art. 136 Abs. 1 und Abs. 4 und Art. 137 Abs. 1 WRV i.V.m. Art. 140 GG folgt.

3. Die normative Basis des Gebots der religiös-weltanschaulichen Neutralität des Staates

Im Hinblick auf diese komplexe normative Basis des Gebots der religiös-weltanschaulichen Neutralität, welche das Bundesverfassungsgericht zur Herleitung dieses Gebots heranzieht, fragt sich sodann, ob der vom Bundesverfassungsgericht entwickelte Gehalt des Neutralitätsgebots überzeugt und ob die Konzeption der „offenen Neutralität" aufrecht erhalten werden kann.

a) Die Glaubensfreiheit nach Art. 4 Abs. 1 GG

Zur normativen Basis des Gebots der religiös-weltanschaulichen Neutralität zählt zunächst die Glaubensfreiheit nach Art. 4 Abs. 1 GG. Deshalb soll an dieser Stelle die Reichweite des Schutzbereichs des Grundrechts im Überblick erläutert werden.

Art. 4 Abs. 1 GG schützt die Glaubensfreiheit.[143] Sie bezieht sich auf das sogenannte „forum internum", welches die Freiheit des Denkens in Bezug auf die

141 *Schlaich*, Neutralität als verfassungsrechtliches Prinzip, S. 196 f., 230 ff.

142 *Schlaich*, Neutralität als verfassungsrechtliches Prinzip, S. 196 f., 231.

143 Das Grundrecht der Religionsfreiheit aus Art. 4 Abs. 1 und 2 GG schützt nach seinem Wortlaut die Freiheit des Glaubens, des Gewissens, die Freiheit des religiösen und weltanschaulichen Bekenntnisses sowie die ungestörte Religionsausübung. Das Bundesverfassungsgericht versteht Art. 4 Abs. 1 und Abs. 2 GG aufgrund der nicht problemlos zu vollziehenden Abgrenzung der einzelnen Bereiche als einheitliches Grundrecht der Religionsfreiheit, wobei allein die Gewis-

Kategorie „Glauben" beinhaltet.[144] Davon umfasst ist die Freiheit, einen Glauben oder auch keinen zu haben.[145] Der Staat darf keine Einflussnahme auf die Bildung einer bestimmten Glaubensüberzeugung nehmen oder Glaubenszwang in jeglicher Form vornehmen.[146] Er darf also keine Vor- oder Nachteile an das Haben, Wechseln oder Aufgeben eines Glaubens binden.[147] Dem Staat ist demnach eine „Einmischung in die Glaubensüberzeugungen, -handlungen und -darstellungen Einzelner oder religiöser Gemeinschaften" verwehrt.[148] Art. 4 Abs. 1 GG erlegt dem Staat die Verpflichtung auf, dem Einzelnen oder religiösen Gemeinschaften „einen Betätigungsraum zu sichern, in dem sich die Persönlichkeit auf

---

sensfreiheit ein eigenständiges Grundrecht darstellen soll. Der Schutzbereich dieses einheitlichen Grundrechts der Religionsfreiheit wird vom Bundesverfassungsgericht weit verstanden: Dem Schutzbereich unterfallen das Haben einer Religion oder Weltanschauung sowie kultische Handlungen, vgl. die Leitentscheidungen zur Einheitlichkeit des Schutzbereichs der Glaubens- und Bekenntnisfreiheit BVerfGE 24, 236, 245 f. (Lumpensammlerfall) und BVerfGE 32, 98, 106 ff. (Gesundbeterfall). Angesichts der sehr weitreichenden Interpretation des sachlichen Schutzbereiches der Religions- und Weltanschauungsfreiheit durch das Bundesverfassungsgericht haben sich im Schrifttum Vorschläge zu einer einschränkenden Auslegung entwickelt. Vgl. allgemein zur angeblichen „Hypertrophie" der Freiheitsrechte *Bettermann*, Hypertrophie der Grundrechte. Vgl. ebenso die jüngere Grundrechtsdiskussion zur Frage der Verengung der jeweiligen Gewährleistungsgehalte der Freiheitsrechte im Überblick bei *Kahl*, Der Staat 43 (2004), S. 226 f. Vor dem Hintergrund der zunehmenden weltanschaulichen Pluralisierung und der daraus entstehenden möglichen Konfliktherde ist es nach teilweise vertretener Ansicht mehr denn je geboten, dem Grundrecht aus Art. 4 Abs. 1 und 2 GG eine schärfere Konturierung zukommen zu lassen, vgl. etwa *Kästner*, JZ 1998, S. 975. Empfohlen wird deshalb in Ansehung der Konturenlosigkeit des Grundrechts, die Entdifferenzierung des Schutzbereiches der Religionsfreiheit aufzugeben und vielmehr eine Rückbesinnung auf die generelle Normierung des Grundrechtsartikels vorzunehmen, sodass nicht mehr von einem einheitlichen Grundrecht der Religionsfreiheit gesprochen wird, sondern nach dieser Auffassung drei Grundrechte vorliegen, vgl. etwa *Brohm*, NJW 2001, S. 4; *Goerlich*, JZ 1995, S. 955 ff.; *Hellermann*, Der Grundrechtsschutz der Religionsfreiheit ethnisch-kultureller Minderheiten, S. 387 f.; *Hense*, Glockenläuten und Uhrenschlag, S. 210 f., und *Huster*, Die ethische Neutralität des Staates, S. 376 ff. m.w.N.; *Muckel*, Religiöse Freiheit und staatliche Letztentscheidung, S. 125ff. A.A. etwa *v. Campenhausen/de Wall*, Staatskirchenrecht, S. 54. An dieser Stelle wird nur die Glaubensfreiheit aus Art. 4 Abs. 1 GG erläutert, da das Bundesverfassungsgericht bei der normativen Basis des Gebots der religiös-weltanschaulichen Neutralität lediglich sie herausgreift.

144 Vgl. nur *Herzog*, in: Maunz/Dürig, GG, Art. 4 Rn. 65 ff.; *Listl*, in: HdbStKirchR I, S. 455; *Muckel*, Religiöse Freiheit und staatliche Letztentscheidung, S. 139 ff.; *Starck*, in: v. Mangoldt/Klein/Starck, GG, Bd. 1, Art. 4 Rn. 34 f.

145 *v. Campenhausen*, in: HStR VII^3, § 157 Rn. 57.

146 *v. Campenhausen*, in: HStR VII^3, § 157 Rn. 57. Die Unzulässigkeit von Glaubenszwang wird in Art. 140 GG i.V.m. Art. 136 Abs. 4 WRV noch einmal betont, wonach niemand „zu einer kirchlichen Handlung oder Feierlichkeit oder zur Teilnahme an religiösen Übungen oder zur Benutzung einer religiösen Eidesform gezwungen werden" darf.

147 *Kokott*, in: Sachs, GG, Art. 4 Rn. 26.

148 BVerfGE 93, 1, 16.

weltanschaulich-religiösem Gebiet entfalten kann".[149] Dies umfasst jedoch keinen Anspruch gegen den Staat, der eigenen „Glaubensüberzeugung mit staatlicher Unterstützung Ausdruck zu verleihen."[150]

Das Bundesverwaltungsgericht definiert die Begriffe der Religion oder Weltanschauung als „eine mit der Person des Menschen verbundene Gewissheit über bestimmte Aussagen zum Weltganzen sowie zur Herkunft und zum Ziel des menschlichen Lebens".[151] Bei der Bestimmung dessen, was unter den Begriffen von Religion und Weltanschauung zu verstehen ist, ist allgemein anerkannt, dass religiöser Glaube „ein Gedankengebäude aus einer metaphysisch verankerten Gesamtsicht der Welt mit dazugehörenden Lebensformen und Riten"[152] darstellt. Der Begriff der Weltanschauung wird demgegenüber oft in Abgrenzung zum Religionsbegriff über das Kriterium der „Immanenz" zu definieren versucht, die Weltanschauung sei demnach auf innerweltliche Bezüge beschränkt und lasse einen Bezug zur Transzendenz vermissen.[153]

Neben der positiven Seite des Freiheitsrechts aus Art. 4 Abs. 1 und 2 GG ist dessen negative Seite gewährleistet.[154] In aller Kürze bedeutet dies die Freiheit, „nicht zu glauben, nicht zu bekennen und an keiner religiösen Handlung teilnehmen zu müssen".[155] In Einzelfällen ist daher die Geltendmachung eines

149 BVerfGE 41, 29, 49.

150 BVerfGE 93, 1, 16.

151 BVerwG NJW 1992, S. 2496, 2497.

152 *Starck*, JZ 2000, S. 1. Vgl. zu den Schwierigkeiten bei der Begriffsbestimmung und dem Fehlen eines „leicht operationablen" Begriffs von Religion auch *Hense*, Glockenläuten und Uhrenschlag, S. 199 ff. m.w.N. Vgl. zu der Problematik der Einordnung von überwiegend wirtschaftlich tätigen Religionsgemeinschaften BVerwG NJW 1992, 2496, 2497 ff.; *v. Campenhausen*, in: HStR VII^3, § 157 Rn. 96 f.

153 Vgl. nur *Müller-Volbehr*, JZ 1981, S. 42. Weitere Nachweise bei *Muckel*, Religiöse Freiheit und staatliche Letztentscheidung, S. 136 Fn. 71. Vgl. auch oben B.I.1. Eine Differenzierung von Religion und Weltanschauung anhand der Kriterien der Transzendenz oder Immanenz der Bezüge der jeweiligen Überzeugungsgehalte vermag nunmehr allerdings nicht zu überzeugen, da sowohl in den religiösen als auch in den weltanschaulichen Überzeugungen die Vorstellungen von Gott und der Welt einem Prozess der Wandlung unterworfen sind, sodass für die Frage der Unterscheidung von Religion und Weltanschauung ausschließlich auf das Selbstverständnis des Grundrechtsträgers abzustellen ist, vgl. *Müller-Volbehr*, JZ 1981, S. 42. Eine Unterscheidung ist an dieser Stelle aber auch angesichts der rechtlichen Gleichstellung im Rahmen von Art. 4 Abs. 1 und 2 GG nicht erforderlich.

154 Vgl. zur historischen Seite der negativen Religionsfreiheit *v. Campenhausen/de Wall*, Staatskirchenrecht, S. 59 f. Der negativen Glaubensfreiheit trägt auch Art. 136 Abs. 4 WRV i.V.m. Art. 140 GG Rechnung, der das Verbot an den Staat enthält, die Grundrechtsträger zur Teilnahme an religiösen Übungen zu zwingen.

155 *Jeand'Heur/Korioth*, Grundzüge des Staatskirchenrechts, Rn. 98. Allerdings stellt Art. 136 Abs. 3 S. 1 WRV einen „vorrangigen normativen Anknüpfungspunkt" für den Fall der negativen Bekenntnisfreiheit dar, vgl. *Muckel*, Religiöse Freiheit und staatliche Letztentscheidung,

Rechts, nicht mit religiösen oder weltanschaulichen Inhalten und Handlungen in Berührung zu kommen, möglich.[156] Die negative Seite des Freiheitsrechts umfasst jedoch nicht das Recht, die religiöse Betätigung anderer Grundrechtsträger zu unterbinden, es gibt also keinen Anspruch gegen den Staat, Missionierung durch andere zu verhindern.[157] Der Schutzbereich der negativen Glaubensfreiheit aus Art. 4 Abs. 1 GG ist aber dann betroffen, wenn das Individuum „ohne Ausweichmöglichkeiten dem Einfluss eines bestimmten Glaubens, den Handlungen, in denen dieser sich manifestiert, und den Symbolen, in denen er sich darstellt, ausgesetzt ist" und diese Lage vom Staat geschaffen ist.[158]

b) Das Verbot der Staatskirche nach Art. 137 Abs. 1 WRV i.V.m. Art. 140 GG

Als weiteres Element der normativen Basis des Gebots der religiös-weltanschaulichen Neutralität nennt das Bundesverfassungsgericht wie dargestellt das Verbot der Staatskirche aus Art. 137 Abs. 1 WRV i.V.m. Art. 140 GG.

Das heutige Schrifttum geht von einer grundsätzlichen Bereichsscheidung von Staat und Religion aus, die sich aus dem Verbot der Staatskirche aus Art. 137 Abs. 1 WRV i.V.m. Art. 140 GG ergibt.[159]

S. 147; *Hellermann*, Die sogenannte negative Seite der Freiheitsrechte, S. 161 f.; a.A. *Jeand'Heur/Korioth*, Grundzüge des Staatskirchenrechts, Rn. 99, die davon ausgehen, dass diese Norm lediglich eine deklaratorische Wiederholung der negativen Bekenntnisfreiheit aus Art. 4 Abs. 1 GG darstellt.

156 So kann etwa die Nichtteilnahme eines Schülers am überkonfessionellen Schulgebet durchgesetzt werden, vgl. BVerfGE 52, 223, 247.

157 *v. Campenhausen*, in: HStR VII^3, § 157 Rn. 129 f.

158 BVerfGE 93, 1, 16. Vor allem im Bereich der Schule kommt es angesichts der grundrechtlichen Kollisionslage von staatlichem Erziehungsauftrag sowie der Religionsfreiheit von Eltern, Schülern und Lehrern zu vielerlei Problemen, vgl. dazu nur BVerfGE 93, 1, 14 ff. (Kruzifix-Beschluss) und BVerfGE 108, 282, 298 ff. (Kopftuch-Urteil). Vgl. zur Werterziehung im Schulunterricht unten C.

159 In der unmittelbaren Nachkriegszeit der 1950er Jahre wurde zunächst die Koordinationslehre vertreten. Nach dieser stehen sich die beiden großen Kirchen und der Staat als gleichrangige Ordnungsmächte gegenüber, wobei den Kirchen bei der Sorge um das Gemeinwohl eine exklusive Stellung zukam. Staat und Kirche sollten sich nicht mehr wie zuvor im Verhältnis einer „Trennung im Sinne Weimarer Neutralität" gegenüberstehen, sondern das „neuartige Beziehungssystem" wurde nunmehr als „System der Zuordnung (Koordination) zweier voneinander unabhängiger, in ihren Bereichen selbstständiger Gemeinwesen" definiert. Vgl. zur Koordinationslehre etwa *Link*, Kirchliche Rechtsgeschichte, S. 222 ff.; *ders.*, ZevKR 20 (1975), S. 25 ff. Krit. zur Koordinationslehre etwa *Quaritsch*, Der Staat 1 (1962), S. 191 ff.; *ders.*, Der Staat 5 (1966), S. 459ff.; *Zippelius*, ZevKR 9 (1962/1963), S. 46 ff. Die Koordinationslehre wurde in späteren Jahren nur noch vereinzelt vertreten, vgl. *Geiger*, ZevKR 26 (1981), S. 159; *Schachten*, Quis iudicabit?, S. 72 ff.

Über die statische Verweisung des Art. 140 GG werden die Art. 136, 137, 138, 139 und 141 der Weimarer Reichsverfassung in das Grundgesetz inkorporiert und sind damit vollgültiges Verfassungsrecht. Die Gewährleistungen der Weimarer Reichsverfassung sind dabei im Zusammenhang mit Art. 4 Abs. 1 und 2 GG zu sehen und in gegenseitiger Abstimmung zu interpretieren.[160] Art. 137 Abs. 1 WRV bestimmt, dass keine Staatskirche besteht.

Die Norm enthält das Gebot der „Scheidung in der Wurzel" und das Verbot einer institutionellen Verbindung „im inneren Verfassungsrechtskreis".[161] Dem Verbot kann die Einführung staatskirchlicher Rechtsformen entnommen werden, da Staat und Kirche organisatorisch und inhaltlich zu trennen sind. Das Verbot der Staatskirche bedeutet demnach das Verbot jeder institutionellen Verbindung zwischen Staat und Kirche.[162] Staat und Religionsgemeinschaften sind folglich notwendigerweise voneinander getrennt, denn ohne eine Unterscheidung und Trennung vom Staat könnten die verfassungsrechtlich garantierten Freiheiten aus Art. 4 Abs. 1 und 2 GG gar nicht zur Entfaltung kommen, da diese sich als Freiheitsrechte gegen einen anderen richten und mit dem Staat „ein Gegenüber" benötigen.[163] Das Verbot der Staatskirche in Art. 137 Abs. 1 WRV gewährleistet daher die Möglichkeit gegenseitiger Emanzipation von Staat und Religion und damit Entfaltungsfreiheit.[164]

Inwiefern eine kooperative Aufgabenwahrnehmung von Staat und Religionsgemeinschaften verfassungsrechtlich möglich ist, ist umstritten.

aa) Moderate Interpretation des Verbots der Staatskirche

Der herrschenden Auffassung im Schrifttum zufolge umfasst das Verbot der Staatskirche aus Art. 137 Abs. 1 WRV i.V.m. Art. 140 GG keinen Ausschluss kooperativer Aufgabenwahrnehmung, sodass die Zusammenarbeit von Staat und Kirchen nach dieser Ansicht auf bestimmten gesellschaftlichen Gebieten möglich ist und keine Ausnahme zu Art. 137 Abs. 1 WRV darstellt, wenn die Zusammenarbeit nicht zu einer untrennbaren Aufgabenwahrnehmung führt.[165] Vom Grundgesetz vorgesehen seien derartige Verbindungen etwa beim Religionsunterricht (Art. 7 Abs. 3 GG), bei der Kirchensteuer (Art. 140 GG i.V.m. Art. 137 Abs. 6 WRV) und bei der Anstalts- und Militärseelsorge (Art. 140 GG i.V.m.

160 BVerfGE 19, 226, 235; 53, 366, 400; 70, 138, 167.

161 *Hollerbach*, VVDStRL 26 (1968), S. 62.

162 BVerfGE 19, 206, 216; 93, 1, 16; *v. Campenhausen/de Wall*, Staatskirchenrecht, S. 71 ff.; *M. Heckel*, JZ 1994, S. 428 f.

163 *De Wall/Muckel*, Kirchenrecht, § 13 Rn. 1.

164 *M. Heckel*, VVDStRL 26 (1968), S. 36.

165 *Jeand'Heur/Korioth*, Grundzüge des Staatskirchenrechts, Rn. 160.

Art. 141 WRV).[166] Der geltenden Verfassung lässt sich nach dieser Ansicht folglich nicht entnehmen, dass das Verhältnis von Staat und Religion laizistische Ausgestaltung finden muss.[167]

bb) Strenge Interpretation des Verbots der Staatskirche

Dieser moderaten Interpretation des Trennungsprinzips nach Art. 137 Abs. 1 WRV steht ein strengeres Verständnis gegenüber, welches die Vorschrift als Verbot der Berührung von Staat und Kirche versteht.[168] Aus der in Art. 4 Abs. 1 und 2 GG gewährleisteten Religionsfreiheit ergebe sich, dass der Staat sich aus der Sphäre der Grundrechtsträger heraushalten müsse. Art. 137 Abs. 1 WRV sei im Lichte der Religionsfreiheit auszulegen, sodass eine strenge Interpretation des Verbots der Staatskirche geboten sei.[169] Ein strikt interpretiertes Verbot der Staatskirche stimme überein „mit dem Geist der Verfassung" und sei nicht laizistisch.[170] Verfassungsrechtliche Privilegierungen von Religionsgemeinschaften stellen danach prinzipienwidriges Verfassungsrecht und verfassungsrechtliche Anomalien dar.[171]

---

166 Auf diese Verbindungen findet die von *Ulrich Stutz* geprägte Formulierung von der „hinkenden Trennung von Staat und Kirche" zum Teil auch heute noch Anwendung in der religionsverfassungsrechtlichen Literatur. Vgl. *Stutz*, Das Studium des Kirchenrechts an den deutschen Universitäten, S. 1 ff.; *ders.*, Die päpstliche Diplomatie unter Leo XIII. nach den Denkwürdigkeiten des Kardinals Domenico Ferrata, S. 54 Fn. 2; heute verwendet etwa *Magen*, in: Umbach/Clemens, GG, Bd. 2, Art. 140 Rn. 52 m.w.N. diese Charakterisierung des Verhältnisses von Staat und Kirche. In der heutigen Literatur wird diese Formulierung allerdings überwiegend kritisch gesehen, vgl. dazu etwa *Listl*, Staat und Kirche in Deutschland, S. 285, der das Verhältnis von Staat und Kirche in Übereinstimmung mit Vertretern der staatskirchenrechtlichen Lehre aus der Weimarer Zeit eher als „lockere Verbindung" sieht.

167 *v. Campenhausen/de Wall*, Staatskirchenrecht, S. 96.

168 Vgl. den Überblick bei *Jeand'Heur/Korioth*, Grundzüge des Staatskirchenrechts, Rn. 162. Vertreter dieser Ansicht sind etwa *Fischer*, Volkskirche ade!, S. 83 ff., v.a. S. 90 ff.; *Renck*, BayVBl. 1988, S. 228 f.; *ders.*, BayVBl. 1999, S. 73 f., welcher eine eigene Terminologie einführt und von Bekenntnisverfassungsrecht statt Religionsverfassungsrecht sowie von Bekenntnisneutralität anstelle von religiös-weltanschaulicher Neutralität spricht.

169 *Fischer*, Volkskirche ade!, S. 83 ff., 99; *Renck*, BayVBl. 1999, S. 73 f.

170 *Renck*, BayVBl. 1988, S. 230.

171 *Renck*, BayVBl. 1988, S. 229; *ders.*, BayVBl. 1999, S. 74. *Fischer*, Volkskirche ade!, S. 96 f., 117 ff., 137 ff., 141 ff., 151 ff., erklärt Art. 7 Abs. 3 GG sowie Art. 137 Abs. 5 und 6 WRV gar zum sog. verfassungswidrigen Verfassungsrecht. Es ist allerdings nicht unproblematisch, von verfassungswidrigem Verfassungsrecht zu sprechen, da alle verfassungsrechtlichen Bestimmungen von gleichem Rang sind, sodass es an einem vorgelagerten Prüfungsmaßstab zur Feststellung von Verfassungswidrigkeit fehlt, vgl. etwa *Jeand'Heur/Korioth*, Grundzüge des Staatskirchenrechts, Rn. 165; vgl. auch BVerfGE 3, 225, 232 f.; 4, 294, 296, wonach es im Belieben

Gegen dieses Verständnis wird angeführt, dass bereits der Wortlaut des Art. 137 Abs. 1 WRV eine solche Interpretation nicht gebiete.[172] Zudem vermöge das Argument nicht zu überzeugen, Art. 4 Abs. 1 und 2 GG sei ein Vorrang vor Art. 137 Abs. 1 WRV zuzusprechen, da dieser systemprägend sei. Auch Art. 137 Abs. 1 WRV sei durch die Regelung des Art. 140 GG vollgültiges Verfassungsrecht, sodass er nicht als von Art. 4 Abs. 1 und 2 GG überlagert angesehen werden kann.[173] Der geltenden Verfassung lasse sich folglich nicht entnehmen, dass das Verhältnis von Staat und Religion eine solche laizistische Ausgestaltung finden müsse.[174]

cc) Stellungnahme

Ein zu strenges Verständnis der Trennung von Staat und Religion ist nach den voranstehenden Ausführungen verfassungsrechtlich nicht aufrechtzuerhalten. Eine weitreichende Zusammenarbeit von Staat und Religionsgemeinschaften stellt auch deshalb keinen Verstoß gegen das Verbot der Staatskirche dar, weil sie schlichtweg Folge der regulierenden Aktivitäten des immer stärker in Anspruch genommenen Sozial- und Kulturstaates ist, welche vormals staatsfreie Bereiche betreffen.[175]

Es ist dem Staat zudem nicht aus demokratischen oder rechtsstaatlichen Aspekten verboten, sich institutionell mit den kulturellen und sozialen Gruppen zu verbinden oder mit ihnen frei zusammenzuarbeiten.[176] Das Sozialstaatsprinzip aus Art. 20 Abs. 1 GG verpflichtet den Staat dazu, „für einen Ausgleich der sozialen Gegensätze und damit für eine gerechte Sozialordnung zu sorgen", wobei es ihm überlassen bleibt, auf welche Weise er dieser Pflicht nachkommt.[177] Muss der Sozialstaat demnach regulierend eingreifen, so wirkt er in einigen Fällen zu diesem Zweck mit Religionsgemeinschaften zusammen. Zu nennen ist hier etwa die staatliche Zusammenarbeit mit dem Deutschen Caritasverband, einem Wohl-

---

des Verfassunggebers steht, von seinen eigenen Grundsatznormen Ausnahmen zu statuieren, es sei denn, es läge eine Überschreitung der äußeren Grenzen der Gerechtigkeit vor.

172 *Maunz*, BayVBl. 1988, S. 234; *Schlaich*, Neutralität als verfassungsrechtliches Prinzip, S. 172. A.A. aber *Fischer*, Volkskirche ade!, S. 90 ff., dem zufolge sich aus dem von ihm streng interpretierten Verbot der Staatskirche eine grundsätzliche Trennung von Staat und Kirche ergeben muss, sodass dem Staat das Gebiet der Religion und der Weltanschauung gänzlich verschlossen bleibt und er sich diesem gegenüber indifferent zeigen muss.

173 *Jeand'Heur/Korioth*, Grundzüge des Staatskirchenrechts, Rn. 164.

174 *v. Campenhausen/de Wall*, Staatskirchenrecht, S. 96.

175 *v. Campenhausen/de Wall*, Staatskirchenrecht, S. 95.

176 BVerfGE 22, 180, 200 ff.; *Schlaich*, Neutralität als verfassungsrechtliches Prinzip, S. 173.

177 BVerfGE 22, 180, 203.

fahrtsverband der römisch-katholischen Kirche, dem viele soziale Einrichtungen zugehörig sind.

Das Verhältnis von Staat und Religionsgemeinschaften unter dem Grundgesetz ist mithin nicht als strikte, sondern vielmehr freundliche und offene Trennung zu qualifizieren.[178] Die Trennung von Staat und Kirche bedeutet keine Trennung „mit Hilfe der Papierschere"[179] und keine „in einem streng puristischen Sinne".[180] Es gibt auch im heutigen religionsverfassungsrechtlichen System Berührungspunkte der beiden Bereiche.

Aus dem Verbot der Staatskirche gemäß Art. 137 Abs. 1 WRV ergibt sich mithin nicht, dass dem Staat etwa eine Förderung von Religion versagt ist.[181] Die Förderung darf allerdings nicht zum Zwecke der Unterstützung nur einer bestimmten Religion erfolgen, sondern muss nach ihrer Zielsetzung der Religion aus säkularen Gründen zustattenkommen.[182] Im Gegensatz zum laizistischen Verständnis des Verhältnisses von Staat und Kirche hat das Grundgesetz also nicht den Weg der totalen Bereichsscheidung eingeschlagen.[183]

Berührungspunkte von Staat und Gesellschaft ergeben sich dann, wenn dem Staat zwar eine primäre Wahrnehmungskompetenz bei einer Aufgabenerfüllung zukommt, aber auch die Interessen der Religionsgemeinschaften betroffen sind. Das wird mit dem Begriff der gemeinsamen Angelegenheiten von Staat und Religionsgemeinschaften bezeichnet.[184] Zu ihnen zählen die Anstalts- und Militärseelsorge, der Religionsunterricht an den staatlichen Schulen,[185] die theologischen Fakultäten an den staatlichen Universitäten, das kommunale Friedhofswesen und der Bereich der Diakonie und karitativen Tätigkeit.[186]

---

178 *Korioth*, in: Maunz/Dürig, GG, Art. 140/Art. 137 WRV Rn. 7; *de Wall/ Muckel*, Kirchenrecht, § 13 Rn. 7.

179 *v. Campenhausen/de Wall*, Staatskirchenrecht, S. 93.

180 *Janz/Rademacher*, NVwZ 1999, S. 708.

181 Bei der Förderung von Religion hat der Staat das Prinzip der religionsrechtlichen Parität zu beachten, dem zufolge ein Benachteiligungs- oder Bevorzugungsverbot nach dem Kriterium der Religion besteht. Vgl. hierzu auch B.I.3.c).

182 *Classen*, Religionsrecht, Rn. 119. Zum Grundsatz der religionsrechtlichen Parität vgl. unten B.I.3.c).

183 Vgl. statt vieler zum Laizismus *v. Campenhausen*, Staat und Kirche in Frankreich; *Metz*, Staat und Kirche in Frankreich, S. 103 ff. Diese laikalen Trennungsmodelle sind in der Realität nicht durchzuhalten, da es dennoch Berührungspunkte von Staat und Kirche gibt, vgl. *de Wall/Muckel*, Kirchenrecht, § 13 Rn. 6 f.

184 Vgl. zum Begriff *v. Campenhausen/de Wall*, Staatskirchenrecht, S. 196.

185 Vgl. hierzu C.V.

186 *Jeand'Heur/Korioth*, Grundzüge des Staatskirchenrechts, Rn. 290 ff.

c) Art. 3 Abs. 3 und Art. 33 Abs. 3 GG

Einen weiteren Bestandteil der Normenkette, aus der das Bundesverfassungsgericht das Gebot der religiös-weltanschaulichen Neutralität ableitet, bildet die Parität der Kirchen und Bekenntnisse. Sie ergibt sich aus Art. 3 Abs. 3 und Art. 33 Abs. 3 GG, denen zufolge niemand wegen seines Glaubens oder seiner religiösen Anschauung benachteiligt werden darf.[187]

Das Grundgesetz fordert jedoch keine schematische Gleichbehandlung aller Religionen und Weltanschauungen: Solche Differenzierungen sind zulässig, „die durch tatsächliche Verschiedenheiten der einzelnen Religionsgesellschaften bedingt sind", wobei die Ungleichbehandlung nicht sachfremd sein darf, was bedeutet, dass sich aus dem Sachverhalt, den die differenzierende Regelung zum Gegenstand hat, ein sachlicher Grund für diese Differenzierung ergeben muss.[188] Der Grundsatz der Parität enthält mithin kein Nivellierungsgebot.[189] Die religionsrechtliche Parität verlangt lediglich Rechtsgleichheit, „Gleichheit vor dem Gesetz", die Norm*wirkungen* hingegen können verschieden ausfallen.[190] Sie will „gleiches Recht, nicht gleiches Glück verschaffen, eröffnet damit Freiheit zum Wettbewerb ohne die Garantie des gleichen Erfolges".[191]

Dem religiös-weltanschaulichen Staat sind daher solche Differenzierungen nicht erlaubt, die sich an den verschiedenen Inhalten des Glaubens oder des Bekenntnisses festmachen, da in diesen Fällen der sachliche Grund für die Ungleichbehandlung nicht gegeben ist.[192] Differenziert werden kann aber dann, wenn es zur Ungleichbehandlung kommt, um dem Grad der sozialen Bedeutung der jeweiligen Religion gerecht zu werden.[193] Ebenso zulässig ist eine Differenzierung zwischen Religionsgemeinschaften mit und ohne Körperschaftsstatus, da dies mit der Regelung zum Körperschaftsstatus in Art. 137 Abs. 5 WRV i.V.m. Art. 140 GG in der Verfassung selbst angelegt ist.[194]

---

187 Weitere Paritätsvorschriften, die eine Gleichbehandlung und Gleichordnung der Staatsbürger ohne Rücksicht auf ihr weltanschauliches oder religiöses Bekenntnis fordern, sind Art. 33 Abs. 2 GG, Art. 136 Abs. 1 und 2 sowie Art. 137 Abs. 1, 3 und Abs. 7 WRV i.V.m. 140 GG. Aus einer Zusammenschau dieser Normen ergibt sich der Grundsatz der religionsrechtlichen Parität, vgl. dazu ausführlich *M. Heckel*, in: HdbStKirchR I, S. 589 ff.

188 BVerfGE 19, 1, 8.

189 *M. Heckel*, in: HdbStKirchR I, S. 599.

190 *M. Heckel*, in: HdbStKirchR I, S. 599.

191 *M. Heckel*, in: HdbStKirchR I, S. 602.

192 BVerfGE 19, 206, 216; *Classen*, Religionsrecht, Rn. 127 f.; *M. Heckel*, in: HdbStKirchR I, S. 589 ff.

193 *Classen*, Religionsrecht, Rn. 127 f.

194 *Jeand'Heur/Korioth*, Grundzüge des Staatskirchenrechts, Rn. 169.

4. Fazit: Die religiös-weltanschauliche Neutralität nach dem Grundgesetz

a) Gehalt des Gebots der religiös-weltanschaulichen Neutralität aufgrund seiner normativen Basis im Verständnis des Bundesverfassungsgerichts

Wie bereits ausgeführt, ist der Gehalt des Gebots der religiös-weltanschaulichen Neutralität aus der normativen Basis herzuleiten, die das Bundesverfassungsgericht aus Art. 4 Abs. 1, Art. 3 Abs. 3 und 33 GG und Art. 136 Abs. 1 und Abs. 4 und Art. 137 Abs. 1 WRV i.V.m. Art. 140 GG entwickelt hat.[195]

Die in Art. 4 Abs. 1 GG gewährleistete Glaubensfreiheit verbietet dem Staat eine Einmischung in die Glaubensüberzeugungen seiner Bürger.[196] Hieraus ergibt sich, dass dem Staat eine Bewertung oder Bestimmung des Glaubensinhalts einer Religion oder Weltanschauung verwehrt ist.[197] In den Entscheidungen des Bundesverfassungsgerichts findet aus diesem Grund das Selbstverständnis des Grundrechtsträgers besondere Beachtung.[198] Was dem verfassungsrechtlichen Religions- bzw. Weltanschauungsbegriff unterfallen soll, hängt somit vom religiösen oder weltanschaulichen Selbstverständnis des Grundrechtsträgers ab, dem im Rahmen des Grundrechts aus Art. 4 Abs. 1 und 2 GG eine besondere Bedeutung zukommt.[199] Der Staat ist bei der Frage der Anerkennung einer Religionsgemeinschaft auf die Prüfung wertungsneutraler Gesichtspunkte verpflichtet, ihm ist es aufgrund seiner religiös-weltanschaulichen Neutralität verwehrt, etwa ihren Glauben oder die geistige Qualität der Religion zu bewerten. Der staatlichen Prüfung zugänglich ist allein, ob die Gemeinschaft im Rahmen eines hinreichend geschlossenen Gedankengebäudes Aussagen zum Weltganzen trifft, über ein Mindestmaß an personeller Organisation verfügt und ein Grundkonsens

---

195 Vgl. dazu oben B.I.1.

196 Vgl. dazu oben B.I.3.a).

197 BVerfGE 41, 65, 84.

198 BVerfGE 24, 236, 247 f. Zur Überlegung der allgemeinen Grundrechtslehre, dass den Freiheitsrechten eine notwendige Berücksichtigung des Selbstverständnisses des Grundrechtsträgers immanent sei, vgl. *Morlok*, Selbstverständnis als Rechtskriterium. Vgl. auch *Isensee*, Wer definiert die Freiheitsrechte?, der sich deutlich gegen die Lehre vom Selbstverständnis ausspricht.

199 Vgl. dazu *Kästner*, AöR 123 (1998), S. 409 ff.; *Muckel*, Religiöse Freiheit und staatliche Letztentscheidung; *Morlok*, in: Dreier, GG, Bd. 1, Art. 4 Rn. 55; *Isak*, Das Selbstverständnis der Kirchen und Religionsgemeinschaften und seine Bedeutung für die Auslegung staatlichen Rechts, S. 259 ff.; *Huster*, Die ethische Neutralität des Staates, S. 382 ff. Krit. hierzu etwa *Herzog*, in: Maunz/Dürig, GG, Art. 4 Rn. 103 f. Vgl. allgemein zur Relevanz des Selbstverständnisses von Einzelnen und Gruppen bei der Verfassungsinterpretation *Häberle*, JZ 1975, S. 297 ff. Zu verfassungsdogmatischen Bedenken siehe auch *Morlok*, Selbstverständnis als Rechtskriterium.

der Mitglieder vorhanden ist.[200] Darüber hinaus kann der Staat keine Prüfung vornehmen.

Möglich ist daher nur eine wertungsneutrale Plausibilitätskontrolle, damit die Reichweite des Grundrechts nicht allein im Belieben der Grundrechtsträger liegt.[201] Im Rahmen dieser Plausibilitätskontrolle kann der Staat prüfen, ob es sich auch „tatsächlich, nach geistigem Gehalt und äußerem Erscheinungsbild, um eine Religion oder Religionsgemeinschaft" handelt.[202] Auch im Rahmen der Plausibilitätskontrolle bezüglich der Frage, was im einzelnen Fall als Religionsausübung anzusehen ist, findet keine Bewertung von Glauben und Lehre der jeweiligen Religion statt, maßgeblich ist ausschließlich das tatsächliche Verhalten des jeweiligen Grundrechtsträgers.[203] Der Grundrechtsträger muss plausibel darlegen können, dass die betroffene Handlung von einem religiösen Gebot gefordert wird.[204]

Des Weiteren verbietet Art. 137 Abs. 1 WRV i.V.m. Art. 140 GG die staatliche Verbindung mit einer Kirche und damit die Einführung staatskirchlicher Rechtsformen.[205] Der religiös-weltanschaulich neutrale Staat ist jedoch nicht laizistisch und religionsausgrenzend, was sich in den verschiedenen Kooperationsfeldern zwischen Staat und Religionsgemeinschaften zeigt, die in der Verfassung angelegt sind.[206]

Aus den Art. 3 Abs. 3 und 33 Abs. 3 GG ergibt sich schließlich das an den Staat gerichtete Verbot, bestimmte Glaubensrichtungen oder Weltanschauungen zu privilegieren. Ebenso darf der Staat niemanden wegen seiner Religion oder Weltanschauung benachteiligen oder Andersgläubige ausgrenzen.[207]

Erfolgt die Entwicklung des Gehalts des Neutralitätsgebots in enger Anbindung an diese verfassungsrechtlichen Normen, so ergibt sich in Übereinstimmung mit dem Bundesverfassungsgericht, dass sich der neutrale Staat einer Ein-

---

200 *v. Campenhausen/de Wall*, Staatskirchenrecht, S. 55 ff.

201 *v. Campenhausen/de Wall*, Staatskirchenrecht, S. 56.

202 BVerfGE 24, 236, 247; 83, 341, 353.

203 BVerfGE 33, 23; 102, 370, 397.

204 Vgl. etwa BVerfGE 108, 282, 298.

205 Vgl. dazu oben B.I.3.b).

206 Vgl. zu den gemeinsamen Angelegenheiten von Staat und Religionsgemeinschaften oben unter B.I.3.b).

207 St. Rspr., vgl. dazu etwa BVerfGE 19, 206, 216; 24, 236, 246; 33, 23, 28; 93, 1, 16 f.; 108, 282, 299 f. zum staatlichen Verhältnis zu Religions- oder Weltanschauungsgemeinschaften: „Auf die zahlenmäßige Stärke oder soziale Relevanz kommt es dabei nicht an. Der Staat hat vielmehr auf eine am Gleichheitssatz orientierte Behandlung der verschiedenen Religions- und Weltanschauungsgemeinschaften zu achten. Auch dort, wo er mit ihnen zusammenarbeitet oder sie fördert, darf dies nicht zu einer Identifikation mit bestimmten Religionsgemeinschaften führen." Vgl. zur religionsrechtlichen Parität auch oben B.I.3.c).

mischung in die Glaubensinhalte sowie Glaubenshandlungen seiner Bürger enthalten muss und ebenso keine Privilegierungen oder Diskriminierungen aus religiösen oder weltanschaulichen Gründen vornehmen darf. Ebenfalls ist dem Staat die Einführung staatskirchlicher Rechtsformen untersagt.

In der religionsverfassungsrechtlichen Literatur finden sich vorwiegend Darstellungen, die das Verständnis der religiös-weltanschaulichen Neutralität des Staates nach dem Bundesverfassungsgericht nachzeichnen.[208] Der Staat hat danach bei Erledigung seiner weltlichen Angelegenheiten „religiös blind" zu sein.[209]

Staatliche Neutralität in dem dargestellten nicht-laizistischen Sinne führt aber nicht zu einem Ausschluss des Religiösen aus dem öffentlichen Leben, da dies faktisch zu einer atheistischen Tendenz des Neutralitätsprinzips führen würde. Der Staat ist gerade nicht „missionierend-säkularisierend" und daher die Religion verdrängend.[210] Das Grundgesetz erkennt mit Art. 4 Abs. 1 und 2 GG das Bedürfnis des Menschen nach Religion als ein grundlegendes an, sodass mit dieser grundrechtlichen Gewährleistung ein Verbot an den Staat einhergeht, sich den religiös wirkenden Kräften in der Gesellschaft gegenüber gleichgültig oder ablehnend zu verhalten.[211]

Der säkulare und freiheitliche Staat muss nach dieser Konzeption in religiösen Fragen „nicht völlig stillhalten".[212] Der Staat ist „nicht ohne Teilhabe an der Wahrheit" über den Menschen, er verfügt selbst jedoch nicht über die Wahrheit.[213] Der Staat darf die Religion folglich nicht ignorieren, da sie eine gewichtige geistige Kraft der Gesellschaft darstellt. Dies hat zur Folge, dass sie nicht völlig außerhalb des staatlichen Wirkungsbereiches liegt, sodass eine „kooperative Neutralität" möglich ist.[214] Solange nicht andere Grundrechte beschränkt werden, muss der Staat aus verfassungsrechtlicher Sicht die Religionsausübung neutral respektieren, schlichtweg ignorieren darf er sie hingegen nicht.[215] Das

---

208 Vgl. nur *Badura*, in: HdbStKirchR I, S. 223ff.; *ders.*, Das Grundgesetz vor der Frage des religiösen und weltanschaulichen Pluralismus, S. 42 f.; *v. Campenhausen*, in: HdbStKirchR I, S. 77 f.; *ders./Unruh*, in: v. Mangoldt/Klein/Starck, GG, Bd. 3, Art. 140 Rn. 15 ff.; *Herzog*, in: Maunz/ Dürig, GG, Art. 4 Rn. 19 f.; *Jeand'Heur/Korioth*, Grundzüge des Staatskirchenrechts, Rn. 166 f.; *Mückl*, in: BK, Art. 4 Rn. 151 ff. Zu den von der Auffassung des Bundesverfassungsgerichts abweichenden Konzeptionen der Hierarchisierungsmodelle vgl. unten B.II.

209 *Starck*, JZ 2000, S. 5. Ähnlich auch *Kreß*, ZRP 2010, S. 14, der von religiöser Farbenblindheit spricht.

210 *Brenner*, VVDStRL 59 (2000), S. 270 ff.

211 *Herzog*, in: Maunz/Dürig, GG, Art. 4 Rn. 13.

212 *Britz*, JZ 2000, S. 1127.

213 *Arndt*, Aufgaben und Grenzen der Staatsgewalt im Bereich der Schulbildung, S. 163.

214 *Isensee*, in: HStR III, § 57 Rn. 162.

215 *M. Heckel*, Religionsfreiheit, S. 776.

Gebot der religiös-weltanschaulichen Neutralität erlegt dem Staat somit eine Grenze auf.[216] Die Befriedigung des Bedürfnisses seiner Bürger nach Sinn gehört nicht mehr zu seinen Aufgaben.[217]

Religiös-weltanschauliche Neutralität bedeutet infolgedessen nicht gleichzeitig religiös-weltanschauliche Indifferenz des Staates. Die Religionsfreiheit führt zwar zu einer klaren Unterscheidung von Staat und Religionen, hat jedoch nicht zugleich eine „abwehrende Distanzierung von Glaube und Bekenntnis" zur Folge.[218]

Diese Konzeption kann auch als „positive" Neutralität oder „neutrale Offenheit" des Staates bezeichnet werden, welche die staatliche Förderung religiöser Aktivitäten umfasst und ein Leitprinzip der Verfassung darstellt.[219] Hierbei muss das Verhalten des Staates allerdings „paritätisch" sein, was bedeutet, dass der Staat keine den Inhalt einer religiösen Lehre betreffende Unterscheidung vornehmen darf, die dann zu einer unterschiedlichen Förderung führt.[220] Sind diese Voraussetzungen erfüllt, so stellt die in „innerer Distanz" zu der religiösen Position vorgenommene staatliche Förderung gerade einen wesensmäßigen Ausdruck eines neutralen Staatswesens dar.[221]

Religiös-weltanschauliche Neutralität heißt aber auch nicht, dass der Staat eine Staatsideologie areligiöser oder antireligiöser Art aufweisen darf.[222] Dies bedeutet zudem, dass der Staat die Religion gerade nicht aus dem öffentlichen Raum verdrängen darf, da hierin eine eindeutige Bevorzugung einer solchen areligiösen oder auch religionsindifferenten Weltanschauung läge.[223]

b) Das Prinzip der Nicht-Identifikation

Aus dem Verbot einer institutionellen Verbindung von Staat und Kirche aus Art. 137 Abs. 1 WRV i.V.m. Art. 140 GG leitet das Bundesverfassungsgericht

---

216 *Badura*, Der Schutz von Religion und Weltanschauung durch das Grundgesetz, S. 81.

217 *Depenheuer*, Kirche – Staat – Gesellschaft, S. 944.

218 *Hesse*, ZevKR 11 (1964/1965), S. 356; *Badura*, Das Grundgesetz vor der Frage des religiösen und weltanschaulichen Pluralismus, S. 42 f.

219 So aus der religionsverfassungsrechtlichen Literatur *M. Heckel*, VVDStRL 26 (1968), S. 26 ff.; *ders.*, Gleichheit oder Privilegien?, S. 69 ff.; *Hesse*, Grundzüge des Verfassungsrechts der Bundesrepublik Deutschland, S. 167 Rn. 382; *ders.*, ZevKR 11 (1964/1965), S. 354 ff.; *ders.*, Ausgewählte Schriften, S. 297 ff.; *Hollerbach*, Ideologie und Verfassung, S. 37 ff.; *ders.*, Neutralität, Pluralismus und Toleranz in der heutigen Verfassung, S. 15 ff.

220 *Maunz*, BayVBl. 1988, S. 233. Zum Grundsatz der religionsrechtlichen Parität vgl. oben B.I.3.c).

221 *M. Heckel*, Staat, Kirche, Kunst, S. 201.

222 *M. Heckel*, JZ 1999, S. 743.

223 *Heinig*, Öffentlich-rechtliche Religionsgesellschaften, S. 44.

das an den Staat gerichtete Verbot, sich mit einer Religion, einer Kirche oder einer Religionsgemeinschaft inhaltlich zu identifizieren, ab.[224] Dem Bundesverfassungsgericht zufolge ist dem Staat in seiner „offenen Neutralität“[225] allein die Identifikation mit einer Religion oder Weltanschauung verboten.[226] Das Identifikationsverbot wird in der Literatur oft mit dem Gebot der religiös-weltanschaulichen Neutralität gleichgesetzt, wobei zuweilen undifferenziert auf das Prinzip der Nicht-Identifikation nach *Herbert Krüger* verwiesen wird, das dieser in seiner „Allgemeinen Staatslehre“ entwickelt hat.[227] Hierbei ist jedoch fraglich, ob das Prinzip der Nicht-Identifikation nach *Krüger* zur Bestimmung des Gehalts des Gebots der religiös-weltanschaulichen Neutralität tauglich ist.

Das Prinzip der Nicht-Identifikation nach *Krüger* fordert, dass der neutrale Staat sich mit keiner Besonderheit identifizieren darf.[228] Der Staat muss vielmehr „allgemein“ sein und das „Besondere“ der Sphäre der Gesellschaft überlassen, wo es sich frei entfalten können soll.[229] Daraus ergibt sich, dass das von *Krüger* entworfene Modell ein räumlich-distanzierendes ist, wonach der staatliche Bereich dermaßen vom Bereich der Gesellschaft abgegrenzt ist, dass religiöse Grundrechtsbetätigung in jenem Bereich keinen legitimen Platz in Anspruch nehmen kann.[230] Alles, was über die Sicherung der Existenz des Staates und seiner Bürger hinausgeht, wird „für staatlich unerheblich erklärt, aus der staatlichen Existenz ausgeklammert und in einen unstaatlichen Bereich verwiesen“.[231] Anderenfalls läge kein freiheitlicher, sondern vielmehr ein totaler Staat vor.[232] Das Prinzip der Nicht-Identifikation sei daher gleichbedeutend mit Freiheit auf Seiten des Bürgers.[233] Für den religiösen oder weltanschaulichen Bereich bedeute dies, dass es dem Staat verwehrt sei, in religionsbedingten Streitigkeiten seiner Bürger

---

224 BVerfGE 30, 415, 422.

225 Vgl. dazu oben B.I.1.

226 BVerfGE 24, 236, 247 f.; 30, 415, 422; 93, 1, 17.

227 Vgl. zum Prinzip der Nicht-Identifikation *Krüger*, Allgemeine Staatslehre, S. 92 f., 160 ff., 178 ff., 247 f., 350, 541, 762 f., 808; *ders.*, Von der Staatspflege überhaupt, S. 28. Für eine Gleichsetzung mit dem Neutralitätsgebot etwa *Isensee*, Subsidiaritätsprinzip und Verfassungsrecht, S. 183; *v. Zezschwitz*, JZ 1966, S. 337. In dieser Arbeit soll jedoch an der Terminologie des Gebots der religiös-weltanschaulichen Neutralität festgehalten werden.

228 Grundvoraussetzung für das Prinzip der Nicht-Identifikation nach *Krüger* ist eine Unterscheidung von Staat und Gesellschaft, vgl. dazu bereits Fn. 17.

229 *Krüger*, Allgemeine Staatslehre, S. 92 f., 160 ff., 178 ff., 247 f., 350, 541, 762 f., 808; *ders.*, Von der Staatspflege überhaupt, S. 28.

230 *Meyer-Teschendorf*, Staat und Kirche im pluralistischen Gemeinwesen, S. 167 ff.

231 *Krüger*, Allgemeine Staatslehre, S. 179.

232 *Krüger*, Allgemeine Staatslehre, S. 350, 761.

233 *Krüger*, Allgemeine Staatslehre, S. 181.

Partei für eine bestimmte Religion zu ergreifen und sich zu einer Religion zu bekennen.[234]

Identifikation liegt nach dieser Ansicht in jeder staatlichen Betätigung, sodass danach bereits eine schützende oder fördernde staatliche Handlung als Identifikation des Staates mit der betroffenen gesellschaftlichen Größe zu sehen ist.[235] Eine dem Staat verbotene Identifikation mit den religiösen Inhalten liegt *Krüger* zufolge nicht nur bei einer einseitigen, sondern auch bei einer umfassenden Förderung aller existierenden Religionen vor.[236] Er fordert mithin ein staatliches Desinteresse an den religiösen „Besonderheiten".[237] Das Prinzip der Nicht-Identifikation ist nach *Krüger* nicht nur vom Staat einzuhalten, sondern es gilt auch für die Benutzer staatlicher Einrichtungen, welche ja Sphären des „Allgemeinen" darstellen. So sei auch die Schule ein Ort, „an dem sich die Allgemeinheit der Bürger als Allgemeinheit treffen und finden kann".[238] Staatliche Einrichtungen sind nach diesem Prinzip Orte des Homogenen, in denen grundrechtliche Freiheit zur Individualität keinen Raum findet.[239]

Bei einer kritischen Bewertung des Prinzips der Nicht-Identifikation gilt es allerdings zu bedenken, dass staatliche Förderung und Subventionierung im heutigen Sozialstaat üblich sind, sodass gerade das Unterlassen der Förderung von Religion eine Verletzung des Prinzips der Nicht-Identifikation darstellte: Im Falle der Aussparung der Kirchen aus der staatlichen Subventionierung identifizierte sich der Staat mit der Idee der Trennung von Staat und Kirche in ihrer konsequentesten Form, sodass er sich gerade nicht neutral zeigte.[240]

Ebenso vermag eine Verbannung des „Besonderen" allein in die Sphäre der Gesellschaft nicht zu überzeugen, die Grundrechte gebieten es vielmehr, dass der Staat auch in seinen Einrichtungen „Entfaltungsmöglichkeiten für Besonderheiten" schafft.[241] Den Grundrechtsträgern muss es daher nicht nur im privaten Bereich, sondern auch in staatlichen Einrichtungen wie etwa in der Schule möglich sein, ihre grundrechtlich gewährleistete Freiheit ausüben zu können. Weiterhin ist zu beachten, dass nach dem strikten Verständnis *Krügers* von der religiös-

---

234 *Krüger*, Allgemeine Staatslehre, S. 49, 178ff.

235 So *Schlaich*, Neutralität als verfassungsrechtliches Prinzip, S. 241, im Anschluss an *Krüger*, der allerdings in seiner „Allgemeinen Staatslehre" an keiner Stelle den Begriff der Identifikation definiert.

236 *Krüger*, Allgemeine Staatslehre, S. 49.

237 *Krüger*, Allgemeine Staatslehre, S. 49, 178 ff.

238 *Krüger*, Allgemeine Staatslehre, S. 228.

239 Vgl. speziell zur Problematik des Schulgebets *Meyer-Teschendorf*, Staat und Kirche im pluralistischen Gemeinwesen, S. 162 ff. m.w.N., dem zufolge eine statisch-verräumlichende Scheidung der Bereiche von Staat und Gesellschaft nicht erfolgen kann.

240 *Kewenig*, Das Grundgesetz und die staatliche Förderung der Religionsgemeinschaften, S. 164.

241 *Böckenförde*, VVDStRL 28 (1970), S. 55 Anm. 69.

weltanschaulichen Neutralität des Staates jegliche staatliche Form der Pluralismusvorsorge versagt wäre.[242] Allerdings sind die Grundrechtsträger zum Teil in der Weise auf den Staat angewiesen, dass er ihnen durch Förderungsmaßnahmen ihre Freiheit überhaupt erst in ausreichendem Maße ermöglicht. Demzufolge kann die Schaffung der Möglichkeit der Grundrechtsausübung, von „Grundrechtssubstanz", keine verbotene Identifikation des Staates mit der geförderten Religion darstellen, wenn diese Förderung nicht gerade um des Inhalts dieser Religion erfolgt, welcher den Staatsbürgern oktroyiert werden soll.[243]

Das von *Krüger* entwickelte Prinzip der Nicht-Identifikation ist demnach zu streng und nicht aufrechtzuerhalten. Herausgegriffen werden kann bei der Bestimmung des Gehalts des Gebots der religiös-weltanschaulichen Neutralität lediglich das an den Staat gerichtete Verbot, sich mit einer religiösen oder weltanschaulichen Position zu identifizieren, was bedeutet, dass es dem Staat nicht erlaubt ist, eigene religiöse oder weltanschauliche Überzeugungen zu haben. Zudem darf nach außen hin nicht der Eindruck entstehen, es läge eine Identifikation des Staates mit einer bestimmten religiösen oder weltanschaulichen Position vor.[244] Verboten ist dem Staat hiernach eine Totalidentifikation mit einer bestimmten Religion oder Weltanschauung.[245]

c) „Offene Neutralität" und Wertgebundenheit des Staates

Weiterhin ist zum Gebot der religiös-weltanschaulichen Neutralität nach dem Verständnis des Bundesverfassungsgerichts anzumerken, dass der religiös-weltanschauliche Staat hiernach zwar offen für die religiösen und weltanschaulichen Überzeugungen seiner Bürger ist.[246] Allerdings gilt es zu beachten, dass das Grundgesetz eine wertgebundene Ordnung ist[247] und der Verfassunggeber das Grundgesetz im Gegensatz zur Weimarer Reichsverfassung bewusst nicht wertneutral ausgestaltet hat.[248] Mit den Grundrechten in Art. 1 bis 19 GG, dem Demokratieprinzip und dem Rechtsstaats- und Sozialstaatsprinzip (Art. 20 und 28

242 *Meyer-Teschendorf*, Staat und Kirche im pluralistischen Gemeinwesen, S. 164.

243 *Meyer-Teschendorf*, Staat und Kirche im pluralistischen Gemeinwesen, S. 164.

244 Vgl. etwa BVerfGE 30, 415, 422; *Link*, NJW 1995, S. 3353; *Morlok*, in: Dreier, GG, Bd. 3, Art. 4 Rn. 147. Daher sollte der Klarstellung halber auf einen pauschalen und nicht differenzierenden Verweis auf das Prinzip der Nicht-Identifikation nach *Krüger* verzichtet werden.

245 *Schlaich*, Neutralität als verfassungsrechtliches Prinzip, S. 172.

246 Vgl. oben B.I.1.

247 BVerfGE 12, 45, 51: „Das Grundgesetz ist eine wertgebundene Ordnung, die den Schutz von Freiheit und Menschenwürde als den obersten Zweck allen Rechts erkennt (...)". Vgl. auch BVerfGE 37, 57, 65.

248 *Bulla*, AöR 98 (1973), S. 342 f. m.w.N. Zum Scheitern der Weimarer Republik vgl. etwa *Bracher*, Die Auflösung der Weimarer Republik.

GG) haben allgemein anerkannte sittliche Werte und Normen Eingang in die Verfassung gefunden.[249]

Zudem stellen die Grundrechte eine objektive Wertordnung dar, wobei dieses Wertsystem „als verfassungsrechtliche Grundentscheidung für alle Bereiche des Rechts“ Geltung entfaltet.[250] Die Verfassung enthält nach überkommener Ansicht mit diesen Grundwerten den erforderlichen ethischen Grundkonsens, der für das Zusammenleben im Gemeinwesen unerlässlich ist.[251] Der Staat kann diese Grundwerte jedoch nicht selbst erschaffen, da er kein eigenes Ethos hat.[252] Durch die verfassungsrechtliche Positivierung werden Werte „säkularisiert“,[253] sodass hierin keine religiöse oder weltanschauliche Position des Staates zu sehen ist.

Aus dieser Entscheidung des Verfassunggebers für eine wertgebundene Verfassung haben sich auch die Verfassungsschutzbestimmungen des Grundgesetzes entwickelt.[254] Aus den Art. 9 Abs. 2, 18 und 21 Abs. 2 GG ergibt sich zudem die Entscheidung des Grundgesetzes für den Grundsatz der streitbaren Demokratie, „die von ihren Bürgern eine Verteidigung der freiheitlichen Ordnung erwartet und einen Missbrauch der Grundrechte zum Kampf gegen diese Ordnung nicht hinnimmt“.[255] Die streitbare Demokratie dient also dem Selbstschutz der Verfassung und stellt die Kehrseite der freiheitlichen demokratischen Grundordnung aus Art. 21 Abs. 2 GG dar.[256]

Recht – auch Verfassungsrecht – beruht auf Wertungen.[257] Einem Freiheitsgebrauch, der sich in eindeutig feindseliger Weise gegen die wertbestimmte frei-

---

249 *Horn*, Einführung in die Rechtswissenschaft und Rechtsphilosophie, Rn. 16.

250 BVerfGE 7, 198, 205 (Lüth). Vgl. dazu auch *Di Fabio*, JZ 2004, S. 1.

251 *Isensee*, Ethische Grundwerte im freiheitlichen Staat, S. 137.

252 *Isensee*, Ethische Grundwerte im freiheitlichen Staat, S. 146 ff.; *Müller-Volbehr*, ZevKR 44 (1999), S. 390.

253 So spricht etwa *Isensee* vom säkularen Prinzip der Menschenwürde, vgl. *dens.*, AöR 173 (2006), S. 209.

254 *Dreier*, JZ 1994, S. 750 („von der Werthaftigkeit zur Wehrhaftigkeit“); *Thiel*, Die „wehrhafte Demokratie“ als verfassungsrechtliche Grundentscheidung, S. 14. Vgl. zu den grundgesetzlichen Verfassungsschutzbestimmungen *Maurer*, Staatsrecht I, § 23 Rn. 8 ff.

255 BVerfGE 28, 36, 48. Vgl. auch BVerfGE 1, 2; 30, 1, 19 f.

256 *Bulla*, AöR 98 (1973), S. 341. Zu dieser gehören mindestens die folgenden Prinzipien: „die Achtung vor den im Grundgesetz konkretisierten Menschenrechten, vor allem vor dem Recht der Persönlichkeit auf Leben und freie Entfaltung, die Volkssouveränität, die Gewaltenteilung, die Verantwortlichkeit der Regierung, die Gesetzmäßigkeit der Verwaltung, die Unabhängigkeit der Gerichte, das Mehrparteienprinzip und die Chancengleichheit für alle politischen Parteien mit dem Recht auf verfassungsmäßige Bildung und Ausübung einer Opposition.“, vgl. BVerfGE 1, 2 (Leitsatz 2). In BVerfGE 5, 85, 197 ff. hat dieser Katalog eine Erweiterung um die Sozialstaatlichkeit erfahren.

257 *Schwarz*, Das christlich-abendländische Fundament des Grundgesetzes als Topos der Verfassungsinterpretation.

heitliche Ordnung richtet, kann der Staat entgegenwirken. In diesem Fall endet das Freiheitsversprechen.[258] Sobald die Grenze des verfassungsrechtlich Erlaubten überschritten wird und ein Angriff auf die Wertordnung des Grundgesetzes vorliegt, kann der Staat sie unter Einhaltung der Gesetze sowie der Verfassung verteidigen. Staatliche Neutralität führt gerade nicht „zu einer allgemeinen Neutralität gegenüber allen denkbaren Anschauungen und Problemen", wie es zu Zeiten der Weimarer Republik nach der Auffassung von *Carl Schmitt* der Fall war.[259] Der Staat kann die Einhaltung der von der Verfassung aufgestellten Wertordnung allerdings insofern nicht erzwingen, als er auf die Werteloyalität seiner Bürger keinen Zwang ausüben kann: Die Bürger sind rechtlich nicht gehalten, „die der Verfassung zugrunde liegenden Wertsetzungen persönlich zu teilen".[260]

Es mag danach ein Spannungsverhältnis zwischen der Wertgebundenheit des Staates und der Wertoffenheit des religiös-weltanschaulich neutralen Staates festzustellen sein.[261]

Staatliche Neutralität ist jedoch stets nur eine selektive Neutralität: Der Staat ist verpflichtet, die verschiedenen religiösen und weltanschaulichen Überzeugungen seiner Bürger in gleicher Weise zu achten, wobei diese Achtung immer dann ein Ende findet, wenn die Freiheit seiner Bürger durch deren Mitbürger eingeschränkt wird.[262] Setzt der Staat die verfassungsrechtlich normierten Prinzipien und Werte durch, so handelt er demnach nicht dem Gebot der religiös-weltanschaulichen Neutralität zuwider, wenn er in der Motivation für sein Eingreifen keine religiöse oder weltanschauliche Position ergreift, sondern unparteiisch bleibt. Als wehrhafter Staat kann er unter Beachtung dieser Grenze eine inhaltliche Position einnehmen und auch verteidigen.[263] Dem Staat ist folglich vom Verfassungsrecht die Möglichkeit an die Hand gegeben, in werbender Form Verfassungswerte zu vermitteln.[264]

---

258 *Di Fabio*, JZ 2004, S. 1.

259 *Schmitt*, Übersicht über die verschiedenen Bedeutungen und Funktionen des Begriffs der innerpolitischen Neutralität des Staates, S. 97 f.

260 BVerfGE 123, 300, 320.

261 So *Schlaich*, Neutralität als verfassungsrechtliches Prinzip, S. 263.

262 *Huster*, Die ethische Neutralität des Staates, S. 114 f.

263 *Tillmanns*, Wehrhaftigkeit durch Werthaftigkeit – der ethische Grundkonsens als Existenzvoraussetzung des freiheitlichen Staates, S. 40.

264 *Tillmanns*, Wehrhaftigkeit durch Werthaftigkeit – der ethische Grundkonsens als Existenzvoraussetzung des freiheitlichen Staates, S. 46. Zur verfassungsrechtlichen Zulässigkeit der Vermittlung solcher Werte, die nicht in Verfassungsrecht transformiert wurden vgl. unten C.II.3.

Die staatliche Neutralität in religiösen und weltanschaulichen Fragen findet mithin dann ihre Grenze, wenn die Grundprinzipien der Verfassung in Frage gestellt werden. Der Staat ist im Ergebnis zwar religiös-weltanschaulich neutral, jedoch nicht wertneutral: In seinem Wertbekenntnis liegt gerade keine Freiheitsbeschneidung, da die Freiheit ihrerseits einen Wert darstellt, der sich ohne staatliche Garantie nicht zur vollen Wirkung entfalten könnte.[265] Der Staat ist für die in Verfassungsrecht transformierten Grundwerte verantwortlich und muss sich für sie einsetzen.

d) Zusammenfassung

Insgesamt lässt sich also festhalten, dass der Gehalt des Gebots der religiös-weltanschaulichen Neutralität aus seiner normativen Basis entwickelt werden muss. Mit dem Bundesverfassungsgericht ergibt sich daraus, dass der religiös-weltanschaulich neutrale Staat weder staatskirchliche Rechtsformen einführen noch bestimmte Bekenntnisse privilegieren bzw. diskriminieren darf. Verboten ist dem Staat jede Identifikation mit einer bestimmten Religions- oder Weltanschauungsgemeinschaft.

Die religiös-weltanschauliche Neutralität des Staates ist „offen“ ausgestaltet, sodass eine staatliche Zusammenarbeit mit Religionsgemeinschaften und deren Förderung nicht ausgeschlossen sind. Die Verpflichtung des Staates, religiös-weltanschaulich neutral zu sein, bedeutet nicht zugleich eine Verpflichtung zur Wertneutralität. Der Staat kann für die Werte, die das Grundgesetz enthält, eintreten und sie etwa im Schulunterricht werbend vermitteln.[266]

Wird der Gehalt der religiös-weltanschaulichen Neutralität des Staates aus der normativen Basis der Art. 4 Abs. 1, Art. 3. Abs. 3 S. 1, Art. 33 Abs. 1 GG sowie Art. 136 Abs. 1 und 4 und Art. 137 Abs. 1 WRV i.V.m. Art. 140 GG hergeleitet und in enger Bindung an die verfassungsrechtlichen Normen entwickelt, so vermag das Ergebnis des Bundesverfassungsgerichts demnach zu überzeugen. Insbesondere ist dem Bundesverfassungsgericht die Entwicklung einer bei der Lösung von rechtlichen Konflikten operablen und auf Verfassungsrecht basierenden „Kurzformel“ gelungen: Ein staatlicher Verstoß gegen das Gebot der religiös-weltanschaulichen Neutralität ist dann gegeben, wenn der Staat sich mit einer Religion oder Weltanschauung identifiziert, indem er sie etwa gegenüber anderen Religionen oder Weltanschauungen privilegiert oder andere Religionen oder Weltanschauungen diskriminiert. Ebenso liegt ein Verstoß gegen das Neu-

265 *Raabe*, Der Streit um die Grundwerte, S. 10 f.

266 Vgl. dazu unten C.II.3.b).

tralitätsgebot vor, wenn die verbotene Identifikation in einer institutionellen Verbindung von Staat und einer Religion oder Weltanschauung liegt.[267]

II. Hierarchisierungsmodelle

In der neueren religionsverfassungsrechtlichen Literatur sind in Abgrenzung zur Ansicht des Bundesverfassungsgerichts Auffassungen vertreten, die eine Differenzierung zwischen den verschiedenen Religionen und Religionsgemeinschaften für vereinbar mit dem Gebot der religiös-weltanschaulichen Neutralität sowie dem Grundsatz der religionsrechtlichen Parität erachten. Nach solchen Hierarchisierungsmodellen[268] ist dem Staat die Möglichkeit eröffnet, die Religionsgemeinschaften aus verschiedenen Gründen unterschiedlich zu behandeln. Inwiefern dies die Gelegenheit in sich birgt, dem Gemeinwohl besonders zuträgliche Religionen und deren Werte vorrangig zu pflegen und zu unterstützen, und damit das Verständnis der religiös-weltanschaulichen Neutralität im Sinne *Böckenfördes* abgelehnt wird, wird im Folgenden untersucht. Die sogenannten Hierarchisierungsmodelle unterscheiden sich in ihrer jeweiligen Begründung und Anwendung, sodass sie jeweils für sich betrachtet werden.

---

267 Ob das objektivrechtliche Gebot der religiös-weltanschaulichen Neutralität auch subjektivrechtlich geltend gemacht werden kann, ist umstritten. Teilweise wird deshalb vertreten, dass das objektivrechtliche Gebot der religiös-weltanschaulichen Neutralität des Staates, das unter anderem aus Art. 4 Abs. 1 GG hergeleitet wird, zudem zu den abwehrrechtlichen Gehalten der Glaubensfreiheit gehöre und damit bei eigener Betroffenheit des Grundrechtsträgers auch subjektivrechtlich geltend gemacht werden könne, vgl. *Bock*, AöR 123 (1998), S. 475; *Giegerich*, Religionsfreiheit als Gleichheitsanspruch und Gleichheitsproblem, S. 273; *Huster*, Die ethische Neutralität des Staates, S. 134 ff.; *Kokott*, in: Sachs, GG, Art. 4 Rn. 27; *Mager*, in: v. Münch/Kunig, GGK, Bd. 1, Art. 4 Rn. 18. So wohl auch BVerfGE 93, 1, 16 f. Die negative Glaubensfreiheit aus Art. 4 Abs. 1 GG schütze als Abwehrrecht den Grundrechtsträger auch gegen Eingriffe des Staates, die auf der Bevorzugung einer religiösen Überzeugung beruhten und ihm diese als vorzugswürdig vorstellten, daher sei sie eng mit der staatlichen Neutralitätspflicht verknüpft, sodass diese bei Eingriffen über das „Vehikel" der negativen Religionsfreiheit durch Verfassungsbeschwerde durchgesetzt werden könne, vgl. *Kokott*, in: Sachs, GG, Art. 4 Rn. 27. A.A. *Ipsen*, Glaubensfreiheit als Beeinflussungsfreiheit?, S. 317 ff., der seine Ansicht allerdings nicht begründet. Anderenfalls fielen objektiv- und subjektivrechtlicher Gehalt der Religionsfreiheit auseinander, wenn ein Grundrechtsträger von einer staatlichen nicht-neutralen Handlung betroffen sei: Aus objektivrechtlicher Sicht liege dann eine Verletzung des Gebots der religiösweltanschaulichen Neutralität vor, die allerdings subjektivrechtlich nicht geltend gemacht werden könne, obwohl ein Eingriff in den Schutzbereich der negativen Glaubensfreiheit nach Art. 4 Abs. 1 GG vorliege, vgl. *Huster*, Die ethische Neutralität des Staates, S. 134.

268 Begrifflichkeit nach *Heinig*, JZ 2009, S. 1139.

1. Differenzierung zwischen kulturadäquaten und kulturfremden Religionen im Hinblick auf die Gemeinwohldienlichkeit

a) Grundannahme: der christlich-abendländische Kulturvorbehalt

Einigen Ansichten zufolge verbietet die Einhaltung des Gebotes der religiös-weltanschaulichen Neutralität es dem Staat nicht, diejenigen gesellschaftlichen Kräfte, geistigen oder sittlichen Ideen besonders zu fördern, die ihm vertrauenswürdiger erscheinen als andere. Möglich ist es dem Staat demnach auch, bestimmte gesellschaftliche Kräfte der Gesellschaft als vorzugswürdig zu präsentieren.[269]

Dem Gebot der religiös-weltanschaulichen Neutralität soll es nicht widersprechen, wenn eine hierarchisierende Differenzierung zwischen den verschiedenen Religionen im Hinblick darauf vorgenommen wird, inwieweit ein Beitrag der jeweiligen Religion zum Gemeinwohl geleistet wird. Dies liege darin begründet, dass die religionsverfassungsrechtliche Ordnung auch vor dem Hintergrund der soziologischen Veränderungen noch stark an die christlich-abendländische Kultur geknüpft sei und es daher einen Kulturvorbehalt zugunsten dieser religiösen Richtung gebe.[270] Die Differenzierung ist dem Staat dieser Auffassung zufolge allerdings nur bei der Förderung von Religion erlaubt, nicht aber bei Ge- und Verboten.[271]

Die Hierarchisierungsmodelle gehen also davon aus, dass die Bundesrepublik Deutschland und die deutsche Rechtsordnung eindeutig christlich-abendländische Wurzeln haben.[272] Zwar wird zuerkannt, dass es auch Elemente der Rechtskultur aus anderen Beständen als aus christlichen gibt, nämlich auch aus der

---

269 *v. Tiling*, ZevKR 14 (1968/1969), S. 247; *Hillgruber*, Staat und Religion, S. 67 ff.

270 *Di Fabio*, Christentum und Rechtskultur als Grundlage des Staatskirchenrechts, S. 137 ff., 153; *Hillgruber*, JZ 1999, S. 547 („verdeckter Kulturvorbehalt"); *ders.*, DVBl. 1999, S. 1178; *ders.*, Staat und Religion, S. 67 ff.; *P. Kirchhof*, Die Freiheit der Religionen und ihr unterschiedlicher Beitrag zu einem freien Gemeinwesen, S. 116 ff.; *ders.*, in: HdbStKirchR I, S. 669; *ders.*, DVBl. 1999, S. 642 f. („Die Unverfügbarkeit des Vorgefundenen"); für eine zumindest kulturgebundene Auslegung der Verfassung *Schwarz*, Das christlich-abendländische Fundament des Grundgesetzes als Topos der Verfassungsinterpretation, S. 433; *Scholz*, Staat und Kirche – Chance für eine neue Partnerschaft?, S. 70 („Es geht [...] um die fundamentalen ethischen Grundwerte, die im Evangelium wurzeln, die zur Grundlage unserer abendländischen Kultur geworden sind und die für den pluralistischen Staat unabdingbare wie unverrückbare Grundlage sind."); *Uhle*, Freiheitlicher Verfassungsstaat und kulturelle Identität, S. 454 ff; *ders.*, Ein „rätselhafter Ehrentitel"?, S. 1033 ff.

271 *P. Kirchhof*, Die Freiheit der Religionen und ihr unterschiedlicher Beitrag zu einem freien Gemeinwesen, S. 116.

272 *P. Kirchhof*, in: HdbStKirchR I, S. 668 f.

griechischen und römischen Antike sowie aus der islamischen Wissenschaftstradition, doch soll das zentrale Element die Bibel sein.[273] Es wird die These aufgestellt, die westliche Rechtskultur könne in funktioneller Hinsicht möglicherweise ohne das Christentum nicht gedacht werden.[274] Der deutsche Staat sei zwar kulturoffen, aber nicht multikulturell: Das Grundgesetz sei sich seiner geistesgeschichtlichen Grundlagen bewusst und könne gerade aus diesem Grund Freiheit auch für andere Kulturen und Religionen anbieten, was nicht denkbar wäre, wenn es sich seiner Wurzeln nicht dermaßen sicher sei.[275] Dem „säkularen Mehrwert" einer Religion Rechnung zu tragen liege im „wohlverstandenen Eigeninteresse und Selbsterhaltungsinteresse" des Staates.[276]

Nach dieser Auffassung kann und muss sogar eine hierarchische Gliederung der Religionen vorgenommen werden, nach der grob gesagt diejenigen Kräfte der Gesellschaft Unterstützung und Förderung durch den Staat finden, welche einen wichtigen Beitrag zum Gemeinwohl leisten, während eine gesellschaftliche Gruppe, die keinen Ertrag für das Gemeinwohl erbringt, nicht in gleichem Maße gestärkt werden muss. Keine staatliche Unterstützung komme hingegen den gesellschaftlichen Kräften zu, die aktiv die freiheitliche demokratische Grundordnung bekämpfen.[277] Der Rechtsordnung ist es nach dieser Auffassung bei der staatlichen Förderung von Religion möglich, zwischen identitätsschwächender und kulturverstärkender Religionsausübung zu unterscheiden.[278] Hierin soll eine freiheitskonforme Unterstützung der „Voraussetzungen" des Staates liegen.[279]

b) Die Auffassung von Arnd Uhle

Arnd Uhle ist derjenige Vertreter der Hierarchisierungsmodelle, der über diese Grundannahmen hinaus die wohl gehaltvollsten und umfangreichsten Ausfüh-

---

273 *Di Fabio*, Christentum und Rechtskultur als Grundlage des Staatskirchenrechts, S. 139.

274 *Di Fabio*, Christentum und Rechtskultur als Grundlage des Staatskirchenrechts, S. 153.

275 *P. Kirchhof*, in: HdbStKirchR I, S. 668 f. *P. Kirchhof* entwirft hierzu das Bild eines Verfassungsbaums, der in dem „unsichtbaren Humus einer gewachsenen Kultur wurzelt, aus dem ein unverrückbarer, weithin sichtbarer Stamm unveränderlicher Grundsatzgewährleistungen erwächst, der dann in Ästen sich fortsetzt, die in den Einzelregelungen des Rechts in den Winden und Stürmen der Zeit biegsam und beweglich sind, jedoch niemals die Verbindung zum Stamm verlieren dürfen. Trockne dieser Humus, etwa die Lehren des Christentums, die Erkenntnisse der Aufklärung, die Anliegen des Humanismus und die deutsche Geschichte, aus, so verdorre der Verfassungsbaum, vgl. *dens.*, Der Verfassungsbaum, S. 107 f.

276 *Hillgruber*, Staat und Religion, S. 72.

277 *Heusch*, Erstes Statement, S. 50 ff.

278 *Uhle*, Freiheitlicher Verfassungsstaat und kulturelle Identität, S. 517.

279 *P. Kirchhof*, Die Freiheit der Religionen und ihr unterschiedlicher Beitrag zu einem freien Gemeinwesen, S. 116.

rungen, insbesondere auch bezüglich der Möglichkeiten einer differenzierenden staatlichen Förderung, entwickelt hat, sodass seine Argumentationslinie an dieser Stelle nachgezeichnet werden soll.

Arnd Uhle zufolge geschieht die differenzierende Förderung von Religion zum Zweck der Pflege der kulturellen Identität des Staates.[280] Die freiheitliche Verfassungsordnung enthalte einen Identitätsvorbehalt, die Verfassung sei also kulturell gebunden, was sich etwa in ihrer Verpflichtung auf die Menschenwürde, die Freiheitsrechte, die Rechts- und Sozialstaatlichkeit und auf die Demokratie zeige.[281] Die kulturelle Identität sei sowohl Entstehungs- als auch Geltungsbedingung der freiheitlichen Verfassungsordnung, da die Verfassungsväter an die vorgefundene kulturelle Identität angeknüpft hätten, welche zu erhalten und zu pflegen sowohl gegenwärtig als auch künftig der kulturellen Bedingtheit des Staates Rechnung trage.[282]

Das Grundgesetz enthält seiner Auffassung nach das Staatsziel der Vitalität und Dauerhaftigkeit der freiheitlichen Verfassungsordnung, dessen zentraler Bestandteil die kulturelle Identität des Verfassungsstaates sei.[283] Staatsziele sind öffentliche Interessen, die der Staat für sein Handeln als rechtsverbindlich anerkennt und deren Verfolgung verfassungsrechtlich verpflichtend sei.[284]

Aus dieser Rechtsverbindlichkeit des Staatszieles folgt nach *Uhle* das Gebot an alle drei Gewalten, „die Realisierung und die Behauptung der kulturell geprägten freiheitlichen Verfassungsordnung in Gegenwart und Zukunft sowohl mit den unmittelbar eigenen Handlungsinstrumenten als auch durch eine Förderung solcher gesellschaftlicher Potenzen zu unterstützen, die hierzu in besonderem Maße beizutragen in der Lage und willens sind".[285] Dies sei eine Form des Verfassungsschutzes im weiteren Sinne, da die institutionellen Sicherungsvorkehrungen zum Verfassungsschutz (im engeren Sinne)[286] nicht ausreichend seien, wenn die freiheitliche Verfassungsordnung nicht im Denken der Staatsbürger vital sei, denn in diesem Fall sei ihre Wirksamkeit nicht mehr zu ge-

---

280 *Uhle*, Freiheitlicher Verfassungsstaat und kulturelle Identität, S. 454 ff.

281 *Uhle*, Freiheitlicher Verfassungsstaat und kulturelle Identität, S. 462. Vgl. zu den nach *Uhle* in der Verfassung positivierten Elementen kultureller Identität v.a. S. 108 ff.

282 *Uhle*, Freiheitlicher Verfassungsstaat und kulturelle Identität, S. 22 ff., v.a. S. 29 ff., 41 ff.

283 *Uhle*, Freiheitlicher Verfassungsstaat und kulturelle Identität, S. 355, 386 ff., 406 ff. Dieses soll sich aus einer Zusammenschau der verfassungsrechtlichen Sicherungsmechanismen ergeben, die alle dem Zweck der dauerhaften Aufrechterhaltung der Freiheitsordnung des Grundgesetzes dienen. Zu den einzelnen Sicherungsmechanismen vgl. S. 355 ff.

284 Vgl. statt vieler *Isensee*, in: HStR IV^3, § 73 Rn. 6 ff.; *Merten*, DÖV 1993, S. 369 ff. m.w.N.; *Wienholtz*, AöR 109 (1984), S. 536.

285 *Uhle*, Freiheitlicher Verfassungsstaat und kulturelle Identität, S. 395; vgl. auch S. 414 f.

286 Vgl. zur wehrhaften Demokratie auch oben B.I.4.c).

währleisten.[287] Das Staatsziel der Vitalität und Dauerhaftigkeit des freiheitlichen deutschen Verfassungsstaates bilde sich also nicht nur in den grundgesetzlichen Regelungen zum Verfassungsschutz ab, sodass dem Staat darüber hinaus auch weitere Möglichkeiten zur Systemerhaltung bereitstehen müssten.[288] Als solche sieht er die Identitätsperpetuierung an, welche zum Zwecke der Integration und damit zur Systemerhaltung des Staates erfolgt.[289] Zwar sei die Integration vorrangig Aufgabe der Gesellschaft, es handele sich also grundsätzlich um „gesellschaftliche Selbstintegration".[290] Darüber hinaus können nach *Uhle* aber auch dem Staat Aufgaben im Bereich der Integration zukommen.[291]

Uhle zufolge beruht das Religionsverfassungsrecht[292] nämlich auf dem Zweck der Förderung und Pflege des kulturellen Fundaments des Staates.[293] Das Religionsverfassungsrecht ruhe auf zwei Säulen: auf einer grundrechtlichen, welche die individuelle und korporative Religionsfreiheit garantiere, und auf einer zweiten Säule, der institutionell-rechtlichen Säule. Letztere setze sich etwa aus der Verbürgung des Körperschaftsstatus, dem Sonntagsschutz und der Verbürgung des Religionsunterrichts zusammen.[294] Die erste Säule diene der gegenwartsbezogenen Freiheitsgewähr, während die zweite Säule in der Hinsicht eine freiheitssichernde Zweckbindung aufweise, dass die kulturelle Identität des Staates gestärkt werden solle.[295]

Ihren „originären Zweck in der verfassungsstaatlichen Pflege und Förderung" der abendländischen Kulturidentität haben nach *Uhle* die Religionsfreiheit, die Trennung von Staat und Kirche sowie Neutralität und Parität.[296] Diese seien grundgesetzliche Ausprägungen der Bindung des Verfassungsstaates an seine kulturelle Identität, die sich nicht nur im Bereich des Religionsverfassungsrechts zeige. Sofern die Verfassung an diese Identität anknüpfe, sei es staatliche Pflicht, diese zu fördern und zu schützen.[297] Dadurch könne eine dauerhafte Freiheitssicherung erreicht werden.[298]

---

287 *Uhle*, Freiheitlicher Verfassungsstaat und kulturelle Identität, S. 402 ff., im Anschluss an *Hesse*, Grundzüge des Verfassungsrechts der Bundesrepublik Deutschland, Rn. 692 f.

288 *Uhle*, in: HStR IV^3, § 82 Rn. 51.

289 *Uhle*, in: HStR IV^3, § 82 Rn. 1 ff. Als andere Staatsaufgabe in Bezug auf die Systemerhaltung ist die Gefahrenabwehr nach außen zu nennen, vgl. *Herzog*, in: HStR IV^3, § 72 Rn. 88 f.

290 *Uhle*, in: HStR IV^3, § 82 Rn. 42 f.

291 *Uhle*, in: HStR IV^3, § 82 Rn. 44 ff.

292 *Uhle* verwendet den Begriff „Staatskirchenrecht".

293 *Uhle*, Staat – Kirche – Kultur, S. 130 ff.

294 *Uhle*, Staat – Kirche – Kultur, S. 131 ff.

295 *Uhle*, Staat – Kirche – Kultur, S. 129 ff.

296 *Uhle*, Staat – Kirche – Kultur, S. 131.

297 *Uhle*, Staat – Kirche – Kultur, S. 132 f.

298 *Uhle*, Staat – Kirche – Kultur, S. 131, 133.

Hiernach kommt dem Religionsverfassungsrecht also neben seiner freiheitsgewährenden Funktion des Weiteren eine gemeinwohlbezogene Funktion der Identitätsstützung zu.[299] Identitätsstützung bedeutet nach *Uhle*, dass dem Grundgesetz ein Kulturvorbehalt zugunsten der christlich-abendländischen Kultur in dem Sinne zu entnehmen sei, dass diese besonderen Schutz verdiene.[300] Hinsichtlich der Pflege der kulturellen Identität des Staates unterscheidet *Uhle* zwischen unmittelbarer und mittelbarer Integrationspflege. Die unmittelbare Pflege der kulturellen Identität unterteilt er wiederum in eine „präventiv-freiheitsschonende" und in eine „reaktiv-repressive".[301] Unmittelbare präventive staatliche Einflussnahme auf die Pflege der kulturellen Identität vollziehe sich vor allem in der staatlichen Pflichtschule über geistigen Einfluss.[302] Sobald diese Handlungsinstrumente allerdings versagen, ist der Staat *Uhle* zufolge auf die geschriebenen und ungeschriebenen Regelungen zum Schutze der freiheitlichen Verfassungsordnung verwiesen.[303]

Zusätzlich zur unmittelbaren Einflussnahme auf Gestalt und Bestand der kulturellen Identität könne der Staat Einfluss durch mittelbare Integrationspflege nehmen, insbesondere mittels staatlicher Förderung gesellschaftlicher Potenzen.[304] Zur Bestimmung ihres Ausmaßes nennt *Uhle* vier Kriterien: zunächst sei der verfassungsrechtliche Bedarf an gesellschaftlicher Identitätspflege und sodann der Förderungsbedarf der jeweiligen gesellschaftlichen Potenz festzustellen. Zudem seien der Umfang der Pflege der kulturellen Identität durch die betreffende Potenz sowie die Qualität oder auch der Erfolg ihres Handelns von Belang.[305]

Im Rahmen des Religionsverfassungsrechts bedeutet dies nach dem hier vorgestellten Modell, dass zwar auch kulturfremde Religionen unabhängig von ihrer Zustimmung zur abendländischen Kulturidentität nach diesem Modell dem Schutzbereich des Art. 4 Abs. 1 und 2 GG unterfallen, da die Religionsfreiheit eine ausschließlich freiheitsgewährende Funktion erfülle.[306] Darüber hinaus soll nach *Uhle* die Inanspruchnahme der institutionellen Garantien durch jene kulturfremden Religionen davon abhängig sein, ob bei dieser Inanspruchnahme die

299 *Uhle*, Staat – Kirche – Kultur, S. 131. So auch *Isensee*, Verfassungsstaatliche Erwartungen an die Kirche, S. 104 ff., 110 f.; *ders.*, Die Zukunftsfähigkeit des deutschen Staatskirchenrechts, S. 87 f.; *ders.*, Private islamische Bekenntnisschulen, S. 377 ff.

300 *Uhle*, Staat – Kirche – Kultur, S. 131.

301 *Uhle*, Freiheitlicher Verfassungsstaat und kulturelle Identität, S. 422 ff.

302 *Uhle*, Freiheitlicher Verfassungsstaat und kulturelle Identität, S. 423; *ders.*, in: HStR IV³, § 82 Rn. 69.

303 *Uhle*, Freiheitlicher Verfassungsstaat und kulturelle Identität, S. 431 ff.

304 *Uhle*, Freiheitlicher Verfassungsstaat und kulturelle Identität, S. 434 ff.

305 *Uhle*, Freiheitlicher Verfassungsstaat und kulturelle Identität, S. 446 ff.

306 *Uhle*, Staat – Kirche – Kultur, S. 144.

kulturelle Identität gewahrt bleibt, da dies von der kulturellen funktionalen Dimension des institutionellen Religionsverfassungsrechts verlangt werde.[307] Dieses ist nach dieser Ansicht nur dann anwendbar, wenn seine Leitprinzipien, nämlich Säkularität, Religionsfreiheit, Neutralität und Parität, anerkannt seien[308] – sie seien ein Teilbereich des „grundgesetzlichen Mindestkatalogs kultureller Kompatibilitätsanforderungen".[309] Religionsgemeinschaften, deren Selbstverständnis es zulasse, diesen „grundgesetzlichen Mindestkatalog kulturell geprägter Kompatibilitätsanforderungen" zu erfüllen und die hierzu auch willens seien, stehe demnach etwa die Verleihung des Körperschaftsstatus i.S.d. Art. 140 GG i.V.m. Art. 137 Abs. 5 S. 2 WRV offen.[310]

Es muss also nach den vorstehenden Ausführungen das Verhältnis von freiheitsgewährender und freiheitssichernder Zweckbindung der jeweiligen Regelungen des Religionsverfassungsrechts festgestellt werden:

> „Soweit die grundrechtliche Freiheitsverbürgung reicht und das institutionelle Staatskirchenrecht diese lediglich *deklaratorisch* wiederholt, haben die freiheitsrechtlichen Garantien des Grundgesetzes Vorrang mit der Folge, dass sie die identitätssichernde Dimension der entsprechenden institutionell-rechtlichen Regelungen im Interesse umfassender Freiheitsgewähr überlagern; soweit das institutionelle Staatskirchenrecht hingegen über die Verbürgungen hinausgeht, die die grundrechtliche Gewähr der Religionsfreiheit bereithält und daher *konstitutiven* Gehalt aufweist, kommt die identitätsstabilisierende Zweckbindung zum Zuge."[311]

Die Wahrung der kulturellen Identität des Staates und der Integration im Inneren sei dem Staat unter dem Gesichtspunkt der religiös-weltanschaulichen Neutralität somit nach dem Vorstehenden immer dann nicht verwehrt, wenn der Staat seiner Pflicht zur Identitätswahrung nachkommen müsse, was immer dann der Fall sei, wenn sich das Grundgesetz „mit bestimmten kulturell fundierten Werten und deren Realisierungsbedingungen identifiziert".[312] Die religiös-weltanschauliche Neutralität des Staates findet danach ihre Grenze in seiner Pflicht zur Pfle-

307 *Uhle*, Staat – Kirche – Kultur, S. 140 f.; *ders.*, Die Integration des Islam in das Staatskirchenrecht der Gegenwart, S. 316 ff. Weiter noch geht *Isensee*, der die Einrichtungen des Religionsverfassungsrechts für die Religionen sperren möchte, die kulturfremd sind; diese Sperrung soll erst dann aufgehoben werden, wenn die importierte Kultur ihre Fremdheit verliert und Bestandteil der deutschen Kultur geworden ist, vgl. *dens.*, Private islamische Bekenntnisschulen, S. 378.

308 *Uhle*, Staat – Kirche – Kultur, S. 141 f.

309 *Uhle*, Staat – Kirche – Kultur, S. 142 Anm. 29.

310 *Uhle*, Ein „rätselhafter Ehrentitel"?, S. 1055 f.

311 *Uhle*, Staat – Kirche – Kultur, S. 144 (Hervorhebungen im Original). Als Beispiel führt *Uhle* die Garantie des Körperschaftsstatus aus Art. 140 GG i.V.m. Art. 137 Abs. 5 WRV an, die in ihrem Regelungsgehalt über den des Art. 4 Abs. 1 und 2 GG hinausgeht, sodass diese Garantie dem Identitätsvorbehalt unterfallen soll.

312 *Uhle*, in: HStR IV^3, § 82 Rn. 80.

ge der kulturellen Identität, zu welcher der Staat eindeutig Position beziehen kann.[313]

Nach diesem Hierarchisierungsmodell ist es dem Staat folglich bei der Förderung von Religion möglich, den „säkularen Mehrwert" der jeweiligen Religion im Hinblick auf das Gemeinwohl als Differenzierungskriterium einzusetzen. Eine solche Hierarchisierung halte auch einer Überprüfung anhand des Gleichheitsgrundsatzes stand, denn es liege keine Ungleichbehandlung von Gleichem vor. Es besteht nach diesem Hierarchisierungsmodell nämlich ein signifikanter Unterschied zwischen integrationsstärkenden gesellschaftlichen Potenzen und solchen Gruppen, die gerade nicht fähig oder bereit sind, zur Integration beizutragen, welcher eine Ungleichbehandlung rechtfertige.[314]

Nähme der Staat keine Differenzierung zwischen den Religionen anhand des Merkmals der Gemeinwohlzuträglichkeit vor, so läge darin eine Gefährdung seiner Zukunft. Dann nämlich schlüpfe der Staat „in die Rolle eines Zuschauers, der den Wettstreit verschiedener Religionskulturen beobachtet und sich dann den Staatsvorstellungen des Siegers unterwerfen müsste".[315] Werde in grundgesetzwidriger Weise auf die identitätsstützende Funktion des institutionellen Religionsverfassungsrechts verzichtet, so komme es statt zur Identitätswahrung zu einer Identitätsauflösung und einem dem Grundgesetz nicht gemäßen „Wettbewerb der Kultursysteme".[316]

Eine hierarchisierende Differenzierung der Religionsgemeinschaften führe auch nicht zu einer Wahrheitsentscheidung des Staates, welche nach dem Gebot der religiös-weltanschaulichen Neutralität verboten sei, da die Differenzierung nicht in altruistischem Sinne um der Privilegierung einer bestimmten Religionsgemeinschaft willen erfolge, damit diese ihre Grundrechte besser verwirklichen könne. Die unterschiedliche Förderung durch den Staat erfolge ausschließlich aus eigennützigen Motiven, nämlich aus seinem Selbsterhaltungsinteresse heraus.[317] Der Staat bewerte zwar das Handeln der Grundrechtsträger dahingehend, wie dieses sich in Richtung des Gemeinwohls bzw. der kulturellen Identität auswirke, dies widerspreche aber nicht dem Gebot der religiös-weltanschaulichen Neutralität, wenn er sich bei dieser Bewertung auf die gemeinwohlrelevanten Folgen beschränke und nicht etwa religiöse oder weltanschauliche Motive hinzu-

313 *Uhle*, in: HStR IV^3, § 82 Rn. 80.

314 *Uhle*, in: HStR IV^3, § 82 Rn. 81.

315 *P. Kirchhof*, Die Freiheit der Religionen und ihr unterschiedlicher Beitrag zu einem freien Gemeinwesen, S. 115.

316 *Uhle*, Staat – Kirche – Kultur, S. 141, im Anschluss an *P. Kirchhof*, DVBl. 1999, S. 642.

317 *Hillgruber*, Staat und Religion, S. 72; *Isensee*, Private islamische Bekenntnisschulen, S. 378.

ziehe.[318] Die Religionen würden allein „unter säkularem Aspekt als kulturelle Potenzen der Gesellschaft“ betrachtet.[319]

Zudem seien die von den Religionsgemeinschaften für die Erlangung der verfassungsrechtlichen Vorteile des institutionellen Religionsverfassungsrecht zu erfüllenden Voraussetzungen für alle gleich und ferner sei die Erfüllung der Bedingungen nur von ihnen abhängig.[320] Es komme also allein darauf an, ob die betreffende Religionsgemeinschaft die abendländische Kulturidentität „wirkmächtig“ unterstütze.[321] Dies werde auch vom Bundesverfassungsgericht unterstützt, da auch dieses davon ausgehe, dass eine Beurteilung des Verhaltens von Religionsgemeinschaften möglich sei, wenn die Bewertung der säkularen Auswirkungen dieses Verhaltens nach rein weltlichen Kriterien erfolge.[322] Also könnten die auf das Gemeinwohl bezogenen kulturellen und sozialen Leistungen der Religionsgemeinschaften durchaus einer Bewertung zugeführt werden.[323] Zur Prüfung des Vorliegens der Bedingungen zur Inanspruchnahme der institutionellen religionsverfassungsrechtlichen Einrichtungen sollen vor allem die jeweiligen Rechtsordnungen der Religionen dienen, aus denen entnommen werden könne, wie sich nach der jeweiligen Religion etwa das Verhältnis von Religion und Staat darstelle.[324] Insgesamt stehe das institutionelle Religionsverfassungsrecht im Falle der Erfüllung der von *Uhle* entwickelten Voraussetzungen allen Religionen offen, sodass sich gerade kein starrer Kulturvorbehalt zugunsten der jüdisch-christlichen Religionsgemeinschaften ergebe.[325]

Nach dieser Auffassung liegt eine Variation des „*Böckenförde*-Diktums“ dahingehend nahe, dass der freiheitliche, säkulare Verfassungsstaat von Voraussetzungen lebt, die er „zwar nicht mit Hoheitsgewalt herbeizwingen, wohl aber ganz ohne Eingriff in die gleiche, abwehrrechtlich verstandene Religionsfreiheit fördern kann und sollte.“[326] Das „*Böckenförde*-Diktum“ wird so gleichsam „von

318 *Uhle*, Freiheitlicher Verfassungsstaat und kulturelle Identität, S. 462 f.

319 *Isensee*, Private islamische Bekenntnisschulen, S. 378.

320 *Uhle*, Staat – Kirche – Kultur, S. 142 f.

321 *Uhle*, Staat – Kirche – Kultur, S. 143.

322 *Uhle*, Freiheitlicher Verfassungsstaat und kulturelle Identität, S. 463 unter Hinweis auf BVerfGE 102, 370, 394, wonach auch der religiös-weltanschaulich neutrale Verfassungsstaat in der Lage ist, „das weltliche Verhalten einer Religionsgemeinschaft oder ihrer Mitglieder nach weltlichen Kriterien zu beurteilen, auch wenn dieses Verhalten religiös motiviert ist.“

323 *Uhle*, Staat – Kirche – Kultur, S. 143.

324 *Uhle*, Staat – Kirche – Kultur, S. 159. Hier meint *Uhle* besonders in Bezug auf den Islam tiefgreifende Schwierigkeiten zu entdecken, da diesem der Grundsatz der Trennung von Staat und Religion fremd sei.

325 *Uhle*, Die Integration des Islam in das Staatskirchenrecht der Gegenwart, S. 323.

326 *Hillgruber*, Staat und Religion, S. 72; ähnlich *Uhle*, Freiheitlicher Verfassungsstaat und kulturelle Identität, S. 419, 517: „(…), dass der freiheitliche Verfassungsstaat zwar von kulturellen

innen aufgesprengt", denn hiernach ist eine Garantie der „Voraussetzungen" des Staates zwar nicht möglich, der Staat kann diese aber in maßgebendem Umfang beeinflussen.[327]

c) Einwände gegen einen Kulturvorbehalt

Das auf einen christlich-abendländischen Kulturvorbehalt abstellende Hierarchisierungsmodell sieht sich kritischen Stimmen aus der Literatur gegenüber. So spricht etwa *Heinig* angesichts der Ausführungen *Uhles* von „bemerkenswerten geistigen Purzelbäumen, bei denen man sich intellektuell nur das Genick brechen kann".[328]

Teilweise wird der Gedanke *Uhles* begrüßt, dass „jedes (grundlegende) Recht Emanation bestimmter kultureller Prägungen" sei und die damit einhergehende Abkehr vom „wenig fruchtbaren staatsrechtlichen Positivismus".[329] Dabei flüchte sich *Uhle* keineswegs „in das normengelöste Reich der staatstheoretischen Wünsche".[330] Das Verdienst *Uhles* sei es, dass er das Recht „als reife Frucht langfristiger historisch-kultureller Entwicklungslinien" begreife, und nicht bloß als „technisches Regelwerk".[331]

Dagegen wird allerdings eingewandt, dass infolge des Hierarchisierungsmodells „unbestreitbare Verfassungsvoraussetzungen in das geltende Recht transportiert" würden.[332] Unter Verfassungsvoraussetzungen versteht man die Umstände, „die die Umsetzung oder Wirksamkeit der Verfassung bedingen, ohne selbst ausdrücklich von der Verfassung normiert worden zu sein" und die damit für deren Funktionstüchtigkeit erforderlich sind.[333] Verfassungsvoraussetzungen sind aufgrund ihres metarechtlichen Funktionsbezuges rein faktischer Natur, sodass sie sich „quer zum Normensystem"[334] befinden und nicht normativ sind. Daher verfange eine Dogmatisierung von Verfassungsvoraussetzungen nicht:

Voraussetzungen lebt, die ihm vorausliegen und die er nicht zu garantieren vermag, die er indessen pflegen und fördern kann; unter der Geltung des Grundgesetzes stellen Pflege und Förderung dieser Voraussetzungen gar verpflichtende, weil verfassungskräftig begründete Aufgaben des Staates dar."

327 *Heinig*, JZ 2009, S. 1139.

328 *Heinig*, JZ 2009, S. 1139.

329 *Mückl*, AfkKR 173 (2004), S. 299.

330 *Mückl*, AfkKR 173 (2004), S. 299.

331 *Mückl*, AfkKR 173 (2004), S. 300.

332 *Waldhoff*, Neue Religionskonflikte und staatliche Neutralität, S. 49, mit Verweis auf *Möllers*, Staat als Argument, S. 256 ff.; vgl. auch *dens.*, VVDStRL 68 (2009), S. 63.

333 *Möllers*, Staat als Argument, S. 257. Vgl. auch *Krüger*, Verfassungsvoraussetzungen und Verfassungserwartungen, S. 285 ff.

334 *Möllers*, Staat als Argument, S. 258.

„Genese und Geltung der Verfassungsordnung sind streng zu unterscheiden, ebenso Verfassungserwartungen und Verfassungsbestimmungen".[335] Die ohnehin nicht einfach zu vollziehende Unterscheidung von Religion, Politik und Kultur werde anderenfalls verwischt.[336]

Ein weiterer Einwand gegen das Hierarchisierungsmodell setzt schon beim Kulturbegriff[337] an, dessen Verwendung rechtsdogmatische Bedenken entgegenstünden.[338] Dieser Begriff weise Unschärfen auf, da er sich auf ein nicht ausreichend geklärtes semantisches Feld beziehe.[339] Kultur bezeichne zudem etwas, was zwar einer Wandlung unterliegen kann, aber nicht vom Staat intentional beeinflussbar sei, sodass der Kulturbegriff für die Verfassungstheorie nicht brauchbar sei.[340] Die Problematik der Überführung rechtlicher Konflikte in kulturelle Identitäten bzw. des Umgangs des Verfassungsrechts mit kulturellen Differenzen sei demzufolge nicht anhand des Kulturbegriffs zu lösen.

Des Weiteren wird angeführt, dass die Befürworter einer verfassungsrechtlich verbürgten Präponderanz einer bestimmten Religion, hier des Christentums, zudem diejenigen Grundrechtsträger ausnähmen, welche einer Minderheitenreligion angehören. Damit würden die an die Verfassung geknüpften Integrationseffekte in Frage gestellt. Als solche seien rechtliche, politische und kulturelle Effekte zu nennen.[341] In rechtlicher Hinsicht würden bei der Feststellung einer Dominanz einer bestimmten Religion die anderen Religionen von den besonderen Rechten ausgeschlossen, welche der dominierenden Religion zugeschrieben werden, politisch würden die anderen Religionen vom gleichberechtigten Zugang und Berücksichtigung im Prozess der Willensbildung exkludiert und kulturell werde ihnen die besondere gesellschaftliche Anerkennung verwehrt.[342]

Es sei auch mit dem freiheitlichen Kulturverständnis nicht vereinbar, Religionen von den Gewährleistungen des institutionellen Religionsverfassungsrechts auszuschließen, wenn sie sich innerhalb der Grenzen des Verfassungsrechts be-

---

335 *Heinig*, JZ 2009, S. 1139; ähnlich *ders.*, ZevKR 53 (2008), S. 245. Ebenso *M. Heckel*, AöR 134 (2009), S. 342 f., der vor einer „Überfrachtung der Verfassung durch ihre Interpretation im Sinne partikularer religiöser, rechts- und kulturpolitischer Vorstellungen" warnt.

336 *Möllers*, VVDStRL 68 (2009), S. 63.

337 Vgl. zur wissenschaftlichen Diskussion über den Kulturbegriff den Überblick bei *Bachmann-Medick*, Cultural Turns, S. 7 ff., 381 ff.

338 *Möllers*, Pluralität der Kulturen als Herausforderung an das Verfassungsrecht?, S. 224 ff.; ebenso *Waldhoff*, Neue Religionskonflikte und staatliche Neutralität, S. 49.

339 *Möllers*, Pluralität der Kulturen als Herausforderung an das Verfassungsrecht?, S. 224.

340 *Möllers*, Pluralität der Kulturen als Herausforderung an das Verfassungsrecht?, S. 227, 229; *ders.*, Demokratie – Zumutungen und Versprechen, Rz. 62.

341 *Heinig*, Öffentlich-rechtliche Religionsgesellschaften, S. 36 f.

342 *Heinig*, Öffentlich-rechtliche Religionsgesellschaften, S. 36 f.

wegten.[343] *Uhle* fordert über die Einhaltung der „übrigen Kompatibilitätsanforderungen des Grundgesetzes" und damit der Einhaltung des verfassungsrechtlich vorgegebenen Rahmens jedoch zusätzlich noch die Erfüllung weiterer Voraussetzungen ein, namentlich die Stärkung der „für das Verhältnis von Kirche bzw. Religion und Staat konstitutiven Grundsätze".[344] Zwar umfasse die Kulturverantwortung des Staates auch „den religiös geprägten Bereich der Kultur und die Respektierung ihres besonderen religiösen Charakters", doch ist diese als pluralistisch weit und offen zu verstehen.[345] Dem hiesigen freiheitlichen Kulturverständnis entspreche eine Achtung der kulturellen Vielfalt, da die abendländische Kultur stets eine offene gewesen sei, die Einflüsse anderer Kulturen verarbeitet habe.[346]

d) Stellungnahme

Angesichts dieser divergierenden Ansichten gilt es nun zu klären, ob der Staat tatsächlich einen christlich-abendländischer Kulturvorbehalt zu beachten hat, dessen er sich vergewissern muss und ob dessen Pflege mit dem Gebot der religiös-weltanschaulichen Neutralität vereinbar ist.

Den Vertretern eines Kulturvorbehalts im Grundgesetz wird entgegengehalten, dass dieses keinerlei Anhaltspunkte dafür enthalte.[347] Hierzu ist anzumerken, dass die kulturellen und religiösen Ursprünge und Prinzipien des europäischen Denkens und Handelns in hohem Maße vom Christentum geprägt sein mögen.[348] Das Bundesverfassungsgericht führte dazu aus:

> „Auch ein Staat, der die Glaubensfreiheit umfassend gewährleistet und sich damit selber zu religiös-weltanschaulicher Neutralität verpflichtet, kann die kulturell vermittelten und historisch verwurzelten Wertüberzeugungen und Einstellungen nicht abstreifen, auf denen der Zusammenhalt beruht und von denen auch die Erfüllung seiner eigenen Aufgaben abhängt. Der christliche Glaube und die christlichen Kirchen sind dabei, wie immer man ihr Erbe heute beurteilen mag, von überragender Prägekraft gewesen. Die darauf zurückgehenden Denktraditionen, Sinnerfahrungen und Verhaltensmuster können dem Staat nicht gleichgültig sein."[349]

Inwiefern sich die christliche Prägung der Bundesrepublik Deutschland auch der Verfassung entnehmen lässt, ist allerdings fraglich. Die Verfassunggebung er-

---

343 *M. Heckel*, AöR 134 (2009), S. 353.

344 *Uhle*, Die Integration des Islam in das Staatskirchenrecht der Gegenwart, S. 323.

345 *M. Heckel*, AöR 134 (2009), S. 353 f.

346 *M. Heckel*, AöR 134 (2009), S. 354.

347 *Huster*, VVDStRL 65 (2006), S. 69 f. Gegen einen abendländischen Kulturvorbehalt auch *Bock*, AöR 123 (1998), S. 447 ff.; *Brenner*, VVDStRL 59 (2000), S. 280 f.

348 *Schäuble*, Braucht unsere Gesellschaft Religion?, S. 49.

349 BVerfGE 93, 1, 22.

schafft kein Gemeinwesen aus dem Nichts, sie muss vielmehr den historisch gewachsenen Staat, der bisher Bestand hatte, berücksichtigen.[350] Das Grundgesetz hat daher sicherlich zum Teil weltanschauliche Wurzeln aus der abendländischen Tradition übernommen.[351] Dies zeigt sich zum Einen im Gottesbezug der Präambel des Grundgesetzes,[352] wobei sich „die Verantwortung vor Gott und den Menschen" als „verfassungsrechtliches Instrument einer Anknüpfung an das christlich-abendländische Menschenbild und damit an einen Kernbereich der freiheitlichen Verfassungsordnung erweist".[353]

Hieraus ergibt sich jedoch keine normative Festlegung auf eine verfassungsrechtliche Präponderanz des Christentums,[354] auch wenn der Präambel des Grundgesetzes nicht nur politischer, sondern auch rechtlicher Gehalt zukommt.[355] Die Präambel zeigt aber nur auf, dass der Staat sich Religion nicht entzieht, sondern dieser vielmehr Raum zur Verfügung stellt.[356] Der Gottesbezug der Präambel „ist die Summe des bisherigen Wissens über die Grenzen menschlicher Fähigkeit".[357] Demgemäß handelt es sich bei ihm um eine Demutsformel, er betont die Weltlichkeit und Fehlbarkeit auch demokratischer Verfassungsordnungen sowie die Begrenztheit staatlicher Macht[358], nicht aber eine verfassungsrechtliche Normierung einer Präponderanz der christlich-abendländischen Kultur.

Ebenso kann dem geltenden Religionsverfassungsrecht keine christliche Präponderanz entnommen werden. Das Religionsverfassungsrecht besteht aus zwei Schichten, deren eine, die vorkonstitutionelle, auf die christlichen Religionsgemeinschaften zugeschnitten ist, während die andere Schicht von der individuellen Religionsfreiheit geprägt ist.[359] Die „Fokussierung" der vorkonstitutionellen Schicht auf die christlichen Religionsgemeinschaften liegt allerdings in der Ent-

---

350 *Pirson*, Die Förderung der Kirchen als Aufgabe des säkularen Staates, S. 99.

351 *Hofmann*, JZ 2003, S. 379 f.

352 Sog. invocatio oder nominatio dei. Vgl. zur Begrifflichkeit *Dreier*, in: Dreier, GG, Bd. 1, Präambel Rn. 25 f. m.w.N. Deutlich wird die christliche Prägung auch in den Art. 56 und 64 Abs. 2 GG, da sich keine Eidesformel für andere monotheistische Religionen als das Christentum im Grundgesetz finden lässt, vgl. *Classen*, Religionsrecht, Rn. 132 f.

353 *Schwarz*, Das christlich-abendländische Fundament des Grundgesetzes als Topos der Verfassungsinterpretation, S. 425.

354 *Dreier*, in: Dreier, GG, Bd. 1, Präambel Rn. 32; *Schwarz*, Das christlich-abendländische Fundament des Grundgesetzes als Topos der Verfassungsinterpretation, S. 425; *Starck*, in: v. Mangoldt/Klein/Starck, GG, Bd. 1, Präambel Rn. 36.

355 BVerfGE 5, 85, 127; 36, 1, 17 f.; 77, 137, 149.

356 *Schwarz*, Das christlich-abendländische Fundament des Grundgesetzes als Topos der Verfassungsinterpretation, S. 425.

357 *Starck*, in: v. Mangoldt/Klein/Starck, GG, Bd. 1, Präambel Rn. 36.

358 *Dreier*, in: Dreier, GG, Bd. 1, Präambel Rn. 28.

359 *Möllers*, Referat am 22.9.2010, S. O 43.

stehungsgeschichte der sogenannten „Weimarer Kirchenartikel“ begründet.[360] Anfang des 20. Jahrhunderts war für die Verfassunggeber noch nicht absehbar, dass in späterer Zeit im Geltungsbereich der Weimarer Reichsverfassung neben den damals verbreiteten Religionen neue Religionen auf den Plan treten würden, sodass daraus nicht auf einen christlich-abendländischen Kulturvorbehalt geschlossen werden kann.[361]

Auch wenn also die kulturellen Wurzeln des deutschen Verfassungsrechts zum Teil im Christentum und der abendländischen Kultur liegen, so ist diese Tatsache doch nicht als juristisches Argument fruchtbar zu machen.

Aber selbst wenn das Grundgesetz Anhaltspunkte dafür erkennen ließe, dass es einen Kulturvorbehalt zugunsten der christlich-abendländischen Kultur enthielte, wäre zudem die Schwierigkeit zu beachten, dass die Entscheidung darüber, was als kulturverträglich anzusehen ist, eine politische darstellte, deren Ausgang in Ermangelung verfassungsrechtlicher Vorgaben nicht vorhersehbar wäre.[362] Die deutsche und europäische Geschichte ist zweifelsohne nicht frei von Widersprüchen, sodass nicht aufzulösen ist, welche Elemente dieser Geschichte zur kulturellen Identität und damit zu den Verfassungsvoraussetzungen zählen sollen.[363] Dies ist vor allem angesichts der Argumentation *Uhles* problematisch, der zwar von Kultur als einem ganzheitlichen Phänomen ausgeht, aber dennoch nur bestimmte Traditionsbestände als zur kulturellen Identität zählend zulassen will.[364]

Auch vor dem Hintergrund der mittlerweile vom Bundesverfassungsgericht aufgegebenen „Kulturadäquanzformel“, die auch im Schrifttum nur noch wenige Anhänger findet, ist eine Unterscheidung von kulturfremden und kulturadäquaten Religionen aufgrund eines der Verfassung immanenten Kulturvorbehalts verfehlt.[365] Vom Bundesverfassungsgericht wurde zunächst die sogenannte „Kulturvölker-Formel“ bzw. „Kulturadäquanzformel“ vertreten, nach welcher nur solche Religionen dem Schutzbereich der religiösen Freiheiten von Art. 4 Abs. 1 und Abs. 2 GG unterfallen sollten, die sich „bei den heutigen Kulturvölkern auf dem

360 Vgl. *Wittekind*, Welche Religionsgemeinschaften sollen Körperschaften des öffentlichen Rechts sein?, S. 77 ff., mit einem Überblick über die Entstehungsgeschichte der Weimarer Kirchenartikel und *Heilfron*, Die deutsche Nationalversammlung im Jahre 1919 in ihrer Arbeit für den Aufbau des neuen deutschen Volksstaates, Bd. 2, S. 703 ff.

361 So im Ergebnis auch *Muckel*, in: Friauf/Höfling, BKGG, Art. 140 Rn. 39, dem zufolge eine Privilegierung der beiden christlichen Großkirchen gegenüber den übrigen Religionsgemeinschaften nicht zulässig ist, wenn sie allein auf ihrer traditionellen Bedeutung beruht.

362 *Huster*, VVDStRL 65 (2006), S. 70.

363 *Möllers*, VVDStRL 68 (2009), S. 62.

364 So auch *Möllers*, VVDStRL 68 (2009), S. 62, zu *Uhle*, Freiheitlicher Verfassungsstaat und kulturelle Identität, S. 517.

365 So auch *Muckel*, in: Friauf/Höfling, BKGG, Art. 140 Rn. 39.

Boden gewisser übereinstimmender sittlicher Grundanschauungen im Laufe der geschichtlichen Entwicklung herausgebildet" haben.[366]

Nach der „Kulturadäquanzformel" fand also bereits eine Beschränkung des Schutzbereiches von Art. 4 Abs. 1 und 2 GG statt, wobei die Formel nicht auf die Geltung der Religionsfreiheit an sich bezogen ist, sondern nur die Frage betrifft, welche Glaubensbetätigung als Religionsausübung zu sehen ist, der die Gewährleistungen des Art. 4 Abs. 1 und 2 GG zukommen.[367] Die „Kulturadäquanzformel" ist in der Literatur zu Recht kritisiert worden[368] und wurde vom Bundesverfassungsgericht, soweit ersichtlich, nur noch ein weiteres Mal verwendet[369] und in einer späteren Entscheidung dann gänzlich aufgegeben.[370] Stattdessen hat sich das Gericht für das Konzept verfassungsimmanenter Grund-

---

366 BVerfGE 12, 1, 4: „Das Grundgesetz hat nicht irgendeine, wie auch immer geartete freie Betätigung des Glaubens schützen wollen, sondern nur diejenige, die sich bei den heutigen Kulturvölkern auf dem Boden gewisser übereinstimmender sittlicher Grundanschauungen im Laufe der geschichtlichen Entwicklung herausgebildet hat."

367 *Hillgruber*, JZ 1999, S. 540.

368 Vgl. statt vieler *Jeand'Heur/Korioth*, Grundzüge des Staatskirchenrechts, Rn. 96f.; dazu *Isak*, Das Selbstverständnis der Kirchen und Religionsgemeinschaften und seine Bedeutung für die Auslegung staatlichen Rechts, S. 29ff.; *Muckel*, Religiöse Freiheit und staatliche Letztentscheidung, S. 15 f.; *Müller-Volbehr*, DÖV 1995, S. 305. Problematisch erscheint die Feststellung, ob und namentlich bei welchen Kulturvölkern ein gemeinsamer Nenner gewisser sittlicher Grundanschauungen existiert. Schon der Begriff der „heutigen Kulturvölker" ist zu unklar gefasst, um damit verfassungsrechtlich argumentieren zu können, vgl. etwa *Jeand'Heur/Korioth*, Grundzüge des Staatskirchenrechts, Rn. 96 f.; *Müller-Volbehr*, DÖV 1995, S. 305.

369 BVerfGE 24, 236, 246. In dieser Entscheidung kam es auf die „Kulturadäquanzformel" allerdings bereits nicht mehr an.

370 BVerfGE 41, 29, 50: „Das Grundgesetz legt auch nicht etwa einen „ethischen Standard" im Sinne eines Bestandes von bestimmten weltanschaulichen Prinzipien fest, etwa „nach den Maximen, die sich bei den heutigen Kulturvölkern auf dem Boden gewisser übereinstimmender sittlicher Grundanschauungen im Laufe der geschichtlichen Entwicklung herausgebildet haben" (….). Der ethische Standard des Grundgesetzes ist vielmehr die Offenheit gegenüber dem Pluralismus weltanschaulich religiöser Anschauungen, angesichts eines Weltbildes, das die Würde des Menschen und der freien Entfaltung der Persönlichkeit in Selbstbestimmung und Eigenverantwortung bestimmt. In dieser Offenheit bewährt der freiheitliche Staat des Grundgesetzes seine religiöse und weltanschauliche Neutralität." Dazu *Bock*, Das für alle geltende Gesetz und die kirchliche Selbstbestimmung, S. 135 f. A.A. *Badura*, Der Schutz von Religion und Weltanschauung durch das Grundgesetz, S. 40 ff.; *ders.*, Das Grundgesetz vor der Frage des religiösen und weltanschaulichen Pluralismus, S. 52 ff. *Badura* führt allerdings aus, dass der Staat nicht bestimmten religiösen oder weltanschaulichen Überzeugungen den Schutz der Religionsfreiheit entziehen darf, weil diese als kulturell wertlos oder schädlich eingestuft würden. Im Bereich des verfassungsrechtlich Möglichen liege allein eine Beachtung der „zivilisatorischen Gesittung" bei der Schutzbereichsbemessung. Dies überzeugt vor dem Hintergrund der religiös-weltanschaulichen Neutralität jedoch nicht, da darin eine Bewertung der religiösen oder weltanschaulichen Überzeugung durch den Staat zu sehen ist, die dieser aber nicht treffen darf.

rechtsschranken ausgesprochen.[371] Die „Kulturadäquanzformel“ wurde allerdings von einzelnen Entscheidungen der Fachgerichte[372] sowie auch im Schrifttum vor allem im Zusammenhang mit den sogenannten „Jugendreligionen“ weiterhin aufgegriffen.[373] In eine ähnliche Richtung gehen Vorschläge, die die Ausübung von Religion oder Weltanschauung nur dann als von Art. 4 GG geschützt ansehen, wenn sie dem christlich geprägten Kreis geschichtlich gewachsener Ausformungen der Glaubensäußerung vergleichbar ist.[374] Der Schutzbereich von Art. 4 GG stehe zwar auch nichtchristlicher Religionsausübung offen, werde aber vom „geschichtlich gewordenen und erfüllten Wirkungskreis der christlichen Kirchen“ abgesteckt.[375] Auch dies verfängt jedoch nicht, denn es gibt kein „eurozentrisches“ Religionsbild, nach dem kulturfremden Religionsausübungsformen der Schutzbereich von Art. 4 Abs. 2 GG von vornherein verschlossen bleibt: „es gibt keinen Numerus Clausus für Religion oder Weltanschauung“[376], sodass die Ausführungen *Uhles* auch aus diesem Grund nicht zu überzeugen vermögen.

Den vorstehenden Argumenten gegen die Auffassung *Uhles* widerspricht es auch nicht, dass nach geltendem Verfassungsrecht das Christentum faktisch privilegiert erscheinen mag, da die Vergünstigungen des institutionellen Religionsverfassungsrechts im Ergebnis überwiegend den beiden christlichen Großkirchen zugutekommen.[377] Sollte sich in der Verfassungswirklichkeit tatsächlich eine Privilegierung der beiden christlichen Großkirchen niederschlagen, so zeitigt dies jedoch keine Auswirkungen auf das geltende Verfassungsrecht. Aus der Verfassungswirklichkeit kann kein Rückschluss auf eine verfassungsrechtlich verbürgte Präponderanz der christlich-abendländischen Kultur gezogen werden.

Somit ist im Ergebnis festzuhalten, dass dem Grundgesetz keine Anhaltspunkte dafür zu entnehmen sind, dass ihm ein christlich-abendländischer Kultur-

---

371 BVerfGE 32, 98, 107 f.; 33, 23, 29; 52, 223, 246.

372 Vgl. etwa BVerwG NVwZ 1994, S. 578, 579.

373 Vgl. nur *Abel*, Inhalt und Grenzen der Religionsfreiheit in Bezug auf die „Neuen Jugendreligionen“, S. 113. Weitere Nachweise bei *Fleischer*, Zum Religionsbegriff des Grundgesetzes, S. 57.

374 *Loschelder*, Der Islam und die religionsrechtliche Ordnung des Grundgesetzes, S. 155 f., 174 (Leitsatz 4).

375 *Isensee*, Diskussionsbeitrag, in: Marré/Stüting, Essener Gespräche zum Thema Staat und Kirche (19) 1985, S. 144.

376 *Classen*, Religions- und Weltanschauungsrecht, Rn. 116.

377 Für eine faktische Privilegierung des Christentums etwa *Czermak*, ZRP 2001, S. 565 ff.; *Wittekind*, Welche Religionsgemeinschaften sollen Körperschaften des öffentlichen Rechts sein?, S. 77. Solche faktischen Privilegierungen sind etwa in finanzieller Hinsicht denkbar; ebenso kann es auf dem Feld der allgemeinen Kunst- und Kulturförderung zu einer unterschiedlichen Behandlung der Religionsgemeinschaften kommen, vgl. *Muckel*, in: Friauf/Höfling, BKGG, Art. 140 Rn. 39.

vorbehalt zugrunde liegt. Zudem vermag es nach den vorstehenden Ausführungen bereits nicht zu überzeugen, den äußerst vagen Kulturbegriff für die verfassungsrechtliche Argumentation heranzuziehen. Solange eine Religionsgemeinschaft sich innerhalb der Grenzen des verfassungsrechtlich Erlaubten bewegt, kann es ihr also nicht verwehrt werden, sich auf die verfassungsrechtlichen Gewährleistungen zu berufen.

Der Bestand einer einheitlichen abendländischen Kulturidentität kann somit nicht verfassungsrechtlich untermauert werden, was jedoch den Gesetzgeber in normativer Hinsicht nicht daran hindert, bestimmte Traditionsbestände herauszugreifen und durch die Verfassung zu schützen.[378]

2. Differenzierung anhand des Toleranzprinzips

a) Die Auffassung von Karl-Heinz Ladeur und Ino Augsberg

Ino Augsberg formulierte eine Variante des „*Böckenförde*-Diktums“:

> „Der freiheitliche, säkularisierte Staat lebt von der nicht-garantiefähigen Prämisse, dass zwischen ihm und den seiner Existenz zugrundeliegenden Voraussetzungen – seien sie kulturell-mentaler, sozioökonomischer oder auch religiöser Art – überhaupt unterschieden werden kann. Die Differenz ist Voraussetzung der Voraussetzungen. Wo sie negiert wird, ist die Säkularisation und mit ihr die Neutralität des Staates am Ende.“[379]

Nach *I. Augsberg* ist Prämisse des freiheitlichen, säkularisierten Staates im Ausgangspunkt also eine Bereichsscheidung von Staat und Religionen. Dabei ergebe sich aus der Tatsache, dass die moderne Gesellschaft nach dem Prozess der funktionalen Ausdifferenzierung in mehrere Sphären aufgeteilt sei,[380] eine weitere Funktion der Grundrechte. Diesen kommt nach *I. Augsberg* und *Ladeur* neben ihren herkömmlichen Funktionen die Funktion einer Ausdifferenzierungsgarantie zu.[381] Demzufolge sei eine „blockierende Sperre gegenüber Rückfalltendenzen“ aufzustellen, die das Rückgängigmachen dieser Ausdifferenzierung verhindern soll, da das Individuum seine Persönlichkeit nur in einem ausdifferenzierten System am effektivsten entfalten könne.[382]

Manche der Religionen, die sich in den letzten Jahrzehnten infolge der Immigrationsbewegungen in Deutschland angesiedelt haben, seien geneigt, den welt-

---

378 *Möllers*, VVDStRL 68 (2009), S. 61 f.
379 *I. Augsberg*, ZevKR 53 (2008), S. 451.
380 *Luhmann*, Soziale Systeme.
381 *Ladeur/I. Augsberg*, JZ 2007, S. 14 ff.
382 *Ladeur/I. Augsberg*, JZ 2007, S. 15.

lichen Bereich des Staates „nicht als positive Voraussetzung von Freiheit zu betrachten", sondern sähen ihn vielmehr „als negative Begrenzung, die man zurückweisen muss" an.[383] Ein Problem stellt dabei für *I. Augsberg* insbesondere der Islam dar, bei dem Zweifel bestehen könnten, ob er die religiös-weltanschauliche Neutralität des Staates akzeptiere, sodass dieses Konzept dem Islam gegenüber möglicherweise gar nicht durchführbar sei.[384] Es ist *I. Augsberg* zufolge fraglich, ob der Islam überhaupt einen Prozess der Säkularisierung zulassen werde, der sich im Westen bereits im Rahmen der europäischen und amerikanischen Demokratisierung im 18. und 19. Jahrhundert vollzogen habe.[385] Überdies sei der Säkularisierungsprozess aus religionstheoretischer Sicht bereits im Christentum angelegt, welches als einzige Religion die Figur der kénosis, der Fleischwerdung Christi, kennt.[386] Der Islam sei demgegenüber eine Religion, die auf eine faktische Durchdringung aller Lebensverhältnisse ausgerichtet sei.[387] Überaus problematisch seien außerdem Religionen, die sich stets aus dem gesellschaftlichen Bereich zurückziehen und nach außen hin abschotten, sodass von ihnen keinerlei Beitrag für das Gemeinwohl erbracht werde.[388]

Hieraus ergebe sich die Frage, wie das Recht auf solche religiöse Gruppierungen reagieren solle, die möglicherweise von den Grundlagen des geltenden Rechts abweichen. Eine Änderung der eigenen Strukturen auf das abweichende religiöse Selbstverständnis scheide aus, da eine Reform des geltenden Rechts hin zu einer theokratischen Struktur nicht möglich sei, ohne den heutigen Verfassungsstaat aufzugeben. Die andere Möglichkeit, mit abweichenden religiösen Gemeinschaften zu verfahren, sei eine notwendige partielle Ungleichbehandlung, welche sich auf die erreichten Anpassungsleistungen der jeweiligen Religion stütze.[389]

Ladeur und *I. Augsberg* erachten es als Aufgabe des Rechts bzw. des Staates, religiöse Konflikte zu lösen, wobei es dabei unzureichend sei, wenn der Staat sich dieser Aufgabe durch „diffuse Berufung auf ein selbst konturlos bleibendes Neutralitätsgebot zu entziehen" versuche.[390] Die Begriffe der „Neutralität" und „Toleranz" fungierten zum Teil nur noch als „Chiffren für die Gleichgültigkeit

383 *Vattimo*, Jenseits des Christentums, S. 130.

384 *I. Augsberg*, ZevKR 53 (2008), S. 452.

385 *Ladeur/I. Augsberg*, Toleranz – Religion – Recht, S. 8 f.

386 *Ladeur/I. Augsberg*, Toleranz – Religion – Recht, S. 9, nach der Grundthese von *Vattimo*, Jenseits des Christentums, S. 164 f.

387 *Depenheuer*, Kirche – Staat – Gesellschaft, S. 947.

388 *Ladeur/I. Augsberg*, Toleranz – Religion – Recht, S. 8.

389 *Korioth/I. Augsberg*, JZ 2010, S. 831.

390 *Ladeur/I. Augsberg*, Toleranz – Religion – Recht, S. 137.

gegenüber den Phänomenen des Religiösen und für eine begriffslose Abwägung nach situativen Maßstäben der Verteilung von Zumutbarkeiten".[391]

Stattdessen schlagen die Autoren das Prinzip der Toleranz in seiner tradierten Lesart vor, welches das „Ernstnehmen des Glaubens, der sich der Restriktion auf den Bereich des Privaten nicht fügen will, sondern eine gewichtige Rolle im Gesellschaftsganzen für sich reklamiert", beinhalte und daher als Lösung für die bestehenden religionssoziologischen Problemstellungen besonders geeignet sei.[392] Gerade wenn der Glauben eine solche gewichtige Rolle beanspruche, könne er nicht von jeglichem Anpassungsdruck freigestellt werden.[393]

Nach diesem Ansatz verspreche das Toleranzprinzip eine größere Differenzierungsfähigkeit als das Prinzip der religiös-weltanschaulichen Neutralität in seinem herkömmlichen Verständnis, um zwischen den verschiedenen Religionen unterscheiden zu können, wenn sie unterschiedliche Beiträge für das Individuum sowie für die Gesellschaft leisten.[394] Diese Differenzierung soll nicht anhand der Kriterien von „richtig" und „falsch" erfolgen, sondern Zweck ist die Schaffung einer Kollisionsnorm „für das Verhältnis von Kooperation, Koordination und Subordination zwischen staatlichen und religiösen Werten und Normen".[395] Hiernach soll es möglich sein, auf der einen Seite die Prägekraft der christlichen Religion der hiesigen Kultur zu berücksichtigen; andererseits soll aber auch die Wirkung der jeweiligen Religion auf die Integrationsbereitschaft in die Gesellschaft Berücksichtigung finden.[396]

Es ist also auch nach dieser Auffassung dem Staat nicht aufgrund seiner Verpflichtung auf religiös-weltanschauliche Neutralität von Verfassungs wegen verboten, Unterscheidungen zwischen einzelnen Religionen vorzunehmen, da eine differenzierende Betrachtung der Religionen sogar geboten ist.[397]

b) Stellungnahme

Bei der verfassungsrechtlichen Überprüfung dieses Hierarchisierungsmodells erscheint es bereits problematisch, dass *Ladeur* und *I. Augsberg* dem soziologischen Befund der funktionalen Ausdifferenzierung der modernen Gesellschaft

391 *Ladeur/I. Augsberg*, Toleranz – Religion – Recht, S. 9.
392 *Ladeur/I. Augsberg*, Toleranz – Religion – Recht, S. 137.
393 *Ladeur/I. Augsberg*, Toleranz – Religion – Recht, S. 137.
394 *Ladeur/I. Augsberg*, Toleranz – Religion – Recht, S. 84.
395 *Ladeur/I. Augsberg*, Toleranz – Religion – Recht, S. 84.
396 *Ladeur/I. Augsberg*, Toleranz – Religion – Recht, S. 85.
397 *Ladeur/I. Augsberg*, Toleranz – Religion – Recht, S. 129; *dies.*, JZ 2007, S. 16 f.

eine normative Komponente in Form der Neukonturierung des Neutralitätskonzepts anhand des Toleranzgebots entnehmen wollen.[398]

Außerdem ist fraglich, ob dem Grundgesetz ein an den Staat gerichtetes Toleranzgebot entnommen werden kann. Der Toleranzbegriff[399] im eigentlichen Sinne beinhaltet zwei Ebenen, nämlich die Duldung einer Verhaltensweise oder einer Überzeugung, welche aber im Grunde wegen einer eigenen von dieser Verhaltensweise oder Überzeugung abweichenden Ansicht missbilligt wird.[400] Das Bundesverfassungsgericht ermittelt den Inhalt des Gebotes staatlicher Toleranz über eine Abgrenzung zur Glaubensfreiheit; diese ist

> „mehr als religiöse Toleranz, d.h. bloße Duldung religiöser Bekenntnisse oder irreligiöser Überzeugungen. Denn sie erlaubt nicht nur auszusprechen und auch zu verschweigen, dass und was man glaubt oder nicht glaubt. Dem Sinne dieser im Grundgesetz getroffenen politischen Entscheidung entspricht es vielmehr, die Glaubensfreiheit auch auf die Werbung für den eigenen Glauben wie für die Abwerbung von einem fremden Glauben zu erstrecken. Das muss auch das Recht einschließen, die Glaubensabwerbung unabhängig von einer Glaubenswerbung zu schützen.“[401]

Der Begriff der Toleranz bezeichnet danach im öffentlichen Recht die Duldung von Einzelnen oder Gruppen im Hinblick auf Religion, Politik oder Weltanschauung bzw. der „Achtung vor der Person des anderen, der die abweichende Auffassung hat.“[402] Damit gehen die Freiheit von staatlichen Eingriffen und ein gewisses Maß an Rechten einher.[403] Toleranz bedeutet mehr als ein bloßes Dulden, da dieses mit einem gegenseitigen Verstehen verbunden sein muss,[404] was nicht nur von der Mehrheit, sondern auch von der Minderheit verlangt wird.[405]

Fraglich ist nun, ob dem Grundgesetz Toleranz als selbstständiges Rechtsprinzip entnommen werden kann.[406] Dies erscheint bereits deshalb als zweifelhaft, weil der Begriff der Toleranz in der Verfassung nicht ausdrücklich benannt wird. Aus diesem Grunde ist aus dem Grundgesetz auch kein konturenscharfes

---

398 *Heinig*, JZ 2009, S. 1139 f.

399 Vgl. zum Toleranzbegriff in historischer und theoretischer Hinsicht *Ladeur/I. Augsberg*, Toleranz – Religion – Recht, S. 15 ff. Vgl. ebenso *Debus*, Das Verfassungsprinzip der Toleranz unter besonderer Berücksichtigung der Rechtsprechung des Bundesverfassungsgerichts, S. 67 ff.

400 *Huster*, Art. „Toleranz (J)“, in: EvStL 2006, Sp. 2465.

401 BVerfGE 12, 1, 3 f.

402 *Isensee*, Diskussionsbeitrag, in: Marré/Stüting, Essener Gespräche zum Thema Staat und Kirche (20) 1986, S. 127.

403 *Eisenhardt*, JZ 1968, S. 219.

404 *Maunz*, Toleranz und Parität im Deutschen Staatsrecht, S. 5 ff.

405 *Starck*, JZ 2000, S. 1.

406 Vgl. hierzu auch *Muckel*, in: Friauf/Höfling, BKGG, Art. 140 Rn. 42 ff. m.w.N.

Toleranzmodell ableitbar.[407] Die Grundrechte sind bereits Ausprägung der Toleranzidee,[408] sodass neben diesen kein übergeordnetes Rechtsprinzip der Toleranz herangezogen werden darf, um den Bürgern ein weiteres Abwehrrecht bezüglich religiöser oder weltanschaulicher Auffassungen an die Hand zu geben.[409]

Zudem beinhaltet die Idee eines staatlichen Toleranzgebots nach den voranstehenden Ausführungen stets bereits in begrifflicher Hinsicht, dass der Staat diejenigen religiösen oder weltanschaulichen Auffassungen nicht billigt, welche seiner eigenen Auffassung widersprechen, was jedoch aufgrund des Gebotes religiös-weltanschaulicher Neutralität gar nicht erst möglich ist: Der Staat darf sich nicht mit einer Religion oder Weltanschauung identifizieren.[410] Toleranz als verfassungsrechtliches Prinzip ist nur in Bereichen denkbar, in denen es dem Staat erlaubt ist, eine eigene Auffassung zu haben; dies scheidet aufgrund der verfassungsrechtlich gewährleisteten religiös-weltanschaulichen Freiheitsrechte aus Art. 4 Abs. 1 und Abs. 2 GG in Fragen der Religion und der Weltanschauung aus.[411]

Bedeutung erlangen kann der Toleranzbegriff daher nur in Bezug auf Auffassungen, die sich gegen die freiheitliche demokratische Grundordnung richten; die wehrhafte Ordnung des Grundgesetzes bildet die Grenze der staatlichen Toleranz.[412]

Somit kann dem Grundgesetz kein Verfassungsprinzip der Toleranz entnommen werden, da der Toleranzgedanke bereits in den Grundrechten zum Ausdruck kommt und ihm daher keine von ihnen abkoppelbare Bedeutung zukommt. Allein den Bürgern kann eine Verpflichtung zur Toleranz auferlegt werden, wenn man den Toleranzgedanken zu einer bürgerlichen Verhaltenstugend transformiert. Danach sind diese dazu verpflichtet, die grundrechtlich gewährleistete

---

407 *Eisenhardt*, JZ 1968, S. 215; *Huster*, Die ethische Neutralität des Staates, S. 229 ff.; *Muckel*, Religiöse Freiheit und staatliche Letztentscheidung, S. 117; a.A. *Steiner*, Art. „Toleranz. Rechtlich", in: EvStL 1987, Sp. 3630 f., der Art. 1 Abs. 1 i.V.m. Art. 2 Abs. 1 GG eine Verpflichtung des Staates entnimmt, „die religiösen, weltanschaulichen, politischen und kulturellen Überzeugungen und Anschauungen aller Bürger (...) grundsätzlich als Entfaltung der menschlichen Persönlichkeit zu begreifen, als solche (positiv) zu achten und ihr öffentliches Bekenntnis (...) zu dulden, auch wenn sie im *Widerspruch* zu Auffassungen und Wertungen staatlicher Organe und Stellen stehen".

408 *Häberle*, ZevKR 19 (1974), S. 212; zust. *Muckel*, Religiöse Freiheit und staatliche Letztentscheidung, S. 118.

409 *Muckel*, Religiöse Freiheit und staatliche Letztentscheidung, S. 118; *Pieroth*, DVBl. 1994, S. 960 f.; *Schnapp*, JZ 1985, S. 861.

410 *Huster*, Die religiös-weltanschauliche Neutralität des Staates, S. 85; *ders.*, ARSP 2005, S. 25; *Muckel*, Religiöse Freiheit und staatliche Letztentscheidung, S. 118; *ders.*, in: Friauf/Höfling, BKGG, Art. 140 Rn. 43.

411 *Huster*, Art. „Toleranz (J)", in: EvStL 2006, Sp. 2466 f.

412 Vgl. hierzu oben B.I.4.c)

Freiheit der anderen Bürger zu dulden, auch wenn die Freiheitsausübung von ihnen nicht gebilligt wird. Dies ist allerdings bereits Konsequenz der Pflicht zur Einhaltung der geltenden Gesetze, sodass der Staat gewissermaßen zumindest „Hüter der Toleranz" ist, der auf die Befolgung der Gesetze durch seine Bürger Acht zu geben hat.[413]

Dem Staat ist es aber möglich, Toleranz als schulisches Erziehungsziel festzuschreiben und demzufolge anzustreben, diese als bürgerliche Verhaltenstugend zu fördern.[414] Bei der Erziehung zur Toleranz im Rahmen des öffentlichen Schulunterrichts muss der Staat allerdings beachten, dass ihm auch hierbei keine Bewertungsmöglichkeit der unterschiedlichen religiösen und weltanschaulichen Überzeugungen im Hinblick auf deren Wahrheitsanspruch zukommen kann.[415]

Auch das Modell von *Karl-Heinz Ladeur* und *Ino Augsberg* vermag mithin nicht zu überzeugen. Aus dem Grundgesetz ergibt sich nach den obigen Ausführungen kein Rechtsprinzip der Toleranz, welches *Ladeur* und *Augsberg* zufolge als religionsverfassungsrechtliche Kollisionsnorm und Neukonturierung des Neutralitätskonzepts taugen soll.

3. Die aus dem politischen Liberalismus entwickelte Begründungsneutralität nach Stefan Huster

a) Die Begründungsneutralität

Ziel der Untersuchung *Stefan Husters* ist die Entwicklung einer verfassungsgemäßen Neutralitätstheorie.[416] *Huster* beschränkt den Begriff der Neutralität dabei nicht nur auf religiös-weltanschauliche Angelegenheiten, sondern bezieht ihn darüber hinaus auch auf „alle Fragen des guten Lebens", die sogenannte „ethische Neutralität" des Staates.[417] Die Anwendung des Neutralitätsgebots allein auf das Verhältnis des Staates zu religiös-weltanschaulichen Bekenntnissen seiner Bürger erscheint ihm als zu beschränkt und er befürwortet daher eine Auswei-

---

413 *Huster*, Art. „Toleranz (J)", in: EvStL 2006, Sp. 2467; *Schlaich*, Neutralität als verfassungsrechtliches Prinzip, S. 254.

414 *Huster*, ARSP 91 (2005), S. 27. Vgl. zu Erziehungszielen in der Schule unten C.II.

415 *Huster*, ARSP 91 (2005), S. 29.

416 *Huster*, Die ethische Neutralität des Staates, S. 44.

417 Den Begriff der „ethischen Neutralität" entwickelt *Huster* gewissermaßen als Pendant zum Begriff des „ethischen Pluralismus", welcher in der Gesellschaft angesichts der Vielzahl von Ansichten zu „Konzeptionen des Guten" bzw. Vorstellungen des „guten" Lebens besteht, S. 6 ff., 33 ff.

tung des Neutralitätsgebots auch etwa auf die Kunstfreiheit sowie auf Formen des privaten Zusammenlebens.[418]

Bei der Entwicklung einer verfassungsgemäßen Neutralitätstheorie bezieht *Huster* außer verfassungstheoretischen Annahmen auch solche aus der Sozialphilosophie mit ein, da dies angesichts des „fragmentarischen Charakters der einschlägigen Normen“ bei der Verfassungsauslegung geboten sei.[419] Der Gehalt des Neutralitätsgebotes ist nach *Huster* von seiner Begründung her zu bestimmen.[420]

Kritisch zeigt sich *Huster* dem herkömmlichen, von ihm als Modus-vivendi-Ansatz bezeichneten Begründungsmodell staatlicher Neutralität in religiös-weltanschaulichen Fragen gegenüber, welches *Huster* zufolge auch vom Bundesverfassungsgericht vertreten wird.[421] Dieser Ansatz vermöge nicht zu erklären, warum der Staat auch gegenüber gesellschaftlichen Gruppierungen neutral sein müsse, die aufgrund ihrer Schwäche voraussichtlich niemals zu einer Gefahr für den inneren Frieden würden; aus politisch-pragmatischer Perspektive sei es ausreichend, nur die „sozial wirkungsmächtigen Interessen im staatlichen Recht zu respektieren“, die übrigen Gruppen könnten demgegenüber unterdrückt werden.[422]

Zudem sei fraglich, ob den pragmatischen Erwägungen zufolge überhaupt eine gleiche Berücksichtigung aller weltanschaulichen Gruppen in der Gesellschaft vonnöten sei, denn auch ein lediglich toleranter und damit nicht völlig neutraler Staat könne möglicherweise in der Lage sein, den inneren Frieden zu gewährleisten.[423] Als weitere Schwäche des Modus-vivendi-Ansatzes führt Huster an, dass auch eine strikte Einhaltung religiös-weltanschaulicher Neutralität zu Konflikten führen könne. Dies könne nämlich insbesondere dann geschehen, wenn vormalig diskriminierte Weltanschauungen nunmehr voll gleichberechtigt würden, was die Unzufriedenheit der religiösen und weltanschaulichen Mehrheit in der Gesellschaft nach sich ziehen könne.[424] Insgesamt verfehle das Modus-

---

418 *Huster*, Die ethische Neutralität des Staates, S. 436 ff., 488 ff. So für die Kunstfreiheit auch *Knies*, Schranken der Kunstfreiheit als verfassungsrechtliches Problem, S. 170 ff. m.w.N.

419 *Huster*, Die ethische Neutralität des Staates, S. 44 f. Krit. zur Einbeziehung sozialwissenschaftlicher sowie rechtstheoretischer Erwägungen in die verfassungsrechtliche Diskussion etwa *Brenner*, VVDStRL 59 (2000), S. 271; *M. Heckel*, ZevKR 44 (1999), S. 198.

420 *Huster*, Die Bedeutung des Neutralitätsgebots für die verfassungstheoretische und verfassungsrechtliche Einordnung des Religionsrechts, S. 110 ff.

421 Vgl. oben B.I.1.

422 *Huster*, Die ethische Neutralität des Staates, S. 50.

423 *Huster*, Die ethische Neutralität des Staates, S. 50.

424 *Huster*, Die ethische Neutralität des Staates, S. 50. Ebenfalls kritisch steht *Huster* dem Modell des ethischen Liberalismus gegenüber, welches das Neutralitätsgebot über eine bestimmte Konzeption des Guten zu rechtfertigen sucht, S. 53 ff.

vivendi-Konzept die zentrale normative Dimension des Neutralitätsgebotes, da dieses gerade nicht nur auf politischen Zweckmäßigkeitserwägungen beruhe, sondern darüber hinaus auch auf politischer Moral.[425]

Aus diesen Erwägungen folgt nach *Huster*, dass eine Neutralitätskonzeption nicht nur pragmatisch sein, sondern eine normative oder moralische Begründung finden müsse, welche ihrerseits allerdings nicht religiös oder weltanschaulich motiviert sein dürfe.[426] Der von ihm präferierte politische Liberalismus modifiziert die Begründungsansätze zur religiös-weltanschaulichen Neutralität, deren Schwächen *Huster* aufgezeigt hat; zur pragmatischen Erwägung des Modus-vivendi-Ansatzes hinsichtlich der Bewältigung der pluralistischen Gesellschaft fügt der politische Liberalismus eine normative Erwägung hinzu.[427] Ethische Konflikte würden gerade dadurch gemäßigt, dass die Staatsbürger anhand der staatlichen Neutralität erkannten, dass der Staat alle ethischen Überzeugungen und deren Gleichberechtigung akzeptiere.[428]

Als grundlegende Gedanken hinter seiner Konzeption der ethischen Neutralität des Staates stehen ein „egalitäres Rechtfertigungsprinzip und eine Auffassung darüber, welche Argumente staatliches Handeln legitimieren können."[429] Der moderne Staat beziehe seine Legitimation nicht länger aus dem Willen Gottes, sondern daraus, dass er in seiner Existenz wie auch in seinen Maßnahmen gegenüber jedermann rechtfertigungsfähig sei.[430]

Was den Gehalt des aus dem politischen Liberalismus entwickelten Neutralitätsgebotes betrifft, so verlangt dieses nach *Huster* nur eine Neutralität der Begründung staatlichen Handelns, nicht auch eine Neutralität bei dessen Auswirkungen.[431] Zwar könnten sich staatliche Handlungen mittelbar auch in einer Wei-

---

425 *Huster*, Die religiös-weltanschauliche Neutralität des Staates, S. 78.

426 *Huster*, Die ethische Neutralität des Staates, S. 80.

427 Vgl. zum Ansatz eines spezifisch politischen Liberalismus etwa *Rawls*, Political Liberalism.

428 *Huster*, Die ethische Neutralität des Staates, S. 91.

429 *Huster*, Die ethische Neutralität des Staates, S. 84.

430 *Huster*, Die ethische Neutralität des Staates, S. 85. Vgl. nur BVerfGE 44, 125 (141 f.): „(...) auch dort, wo das Grundgesetz in staatlichen Organen der Mehrheitsherrschaft Raum gibt, entlässt es sie nicht aus der verfassungsrechtlichen Grundverpflichtung, dass alle Staatsgewalt um des Schutzes der Würde und der Freiheit aller und der sozialen Gerechtigkeit gegenüber allen anvertraut ist, mithin stets am Wohl aller Bürger ausgerichtet zu sein hat. Und nur wenn die Mehrheit (...) bei ihren Entscheidungen das – je und je zu bestimmende – Gemeinwohl im Auge hat, insbesondere auch die Rechte der Minderheit beachtet und ihre Interessen mitberücksichtigt (...), kann die Entscheidung der Mehrheit bei Ausübung der Staatsgewalt als Wille der Gesamtheit gelten und nach der Idee der freien Selbstbestimmung aller Bürger Verpflichtungskraft für alle entfalten."

431 *Huster*, Die ethische Neutralität des Staates, S. 98 ff. Vgl. die Definition des Neutralitätsprinzips bei *Ackerman*, Social Justice in the Liberal State, S. 11: „No reason is a good reason if it requires the power holder to assert: (a) that his conception of the good is better than that asser-

se auswirken, die nicht mehr neutral sei, jedoch sei es dem Staat zumeist vorab nicht möglich zu beurteilen, wie die jeweilige staatliche Maßnahme sich im Hinblick auf die verschiedenen ethischen Überzeugungen auswirken werde.[432] Darüber hinaus sei es bereits schwierig, eine Ausgangssituation festzulegen, von der ex ante die Wirkungen des staatlichen Handelns beurteilt werden sollten.[433] Aus diesen Gründen sei eine Wirkungsneutralität praktisch nicht zu verwirklichen. Es könne nicht jeder Welt- oder Lebensentwurf gleichermaßen erfolgreich sein, es könne diesbezüglich keinen „Artenschutz" geben.[434]

Folge dieser Konzeption ist ein Wettbewerb der ethischen Konzeptionen, zwischen denen sich die Bürger mittels individueller Wahl entscheiden. Auf diese Wahl kann der Staat nicht in werbender Form Einfluss nehmen. Nach *Huster* soll es ihm aber möglich sein, insofern Einfluss auf die Wahlentscheidungen zu nehmen, als er den Bürgern die Fähigkeiten zur Beurteilung der „angebotenen" ethischen Konzeptionen vermittelt.[435] Geraten die Bürger über die verschiedenen Ansichten des Guten in Streit, so muss der Staat intervenieren und seiner diesbezüglichen Schutzpflicht nachkommen, der zufolge eine für alle Bürger verbindliche staatliche Entscheidung herbeigeführt werden muss, welche allerdings nicht den Inhalt der jeweiligen Konzeption des Guten betreffen darf.[436]

Nach *Husters* Konzept der Begründungsneutralität wird die Entscheidung zwischen einer offenen und einer ausgrenzenden Neutralität des Staates politischen Klugheitserwägungen anheimgestellt, für die sich diesbezüglich stets zwei Möglichkeiten ergeben: die Integration sowie die Ausgrenzung aller.[437] *Huster* zufolge ist dem Grundgesetz jedoch kein „Gesamtprinzip der Kooperationsoffenheit" zwischen Staat und Religionsgemeinschaften zu entnehmen.[438]

Grundlegend stütze sich dieses liberale Konzept religiös-weltanschaulicher Neutralität auf Gerechtigkeitserwägungen und damit auf das Gleichheitsgebot

---

ted by any of his fellow citizens, *or* (b) that, regardless of his conception of the good, he is intrinsically superior to one or more of his fellow citizens."

432 *Huster*, Die ethische Neutralität des Staates, S. 99; *ders.*, Der Grundsatz der religiös-weltanschaulichen Neutralität des Staates, S. 12 f.

433 *Huster*, Die ethische Neutralität des Staates, S. 99.

434 Begriff nach *Habermas*, Anerkennungskämpfe im demokratischen Rechtsstaat, S. 171 ff.

435 *Huster*, Die ethische Neutralität des Staates, S. 102.

436 *Huster*, Die ethische Neutralität des Staates, S. 112 ff. Insofern tritt er dem Einwand gegen das Gebot staatlicher Neutralität entgegen, die davon ausgeht, dass jeder Staat sich zu bestimmten Grundentscheidungen bekennen und sich mit diesen identifizieren müsse; *Schlaich*, Neutralität als verfassungsrechtliches Prinzip, S. 263, spricht von einer „Spannung (…) zwischen der Wertordnung der Grundrechte und der Wertgebundenheit des Staates einerseits und der Wertoffenheit des freiheitlich-demokratischen Staates andererseits", die nicht gelöst werden könne.

437 *Huster*, VVDStRL 65 (2006), S. 70 f.; *ders.*, JZ 2010, S. 356.

438 *Huster*, JZ 2010, S. 357.

sowie auf die Annahme, dass keine religiöse Überzeugung sich gegenüber jedermann als wahr erweisen könne und daher nicht zur Begründung staatlichen Handelns geeignet sei.[439] Aus der religiös-weltanschaulichen Neutralität ergebe sich ein Diskriminierungsverbot, welches insofern absolut zu verstehen sei, als dass das Neutralitätsprinzip nicht abwägungsfähig sei.[440] Begründungsneutralität staatlichen Handelns bedeute somit die „Abwehr einer absichtlichen Diskriminierung in religiös-weltanschaulicher Hinsicht".[441]

Auf der Seite der Bürger setze das Gebot der religiös-weltanschaulichen Neutralität nach *Huster* deren Komplement voraus, das er als „Tugend der Toleranz" bezeichnet. Toleranz beinhalte bereits nach dem Wortsinn das Haben einer bestimmten Position, was dem neutralen Staat verwehrt sei. Die Bürger demgegenüber dürften eigene Konzeptionen des Guten haben, wobei sie aufgrund des Toleranzgebotes die Positionen anderer achten müssten, auch wenn es sich um missliebige Auffassungen handele, sofern diese sich noch in den Grenzen des Rechts befänden.[442]

b) Einwände gegen das Modell der Begründungsneutralität

Hans Michael Heinig hat sich in jüngster Zeit eingehend mit dem Modell der Begründungsneutralität nach *Huster* auseinandergesetzt und attestiert ihm, dass sein „Blick auf das Grundgesetz (…) dauerhaft verschleiert" bleibe, da er vordergründig philosophische Prinzipien heranziehe und Problemlösungen dem Gesetzgeber überlasse.[443] Die Begründungsneutralität verfehle den normativen Kern des Staatskirchenrechts, indem sie die Spezifika des konkreten Verfassungsrechts verkenne, da sich dieses Modell auf die normativen Grundannahmen der liberalen politischen Philosophie stütze.[444]

Gegen das Modell der Begründungsneutralität wird darüber hinaus grundsätzlich eingewandt, dass das Gebot der religiös-weltanschaulichen Neutralität nicht in dieser Form eingeschränkt werden dürfe, da auch die Regelungswirkung staatlichen Handelns neutral sein müsse. Aus Sicht der von einer staatlichen Handlung Betroffenen sei es unerheblich, ob „ihre Vorstellung vom guten Leben

439 *Huster*, Die religiös-weltanschauliche Neutralität des Staates, S. 84.
440 *Huster*, Die religiös-weltanschauliche Neutralität des Staates, S. 87.
441 *Huster*, Der Grundsatz der religiös-weltanschaulichen Neutralität des Staates, S. 13.
442 *Huster*, Die religiös-weltanschauliche Neutralität des Staates, S. 85.
443 *Heinig*, JZ 2010, S. 358.
444 *Heinig*, ZevKR 53 (2008), S. 245; *ders.*, JZ 2009, S. 1140.

gezielt oder bloß aufgrund eines nicht intendierten Nebeneffektes durchkreuzt" werde.[445]

Des Weiteren wird vorgebracht, *Huster* verkenne, dass dem Religionsverfassungsrecht des Grundgesetzes eine Freiheitskonzeption „eingezeichnet" sei, die über das Grundgesetz hinausweise. Die Freiheitskonzeption beinhalte nicht nur die Abwesenheit staatlichen Zwangs, sondern auch Elemente der Förderung und Teilhabe.[446] Hierin liege eine Absage des Grundgesetzes an eine Verdrängung der Religion aus der öffentlichen Sphäre, da der Idee der Freiheit immer auch die öffentliche Freiheitsausübung zu eigen sei.[447] *Heinig* vertritt die Ansicht, das Grundgesetz lege sich auf eine regelmäßig „offen-kooperative wechselseitige Zugewandtheit von Staat und Religionsgemeinschaften" fest, was nach *Huster* gerade nicht der Fall sei, da dieser die Entscheidung zwischen ausgrenzender und hereinnehmender Neutralität dem Gesetzgeber überlasse.[448]

Einen weiteren Kritikpunkt soll die Tatsache darstellen, dass die Begründungsneutralität nach *Huster* bei enger Auslegung möglicherweise dazu führe, dass jegliche religiösen Überzeugungen aus dem Prozess der demokratischen Willensbildung herausgefiltert werden müssten.[449] *Heinig* kritisiert daher, dass politischer Wille auch religiös motiviert sein können müsse.[450] Zudem sei nicht nachvollziehbar, warum allein religiöse Motive als Begründung staatlichen Handelns ausscheiden sollten, da auch andere Motive durchaus anfällig für Ideologie seien wie etwa marktliberale Erwägungen.[451] Dieser Effekt der Herausdrängung des Religiösen aus dem politischen Raum könne nur dadurch umgangen werden, dass staatliches Handeln nicht mit religiösen Überzeugungen, sondern mit dem Willen der demokratischen Mehrheit begründet werde. Bei einer solchen Herangehensweise könne der Wille der Mehrheit auch auf religiöser Überzeugung beruhen.[452]

c) Stellungnahme

Im Ergebnis gleicht die Konzeption der religiös-weltanschaulichen Neutralität *Stefan Husters* insofern den hier abgelehnten anderen Hierarchisierungsmodel-

445 *Britz*, Kulturelle Rechte und Verfassung, S. 233 Fn. 280. Vgl. auch *dies.*, JZ 2000, S. 1127; *Hilgendorf*, Religion, Recht und Staat, S. 379 ff.
446 *Heinig*, ZevKR 53 (2008), S. 246.
447 *Heinig*, ZevKR 53 (2008), S. 246.
448 *Heinig*, JZ 2009, S. 1138.
449 *Heinig*, ZevKR 53 (2008), S. 244; *ders.*, JZ 2009, S. 1138 f.
450 *Heinig*, JZ 2009, S. 1138.
451 *Heinig*, JZ 2009, S. 1138.
452 *Heinig*, ZevKR 53 (2008), S. 244.

len, als es dem Staat bei seinen Handlungen nicht von Verfassungs wegen verwehrt ist, aus Gründen des Gemeinwohls eine Entscheidung zu treffen, die sich auf religiös-weltanschauliche Überzeugungen negativ auswirken kann. Im Konzept der Begründungsneutralität erklärt sich dies daraus, dass eine Entscheidung, die gemeinwohlorientiert ausfällt und nicht an ein religiöses und weltanschauliches Bekenntnis anknüpft, jedem Staatsbürger gegenüber rechtfertigungsfähig ist und damit nicht dem Gleichheitsgebot widerspricht. Dann liegt nämlich nach *Huster* keine Ungleichbehandlung von wesentlich Gleichem vor, sondern aufgrund der divergierenden Effekte der verschiedenen religiösen oder weltanschaulichen Überzeugungen in Bezug auf das Gemeinwohl wesentlich Ungleichem.

Den Bedenken *Heinigs* bezüglich der Heranziehung einer philosophischen Theorie zur Herleitung der Begründungsneutralität ist entgegenzuhalten, dass das Neutralitätsprinzip nach den obigen Ausführungen kein ausdrücklich normiertes verfassungsrechtliches Prinzip darstellt und daher jeder, der sich auf dieses Prinzip stützt, zwangsläufig ein bestimmtes Vorverständnis der Verfassung hat.[453]

Auch der Ansicht, welche die Neutralitätskonzeption als Auswirkungsneutralität auffasst, ist entgegenzutreten. Diese überzeugt vor dem Hintergrund des Grundgedankens der Gleichheit vor dem Gesetz nicht. Die Gleichheit des Gesetzes ist ein „zentrales Legitimationskonzept der Rechtsordnung“:[454] Es ist denklogisch der Fall, dass eine Rechtsnorm sich bei ihrer Anwendung auf verschiedene Sachverhalte auch unterschiedlich auswirken kann. Hieraus folgt keineswegs eine staatliche Pflicht, gesetzliche Tatbestände so auszulegen, dass „sie auf die Praktiken aller Religionen gleich gut anwendbar sind“.[455] Rechtsgleichheit zieht notwendigerweise eine Differenzierung nach sich.[456] Staatliche Handlungen können sich nicht in jedem Fall gleich auswirken, es ist immer denkbar, dass einige stärker hiervon betroffen sind als andere. Bei einer Ablehnung der Verletzung des Gebots der religiös-weltanschaulichen Neutralität infolge des Modells der Begründungsneutralität sind die Betroffenen jedoch nicht schutzlos gestellt. Ihnen verbleibt die Möglichkeit, anderweitige Grundrechtsverletzungen als die Verletzung der negativen Bekenntnisfreiheit aus Art. 4 Abs. 1 GG geltend zu machen.

Dem Einwand *Heinigs*, das Konzept der Begründungsneutralität vernachlässige das dezisionistisch-voluntative Element der Demokratie, entgegnet *Huster*,

---

453 *Huster* ist sich indessen der Gefahr des Hineinlesens einer philosophischen Theorie in das Grundgesetz bewusst, vgl. *dens.*, Die religiös-weltanschauliche Neutralität des Staates, S. 84 f. Anm. 56.

454 *Waldhoff*, Neue Religionskonflikte und staatliche Neutralität, S. 51.

455 *Möllers*, VVDStRL 68 (2009), S. 79.

456 *M. Heckel*, Gleichheit oder Privilegien?, S. 49 ff.

dass es zwar vom Grundsatz her möglich sei, religiöse Gründe das Recht beeinflussen zu lassen, es in der heutigen, säkularen Zeit jedoch nicht ausgeschlossen sei, dass dann endlich von der politischen Mehrheit religionsfeindliche Überzeugungen Platz greifen könnten, was sich schließlich nachteilig für das Gemeinwohl auswirken könne.[457] Zudem würden religiöse Motive bei der Rechtsgestaltung heutzutage aus guten Gründen als „unschicklich“ angesehen, da auf diesem Gebiet ein Diskurs, der nicht weltlich-rational erfolge, als zivilisatorischer Rückschritt zu betrachten sei.[458]

Jede staatliche Maßnahme, gleich, ob Eingriff in Freiheitsrechte oder Ungleichbehandlungen, kann demnach nur auf Gründe gestützt werden, die nicht religiös-weltanschaulich motiviert sind. Dies bedeutet nicht, auch nicht nach *Huster*, dass solche partikularen Überzeugungen im politischen Entscheidungsprozess völlig auszublenden sind. Art. 4 GG gewährleistet das Recht, seinem Bekenntnis im politischen Prozess Wirksamkeit zu verschaffen, sodass es der religiös-weltanschaulichen Neutralität des Staates nicht entgegensteht, wenn religiös-weltanschauliche Standpunkte in die Bildung des Staatswillens einfließen.[459] Das Grundgesetz erkennt die religiösen und weltanschaulichen Interessen seiner Bürger an, sodass der Staat diese nicht missachten darf, was auch bei der Gesetzgebung gilt.[460] Vertritt die im Parlament vertretene Mehrheit einen bestimmten religiösen oder weltanschaulichen Standpunkt, so kann dieser sich auch in den Gesetzen niederschlagen. Sobald aber die Grenze des Verfassungsrechts erreicht wird, muss eine „Übersetzung“ in allgemein nachvollziehbare Gründe bzw. eine Säkularisierung dieser Motive geschehen. Mittel hierzu ist der „Klärungsprozess des politischen und verfassungsrechtlichen Diskurses“.[461] Recht kann daher „als in Normen gegossene politische Entscheidungen“ schon grundsätzlich nicht neutral sein.[462] Finden religiöse Überzeugungen auf diese Weise Eingang in die Rechtsordnung, so werden sie durch den Prozess der Transformation in Rechtsnormen „neutralisiert“ und der juridischen Sachlogik unterworfen.[463]

---

457 *Huster*, JZ 2010, S. 356. Im Übrigen wendet sich *Huster* in seiner Erwiderung vehement gegen die Andeutung *Heinigs*, JZ 2009, S. 1140, anderen Autoren mangele es an der „wissenschaftliche(n) Redlichkeit“, S. 357.

458 *Huster*, JZ 2010, S. 356.

459 *v. Campenhausen/de Wall*, Staatskirchenrecht, S. 58 f.

460 *Starck*, in: v. Mangoldt/Klein/Starck, GG, Bd. 1, Art. 4 Rn. 22.

461 *Huster*, JZ 2010, S. 356.

462 *Waldhoff*, Neue Religionskonflikte und staatliche Neutralität, S. 50. Ähnlich auch *Möllers*, VVDStRL 68 (2009), S. 56 f.

463 *Waldhoff*, Neue Religionskonflikte und staatliche Neutralität, S. 50.

Husters Ansicht, das Grundgesetz lege sich nicht auf eine offene oder ausgrenzende Ausgestaltung des Verhältnisses von Staat und Religionsgemeinschaften fest, überzeugt jedoch nicht uneingeschränkt. Die religionsverfassungsrechtlichen Normen bringen zum Ausdruck, dass der Verfassungsgeber gerade kein laizistisches Verhältnis von Staat und Kirche vor Augen hatte.[464] Das Grundgesetz enthält deutlich erkennbare Kooperationsfelder von Staat und Religion, die nicht schlichtweg ignoriert werden können. In diesem Punkt ist *Husters* Modell der Begründungsneutralität nicht zu folgen. Es steht der politischen Entscheidung nicht frei, zwischen religionsausgrenzender, laizistischer und offener Neutralität zu wählen. Die Pflicht des Staates zur religiös-weltanschaulichen Neutralität ist „nicht als eine distanzierende im Sinne einer strikten Trennung von Staat und Kirche, sondern als eine offene" Haltung zu verstehen.[465] Der Gesetzgeber ist in dieser Hinsicht an die Verfassung gebunden und darf sich nicht aus politischen Klugheitserwägungen in distanzierender Form religiösen und weltanschaulichen Überzeugungen und Lebensformen gegenüber neutral zeigen. Dies schließt jedoch eine differenzierende Ausgestaltung des Verhältnisses von Staat und Religion in den einzelnen Bundesländern nicht aus, sofern die diesbezüglichen Regelungen kein laizistisches Ausmaß erreichen.[466]

Fraglich erscheint zudem, ob die Begründungsneutralität geeignet ist, in der juristischen Praxis Fälle zu lösen und somit operabel ist. Zur praktikablen Falllösung ist es von großem Vorteil, über kurze „Formeln" verfügen zu können, anhand derer bestimmte Rechtsfragen so klar wie möglich einer Lösung zugeführt werden können. *Huster* bricht die Frage, ob staatliche Maßnahmen in ihrer Begründung und damit religiös-weltanschaulich neutral sind, auf die Prüfung herunter, ob „eine absichtliche Diskriminierung in religiös-weltanschaulicher Hinsicht" vorliegt oder nicht.[467] Diese „Kurzformel" erscheint zunächst simpel und

---

464 Vgl. hierzu oben B.I.3.b).

465 BVerfGE 108, 282, 300.

466 So BVerfGE 108, 282, 301 f. Dem „Kopftuch-Urteil" zufolge kommt den Ländern im Rahmen des Schulwesens eine umfassende Gestaltungsfreiheit bei der Ausgestaltung der religiös-weltanschaulichen Ausprägung der öffentlichen Schulen zu: „Das unvermeidliche Spannungsverhältnis zwischen positiver Glaubensfreiheit eines Lehrers einerseits und der staatlichen Pflicht zu weltanschaulich-religiöser Neutralität, dem Erziehungsrecht der Eltern sowie der negativen Glaubensfreiheit der Schüler andererseits unter Berücksichtigung des Toleranzgebots zu lösen, obliegt dem demokratischen Landesgesetzgeber, der im öffentlichen Willensbildungsprozess einen für alle zumutbaren Kompromiss zu suchen hat. (...) Dies schließt ein, dass die einzelnen Länder zu verschiedenen Regelungen kommen können, weil bei dem zu findenden Mittelweg auch Schultraditionen, die konfessionelle Zusammensetzung der Bevölkerung und ihre mehr oder weniger starke religiöse Verwurzelung berücksichtigt werden dürfen (vgl. BVerfGE 41, 29 [50 f.]; 93, 1 [22 f.])."

467 *Huster*, Der Grundsatz der religiös-weltanschaulichen Neutralität des Staates, S. 13.

damit zur Lösung von rechtlichen Konflikten geeignet; bei der praktischen Falllösung wird sich jedoch bereits die Prüfung der Absichtlichkeit einer Diskriminierung durch staatliches Handeln als problematisch erweisen.

Zudem erweist die Formel sich bei näherer Betrachtung nicht als grundlegend innovative Ausformulierung des Neutralitätsgebots, da auch das Bundesverfassungsgericht davon ausgeht, dass eine Diskriminierung einer bestimmten Religion oder Weltanschauung einen Verstoß gegen das Gebot der religiös-weltanschaulichen Neutralität darstellt.[468]

Die Konzeption des Bundesverfassungsgerichts kann überdies aus der Verfassung abgeleitet werden, da sie sich unter anderem auf das Verbot der Staatskirche aus Art. 137 Abs. 1 WRV i.V.m. Art. 140 GG stützt. Diese Norm weist nicht nur eine institutionelle, sondern auch eine ideelle Seite auf, die ein Verbot staatlicher Identifikation auch in ideeller, also nicht lediglich institutioneller Hinsicht, mit einer Religion oder Weltanschauung beinhaltet.[469] *Husters* Begründungsneutralität erfährt hingegen nicht in gleichem Ausmaße eine verfassungsrechtlich orientierte Begründung, sondern stützt sich insbesondere auf Erkenntnisse des politischen Liberalismus.

Aus diesen Gründen hat zur Lösung von Fällen die Prüfung der Einhaltung des Gebots der Nicht-Identifikation größere Überzeugungskraft.

III. Fazit

Im Hinblick auf die in der religionsverfassungsrechtlichen Literatur vorgebrachten Vorschläge einer Neujustierung des Gebots der religiösen und weltanschaulichen Neutralität mögen demnach grundsätzlich durchaus nachvollziehbare Argumente für die Konzeption der Begründungsneutralität nach *Stefan Huster* sprechen, dem zufolge der Staat bereits dann seiner Pflicht zur religiös-weltanschaulichen Neutralität nachkommt, wenn er absichtliche Diskriminierungen in religiös-weltanschaulicher Hinsicht unterlässt und sein Handeln in der Begründung neutral ist.

Allerdings ist die von ihm entwickelte Begründungsneutralität nicht in gleicher Weise operabel und zur Lösung von rechtlichen Konflikten geeignet wie die Konzeption des Neutralitätsgebots nach dem Bundesverfassungsgericht, die sich auf die Kurzformel simplifizieren lässt, dass das Neutralitätsgebot dann einge-

---

468 Vgl. dazu oben B.I.4.d).

469 Vgl. dazu bereits oben B.I.3.b). Zu den übrigen Verfassungsnormen aus der Normenkette, die das Bundesverfassungsgericht als normative Basis für das Neutralitätsgebot heranzieht vgl. oben B.I.3.

halten ist, wenn der Staat sich einer Identifikation mit einer Religion oder Weltanschauung enthält.

Daher ist dem religiös-weltanschaulichen Staat eine Förderung von Religionen und Weltanschauungen nicht verboten, wenn hierin keine Identifikation mit den geförderten Glaubensrichtungen oder Weltanschauungen liegt.[470] Ebenso ist dem Staat nach den voranstehenden Ausführungen die Vermittlung von Werten nicht verwehrt, da dem Grundgesetz keine Pflicht zur Indifferenz gegenüber Werten immanent ist.[471] Sofern in der Wertvermittlung keine „Wertdiktatur"[472] bzw. Wertidentifikation liegt, ist dem Staat dies auch im Hinblick auf seine Verpflichtung auf religiöse und weltanschauliche Neutralität verfassungsrechtlich möglich.

Aufgrund dieser Erkenntnisse soll im nachfolgenden Abschnitt untersucht werden, inwieweit der Staat eine Pflege seiner „Voraussetzungen" betreiben kann.[473] Hierbei wird geprüft, ob der Staat sich in Übereinstimmung mit dem „*Böckenförde*-Diktum" auf eine schützende und stützende Rolle im Verhältnis zu den religiösen und weltanschaulichen Kräften in der Gesellschaft beschränken muss[474] oder ob er darüber hinaus auch denjenigen gesellschaftlichen Kräften eine verstärkte Förderung zukommen lassen kann, die dem Gemeinwohl zuträglich erscheinen.

---

470 B.I.4.b).

471 B.I.4.c).

472 *Schwarz*, Das christlich-abendländische Fundament des Grundgesetzes als Topos der Verfassungsinterpretation, S. 433.

473 Vgl. unten C.

474 *Böckenförde*, „Der freiheitliche säkularisierte Staat…", S. 20; *ders.*, Der säkularisierte Staat, S. 31.

C. Möglichkeiten der Pflege der „Voraussetzungen" des Staates unter Berücksichtigung der religiös-weltanschaulichen Neutralität am Beispiel der Werterziehung in der öffentlichen Schule

Dem Staat stehen zur Pflege seiner „Voraussetzungen" im Sinne des „*Böckenförde*-Diktums" verschiedene Möglichkeiten zur Verfügung. Der Staat kann zunächst eine Förderung von Religions- und Weltanschauungsgemeinschaften betreiben und hierdurch die ethischen Überzeugungen seiner Bürger unterstützen.[475]

Ebenso kann der Staat durch finanzielle Förderung das Eigenleben von Lebensordnungen wie Familien, Vereinen oder Parteien kräftigen, um das Gemeinschaftsgefüge der Gesellschaft zu stärken.[476]

Daneben kann der Staat durch eine strikte Integrationspolitik Anforderungen aufstellen, die Migranten erfüllen müssen, um dauerhaft Teil der hiesigen Aufnahmegesellschaft werden zu können.[477] Diese Mindestanforderungen können ebenfalls dem Zusammenhalt der Gesellschaft zuträglich sein, da diejenigen, die die Voraussetzungen nicht erfüllen, den gesellschaftlichen Zusammenhalt gefährden könnten.

Außerdem kann der Staat den Versuch unternehmen, die Bürger durch die zwangsweise Durchsetzung von Normen – etwa durch Strafverfolgung[478] – zur Einhaltung der einfachen Rechtsordnung zu veranlassen. Die Durchsetzung der Normen mit Zwangsmitteln darf allerdings nicht zum Regelfall werden; der Staat muss vielmehr dafür Sorge tragen, dass die Rechtsordnung freiwillig befolgt wird, weil die Staatsbürger die ihnen zugrunde liegenden Wertvorstellungen teilen.[479]

---

475 Zur Problematik der staatlichen Förderung von Religionsgemeinschaften vgl. etwa die ausführliche Darstellung bei *Droege*, Staatsleistungen an Religionsgemeinschaften im säkularen Kultur- und Sozialstaat m.w.N. Zu den Voraussetzungen der Verleihung des Körperschaftsstatus vgl. *Heinig*, Öffentlich-rechtliche Religionsgesellschaften m.w.N.

476 *Zippelius*, Allgemeine Staatslehre, § 7 III 3.

477 So weist das Bundesministerium des Innern etwa darauf hin, dass keine Gesellschaft eine innere Spaltung, die auf kulturellen Trennungen beruhe, auf Dauer aushalten könne, vgl. Bundesministerium des Innern, Migration und Integration. Aufenthaltsrecht, Migrations- und Integrationspolitik in Deutschland, S. 54.

478 So etwa *Häberle*, Verfassungsprinzipien als Erziehungsziele, S. 219.

479 *Niehues/Rux*, Schulrecht, Rn. 140.

Demnach sind mehrere Betätigungsfelder des Staates denkbar, auf denen er auf eine Grundübereinstimmung der ethischen Überzeugungen seiner Bürger hinwirken kann.

Besonders geeignet als Ort der Pflege der „Voraussetzungen" des Staates erscheint der Unterricht in den öffentlichen Schulen.[480] In der Bundesrepublik Deutschland gilt die allgemeine Schulpflicht, welche in der Regel mit dem 6. Lebensjahr beginnt und elf bis zwölf Jahre andauert,[481] sodass die Schüler einen Großteil der Zeit in der Schule verbringen, die demnach eine prägende Rolle bei ihrer persönlichen Entwicklung einnimmt. Die essentiellen Grundsteine für die Ausbildung der sozialen Fähigkeiten werden im Rahmen der menschlichen Entwicklung in den ersten beiden Lebensjahrzehnten gelegt.[482] Demzufolge stellt die öffentliche Schule neben den Eltern einen wichtigen Faktor bei der Erziehung der Kinder dar und für den Staat bietet sich gerade im Schulunterricht eine Einwirkungsmöglichkeit auf die ethischen Überzeugungen seiner Bürger. Auch *Böckenförde* selbst hat die Aufgabe der Schule bei der Vermittlung dessen betont, „was die Gemeinsamkeit, die tragende Grundlage und die von innen her regulierende Kraft für das Zusammenleben der Gesellschaft und in der Gesellschaft ausmacht".[483]

Daher soll im Folgenden untersucht werden, welche Rahmenbedingungen der Staat bei der Einwirkung auf die ethischen Überzeugungen der Schüler im Schulunterricht in der öffentlichen Schule beachten muss. Inwieweit der Staat hierbei eine Pflege seiner „Voraussetzungen" betreiben kann, indem er den Schülern in der Schule gemeinwohldienliche Werte vorstellt und darüber hinaus auch als verbindlich präsentiert, ist am Gebot der religiös-weltanschaulichen Neutralität zu messen. Bei der Prüfung dieser Fragen wird die unter B. ausgearbeitete Konzeption religiös-weltanschaulicher Neutralität zugrunde gelegt. Des Weiteren erfolgt in diesem Abschnitt der Ausarbeitung eine Darstellung der Zulässigkeit eines Schulgebets sowie der Anbringung religiös-weltanschaulicher Symbole in Schulräumen. Abschließend werden die verfassungsrechtlichen Voraussetzungen der organisatorischen Ausgestaltung eines Ethikunterrichts in der öffentlichen Schule dargestellt sowie der Religionsunterricht gemäß Art. 7

---

480 So etwa auch *Hufen*, Diskussionsbeitrag, VVDStRL 54 (1994), S. 129; *Starck*, Freiheitlicher Staat und staatliche Schulhoheit, S. 9.

481 Vgl. dazu etwa § 35 SchulG NRW.

482 *Thiel*, Der Erziehungsauftrag des Staates in der Schule, S. 17.

483 *Böckenförde*, Diskussionsbeitrag, VVDStRL 54 (1994), S. 125. *Böckenförde* hat überdies auch in jüngster Zeit darauf hingewiesen, dass die „permanente Vernachlässigung des staatlichen Erziehungsauftrags" einer vertieften Beleuchtung würdig sei, vgl. *Böckenförde/Gosewinkel*, Wissenschaft, Politik, Verfassungsgericht, S. 432.

Abs. 3 GG als weitere Möglichkeit des Staates zur Förderung seiner „Voraussetzungen" vorgestellt.

I. Der staatliche Erziehungsauftrag

Fraglich ist, ob dem religiös-weltanschaulich neutralen Staat im Rahmen des Schulunterrichts die Vermittlung von Werten möglich ist, die der Pflege seiner „Voraussetzungen" zuträglich sind. Um im Schulunterricht eine Werterziehung vornehmen zu können, muss dem Staat zunächst ein Recht zu einer solchen Erziehung der Schüler zukommen.

Das Recht des Staates zur Erziehung der Schüler in der öffentlichen Schule könnte sich aus Art. 7 Abs. 1 GG ergeben. Gemäß Art. 7 Abs. 1 GG steht das gesamte Schulwesen unter der Aufsicht des Staates.[484] Hiervon betroffen sind Schulen aller Art und jeder Trägerschaft.[485] Die Schulaufsicht im Sinne dieser Verfassungsnorm umfasst nach dem Bundesverfassungsgericht „die Befugnis des Staates zur Planung und Organisation des Schulwesens mit dem Ziel, ein Schulsystem zu gewährleisten, das allen jungen Bürgern gemäß ihren Fähigkeiten die dem heutigen gesellschaftlichen Leben entsprechenden Bildungsmöglichkeiten eröffnet."[486]

Nach allgemeiner Ansicht bildet Art. 7 Abs. 1 GG darüber hinaus aber auch die Grundlage einer umfassenden staatlichen Schulhoheit, die nicht nur die äußere Organisation des Schulwesens, sondern auch den staatlichen Erziehungsauf-

484 Art. 7 Abs. 1 GG wurde fast unverändert aus der Weimarer Reichsverfassung übernommen. Die Weimarer Nationalversammlung intendierte mit der Schaffung des Art. 144 Abs. 1 WRV nicht in erster Linie die Begründung der staatlichen Schulhoheit, sondern zielte vielmehr darauf ab, die religiös-weltanschauliche Neutralität des Schulwesens abzusichern, indem die staatliche Schulhoheit die bis dato in den meisten Ländern übliche Delegation der Aufsichtsbefugnisse auf kirchliche Institutionen beenden sollte, vgl. *Jach*, Schulvielfalt als Verfassungsgebot, S. 19. Art. 7 Abs. 1 GG kann demnach als Versuch der Absicherung der religiös-weltanschaulichen Neutralität des Staates verstanden werden, vgl. *Niehues/Rux*, Schulrecht, Rn. 670.

485 *Badura*, in: Maunz/Dürig, GG, Art. 7 Rn. 49. Dem Schulbegriff i.S.d. Art. 7 GG unterfallen nur staatlich veranstaltete Erziehungs-, Unterrichts- und Bildungsbereiche. Nicht erfasst werden demnach etwa Abendkurse, Arbeitsgemeinschaften, Lehrgänge, Nachhilfe und Vortragsreihen. „Schule i.S.d. Art. 7 GG ist im Regelfall eine auf Dauer eingerichtete Unterrichtsstätte, in der unabhängig vom Wechsel der Unterrichtenden und zu Unterrichtenden auf der Grundlage der Schulpflicht und/oder im Hinblick auf einen staatlich anerkannten Abschluss allgemein- oder berufsbildender Unterricht erteilt wird", vgl. *Gröschner*, in: Dreier, GG, Bd. 1, Art. 7 Rn. 28. Auch Privatschulen unterliegen der staatlichen Schulaufsicht: Genehmigungsfähig sind sie nur dann, wenn ihre Lernziele und die Ausbildung der Lehrkräfte denen öffentlicher Schulen gleichwertig sind, vgl. Art. 7 Abs. 4 GG.

486 BVerfGE 59, 360, 377.

trag beinhaltet.[487] Dies bedeutet, dass zum staatlichen Gestaltungsbereich neben der angeführten organisatorischen Gliederung der Schule ebenso das „inhaltliche und didaktische Programm der Lernvorgänge und das Setzen der Lernziele" gehört.[488] Ziel der Schule ist es, den einzelnen Schüler zu einem selbstverantwortlichen Mitglied der Gesellschaft heranzubilden.[489]

Die Reichweite des staatlichen Erziehungsauftrags ist allerdings umstritten. Es wird die Ansicht vertreten, dass dem Staat eine Vermittlung von religiös-weltanschaulichen Positionen nicht erlaubt sei und ihm in der öffentlichen Schule ausschließlich eine Befugnis zur Vermittlung von Wissen und Fertigkeiten zukomme.[490]

Zu der Frage, ob der Staat über die Vermittlung von Wissen und Fertigkeiten hinaus auch zur Vermittlung von religiös-weltanschaulichen Werten befugt ist, ist zunächst festzuhalten, dass der Staat bei der Ausübung seines Erziehungsauftrags als „Veranstalter" des Schulunterrichts bei der inhaltlichen Gestaltung desselben an das Gebot der religiös-weltanschaulichen Neutralität gebunden ist.[491] Demzufolge sind insbesondere solche Unterrichtsinhalte an der staatlichen Verpflichtung zu religiös-weltanschaulicher Neutralität zu messen, die einen Bezug zu religiösen und weltanschaulichen Fragen aufweisen. Ein solcher religiös-

---

487 So etwa *v. Campenhausen*, Erziehungsauftrag und staatliche Schulträgerschaft, S. 21 ff.; *Dittmann*, VVDStRL 54 (1995), S. 47 ff.; *Schmitt-Kammler/Thiel*, in: Sachs, GG, Art. 7 Rn. 16 ff. Vgl. zu Art. 7 Abs. 1 GG als für den Erziehungsauftrag konstitutive Norm auch die ausführliche Darstellung bei *Thiel*, Der Erziehungsauftrag des Staates in der Schule, S. 61 ff. m.w.N. Zu einer überwiegenden Übereinstimmung in der Frage der Bejahung eines staatlichen Erziehungsauftrags hat die Staatsrechtslehrertagung im Jahre 1994 geführt, vgl. hierzu *Gröschner*, in: Dreier, GG, Bd. 1, Art. 7 Rn. 46 m.w.N. In dieser Arbeit wird der Begriff des Erziehungsauftrags verwendet. Es sei aber darauf hingewiesen, dass oft synonym auch der Begriff des staatlichen Bildungsauftrags verwendet wird. Dies wird auch vom Bundesverfassungsgericht so gehandhabt, da der Bedeutungsinhalt der Begriffe „Bildung" und „Erziehung" nur schwer zu unterscheiden sei, vgl. BVerfG NJW 1990, S. 54. Vgl. auch *Gröschner*, in: Dreier, GG, Bd. 1, Art. 7 Rn. 42 m.w.N.

488 St. Rspr., vgl. etwa BVerfGE 34, 165, 182; 45, 400, 415.

489 BVerfGE 47, 46, 71 f.

490 So etwa *Schmitt-Kammler/Thiel*, in: Sachs, GG, Art. 7 Rn. 22 ff. Vgl. zur Reichweite des staatlichen Erziehungsauftrags insbesondere C.II.3.

491 Für den gesellschaftlich-politischen Bereich der Unterrichtsinhalte setzen darüber hinaus das Demokratieprinzip sowie das Grundrecht der Meinungsfreiheit aus Art. 5 Abs. 1 GG der weltanschaulichen Erziehung der Schüler eine Grenze, da sie eine einseitige politische Indoktrinierung der Schüler verbieten, vgl. hierzu etwa *Bothe*, VVDStRL 54 (1995), S. 30. Anders ist dies bei der inhaltlichen Gestaltung des Religionsunterrichts gemäß Art. 7 Abs. 1 S. 2 GG zu beurteilen, da dieser in Übereinstimmung mit den Grundsätzen der Religionsgemeinschaften zu erteilen ist und daher im Rahmen dieses Unterrichts eine bekenntnisgebundene religiöse Unterweisung stattfinden kann, ohne dass hierin ein Verstoß gegen das Gebot der religiös-weltanschaulichen Neutralität des Staates zu sehen ist. Vgl. zum Religionsunterricht unten C.V.

weltanschaulicher Bezug wird bei Werten, die den Aufbau eines ethischen Grundkonsenses in der Gesellschaft unterstützen sollen, oftmals gegeben sein. Strebt der Staat aber eine Pflege seiner „Voraussetzungen" an, indem er seinen Bürgern „von Kindesbeinen an" gemeinwohlzuträgliche Werte und Überzeugungen nahe legt, so darf hierin keine Identifikation des Staates mit einer bestimmten religiösen oder weltanschaulichen Position zu sehen sein.[492]

Inwieweit der Staat seinem Erziehungsauftrag aus Art. 7 Abs. 1 GG nachkommen kann, ist in Abhängigkeit von der Vereinbarkeit der jeweils betroffenen Unterrichtsinhalte mit der staatlichen Verpflichtung zu religiös-weltanschaulicher Neutralität festzustellen, die im Folgenden untersucht wird. Mittels welcher inhaltlichen Unterrichtsgestaltung der Staat das schulische Ziel, den einzelnen Schüler zu einem selbstverantwortlichen und gemeinwohlorientierten Mitglied der Gesellschaft heranzubilden, verfolgen kann, ist demnach Untersuchungsgegenstand des folgenden Abschnitts.

II. Erziehungsziele in den Landesverfassungen gemessen an der religiös-weltanschaulichen Neutralität des Staates

Zunächst sind die rechtlichen Reglementierungen zu untersuchen, aus denen sich Rahmenbedingungen für die inhaltliche Gestaltung des Schulunterrichts ergeben. Der Kompetenzordnung des Grundgesetzes zufolge sind für das Schulwesen die Länder zuständig, sodass diese bei der Gestaltung der Unterrichtsgegenstände und Erziehungsprinzipien weitgehend frei sind.

1. Grundgesetzliche Maßstäbe bei der inhaltlichen Festlegung von Erziehungsinhalten

Die Gestaltungsfreiheit der Länder ist daher nur insoweit eingeschränkt, als ihr möglicherweise übergeordnete Normen des Grundgesetzes Grenzen setzen.[493]

Das Grundgesetz beinhaltet in seinem Grundrechtsteil sowie im Rahmen anderer verfassungsrechtlicher Grundentscheidungen Maßstäbe in Bezug auf die inhaltliche Orientierung des schulischen Erziehungsauftrags.[494] Das Grundgesetz

---

492 Zur in dieser Untersuchung herausgearbeiteten Konzeption des Gebots der religiös-weltanschaulichen Neutralität vgl. oben B.III.

493 BVerfGE 6, 309, 354; 34, 165, 181.

494 *Dittmann*, VVDStRL 54 (1995), S. 59.

setzt hierbei jedoch lediglich einen „Orientierungsrahmen“,[495] innerhalb dessen sich die Länder bei der Gestaltung von Erziehungsinhalten zu bewegen haben.

Das höchste Leitziel bei der Erziehung der Schüler ist dem Grundrecht auf freie Entfaltung der Persönlichkeit aus Art. 2 Abs. 1 GG zu entnehmen, wonach der Staat verpflichtet ist, den Schülern im Rahmen des Schulunterrichts die Möglichkeit zu erhalten, zu einer kritischen und selbstbestimmten Person heranzureifen.[496] Bei der schulischen Erziehung ist es dem Staat also nicht erlaubt, „die verfassungsrechtlich gewährleistete Fülle individueller Verwirklichungsmöglichkeiten auf ein staatlich determiniertes Persönlichkeitsprofil zu verkürzen“.[497] Der Staat darf den Schülern folglich nur die Mittel zur freien Selbstentfaltung an die Hand geben, indem er ihnen in der Schule Kenntnisse, Fähigkeiten und Fertigkeiten vermittelt. Die tatsächliche persönliche Entwicklung der Schüler muss jedoch individuell erfolgen können, sodass der Staat sie nicht zu „prototypischen“ Bürgern erziehen darf. Inwieweit dies bei der persönlich-weltanschaulichen Erziehung gilt, ist noch zu prüfen.[498]

Eine weitere grundgesetzliche Orientierungslinie bei der Festsetzung von Unterrichtsinhalten bildet das elterliche Erziehungsrecht gemäß Art. 6 Abs. 2 S. 1 GG, dem zufolge Pflege und Erziehung der Kinder das natürliche Recht der Eltern und die zuvörderst ihnen obliegende Pflicht ist: Die Eltern haben den Gesamtplan für die Erziehung der Kinder aufzustellen und bestimmen ihren Bildungsweg.[499] Die elterliche Erziehungsgewalt umfasst hierbei etwa die Entscheidung über die Teilnahme am Religionsunterricht, die Einstellung zum politischen Leben und den Prozess der Berufswahl.[500] Der staatliche Erziehungsauftrag ist dem Erziehungsrecht der Eltern nicht aber nach-, sondern gleichgeordnet.[501] Die Erziehung der Schüler stellt demnach eine gemeinsame Aufgabe von Eltern und Staat dar, die sich daher aufeinander abstimmen und zusammenarbeiten müssen.

---

495 *Dittmann*, VVDStRL 54 (1995), S. 60.

496 *Dittmann*, VVDStRL 54 (1995), S. 57, in Anknüpfung an BVerfGE 47, 46, 71 f. Nach diesem Urteil hat der Erziehungsauftrag des Staates auch zum Inhalt, „das einzelne Kind zu einem selbstverantwortlichen Mitglied der Gesellschaft heranzubilden“. Vgl. auch *Evers*, Die Befugnis des Staates zur Festlegung von Erziehungszielen in der pluralistischen Gesellschaft, S. 129.

497 *Evers*, Die Befugnis des Staates zur Festlegung von Erziehungszielen in der pluralistischen Gesellschaft, S. 129.

498 Vgl. unten C.II.3.

499 BVerfGE 34, 155, 183 f.; 59, 360, 380. Vgl. zum Elternrecht auch etwa *Böckenförde*, Elternrecht – Recht des Kindes – Recht des Staates, S. 54 ff.

500 *Evers*, Die Befugnis des Staates zur Festlegung von Erziehungszielen in der pluralistischen Gesellschaft, S. 131.

501 BVerfGE 34, 155, 183.

Mithin geben das Grundrecht auf freie Entfaltung der Persönlichkeit aus Art. 2 Abs. 1 GG sowie das elterliche Erziehungsrecht aus Art. 6 Abs. 2 S. 1 GG den Ländern bei der inhaltlichen Ausgestaltung des Schulunterrichts grundgesetzliche Orientierungslinien vor, die sie neben der staatlichen Verpflichtung zu religiös-weltanschaulicher Neutralität bei der Festsetzung von Unterrichtsinhalten zu beachten haben.

2. Erziehungsziele in den Landesverfassungen

Außer in den Verfassungen der Länder Berlin, Hamburg, Niedersachsen und Schleswig-Holstein finden sich in allen Landesverfassungen verschiedene Grundvorschriften über Bildung, Erziehung und Schule, die unter anderem auch Bildungs- und Erziehungsziele enthalten: Sie bestimmen die staatliche Erziehungstätigkeit in der Schule in inhaltlicher Hinsicht und schränken sie ein.[502] Erziehungsziele beschreiben den Idealzustand psychischer Dispositionen des einzelnen Schülers; sie sollen ihn „bei der eigenen Auswahl der Handlungsformen prägen, ihm aber nicht einzelne Handlungen vorschreiben".[503]

---

502 *Thiel*, Der Erziehungsauftrag des Staates in der Schule, S. 90 ff. Vgl. auch die Bestandsaufnahme zu den Erziehungszielen in den Verfassungen der Länder bei *Evers*, Die Befugnis des Staates zur Festlegung von Erziehungszielen in der pluralistischen Gesellschaft, S. 34 ff., sowie bei *Thiel*, Der Erziehungsauftrag des Staates in der Schule, S. 45 ff.

503 *Gibis*, Wertorientierte Erziehung im öffentlichen Schulwesen, S. 53. Vgl. zu Erziehungszielen aus pädagogischer Sicht auch etwa *Brezinka*, Erziehungsziele, Erziehungsmittel, Erziehungserfolg. Im Gegensatz zu den vorgenannten Landesverfassungen sind im Grundgesetz keine ausdrücklichen Erziehungsziele normiert; die Verfassung gibt lediglich Maßstäbe bei der inhaltlichen Festlegung von Erziehungsinhalten vor, vgl. oben C.II.1. A.A. *Häberle*, Erziehungsziele und Orientierungswerte im Verfassungsstaat, S. 71 ff.; *ders*., Verfassungsprinzipien als Erziehungsziele, S. 211 ff. *Häberle* geht davon aus, dass eine „pädagogische Verfassungsinterpretation" stattfinden müsse. Dies bedeute die Erarbeitung des sozialethischen Hintergrundes an Verfassungsnormen, die zu einer Aufdeckung pädagogischer Gehalte der Verfassungen führe und nicht nur durch den Verfassungsjuristen, sondern auch durch Pädagogen erfolgen solle. Diese Ansicht überzeugt jedoch nicht, da sie der „bundesstaatlich gewollten Vielfalt im Bildungswesen" entgegensteht, wonach es Aufgabe der Länder ist, die Erziehungsziele inhaltlich festzulegen, vgl. *Dittmann*, VVDStRL 54 (1995), S. 59 f. *H. Heckel* zufolge sind die in Art. 148 WRV festgesetzten Erziehungsziele, welche auch noch unter der Geltung des Grundgesetzes zu beachten seien, bei der Interpretation des Grundgesetzes heranzuziehen, vgl. *H. Heckel*, DÖV 1950, S. 2. Auch diese Ansicht vermag nicht zu überzeugen, da Art. 148 WRV bei der Interpretation des Grundgesetzes wenn überhaupt nur einen Anhaltspunkt bieten kann, vgl. *Thiel*, Der Erziehungsauftrag des Staates in der Schule, S. 89.

a) Rechtsverbindlichkeit der landesverfassungsrechtlichen Erziehungsziele

Die landesverfassungsrechtlichen Vorgaben sind unmittelbar geltendes Recht und damit rechtsverbindlich.[504] Die in den Landesverfassungen normierten Erziehungsziele sind als Dispositionsnormen zu qualifizieren; das bedeutet, dass sie den Sollzustand psychischer Dispositionen, i.e. „mögliche konkrete Erlebnis- und Verhaltensweisen des Schülers", verbindlich festlegen.[505] Dispositionsnormen sind sodann durch Prozessnormen zu konkretisieren, da sie den Normadressaten verpflichten, „die zur Zielerreichung erforderlichen und geeigneten Mittel auszuwählen und anzuwenden", wobei die konkrete Auswahl der Mittel jedoch nicht bestimmt wird.[506]

Die Vorgaben der Landesverfassung richten sich also an den einfachen Gesetzgeber, der sie bei der Gesetzgebung zu berücksichtigen und in größtmöglichem Maße zu fördern hat; die schulgesetzlich definierten Erziehungsziele müssen wiederum bei Erlass von Rechtsverordnungen und Verwaltungsvorschriften beachtet werden.[507] Schließlich müssen sich die Lehrkräfte bei ihrer Unterrichtstätigkeit an diesen Erziehungszielen orientieren.[508]

b) Inhaltliche Aussagen der landesverfassungsrechtlichen Erziehungsziele

Im Hinblick auf die Technik der Regelungen sowie die inhaltlichen Aussagen sind die Landesverfassungen nicht einheitlich.[509] Art. 131 Abs. 1 der Bayerischen

504 *Dittmann*, VVDStRL 54 (1995), S. 61; *Thiel*, Der Erziehungsauftrag des Staates in der Schule, S. 93. Krit. zur Festsetzung von Erziehungszielen durch das Recht *Roellecke*, Zum Verhältnis von Recht und Erziehung, S. 342 ff., mit dem Hinweis auf die jeweilige Autonomie von Recht und Erziehung, weshalb das Recht die Erziehung nicht steuern könne. Dieser Ansicht ist jedoch nicht zuletzt entgegenzuhalten, dass die landesverfassungsrechtlichen Regelungen bindendes Verfassungsrecht sind, solange sie nicht mit Bundesrecht unvereinbar sind, vgl. *Thiel*, Der Erziehungsauftrag des Staates in der Schule, S. 93.

505 *Evers*, Die Befugnis des Staates zur Festlegung von Erziehungszielen in der pluralistischen Gesellschaft, S. 120 ff. m.w.N.

506 *Evers*, Die Befugnis des Staates zur Festlegung von Erziehungszielen in der pluralistischen Gesellschaft, S. 121. Zur Problematik der Unbestimmtheit von Dispositionsnormen vgl. dort S. 125.

507 *Niehues/Rux*, Schulrecht, 701.

508 *Pieroth*, DVBl. 1994, S. 954.

509 So auch *Evers*, Die Befugnis des Staates zur Festlegung von Erziehungszielen in der pluralistischen Gesellschaft, S. 35, der daher von einem „kaleidoskopischen Eindruck" spricht. Vgl. die überblicksartigen Darstellungen über die landesverfassungsrechtlichen Erziehungsziele bei *Evers*, Die Befugnis des Staates zur Festlegung von Erziehungszielen in der pluralistischen Ge-

Verfassung bestimmt aber, dass die Schulen nicht nur Wissen und Können vermitteln, sondern darüber hinaus auch „Herz und Charakter" bilden sollen. Dieser Gedanke wird in den übrigen Landesverfassungen, die Erziehungsziele enthalten, aufgegriffen. Ziel der Erziehung ist daher nicht nur die ausschließliche Vermittlung von Bildung, was eine reine Wissens- und Fertigkeitenvermittlung bedeuten würde. Die Schüler sollen in der Schule den landesverfassungsrechtlichen Erziehungszielen zufolge auch in persönlich-weltanschaulicher Hinsicht erzogen werden. In der Landesverfassung des Landes Nordrhein-Westfalen heißt es daher:

> „Die Jugend soll erzogen werden im Geiste der Menschlichkeit, der Demokratie und der Freiheit, zur Duldsamkeit und zur Achtung vor der Überzeugung des anderen, zur Verantwortung für Tiere und die Erhaltung der natürlichen Lebensgrundlagen, in Liebe zu Volk und Heimat, zur Völkergemeinschaft und Friedensgesinnung."[510]

In den Landesverfassungen, die Erziehungsziele beinhalten, finden sich zum Teil mit diesen übereinstimmende oder ähnliche Formulierungen. Haupterziehungsziel ist in manchen Bundesländern die Erziehung zu einer Person, die durch Ehrfurcht vor Gott geprägt ist.[511] In den übrigen Bundesländern stellt die Erziehung zu einer sittlichen oder verantwortlichen Persönlichkeit das höchste Ziel der Erziehung dar.[512]

Um einen Überblick über die verschiedenen landesverfassungsrechtlichen Erziehungsziele zu schaffen, hat die Kultusministerkonferenz mit Beschluss vom 25.5.1973[513] allgemeine Erziehungsziele der Schule festgelegt, die sie aus den übereinstimmend in den Landesverfassungen genannten Erziehungszielen herausgefiltert hat:

> „Die Schule soll
>
> – Wissen, Fertigkeiten und Fähigkeiten vermitteln,
> – zu selbstständigem kritischem Urteil, eigenverantwortlichen Handeln und schöpferischer Tätigkeit befähigen,
> – zu Freiheit und Demokratie erziehen,
> – friedliche Gesinnung im Geist der Völkerverständigung wecken,
> – ethische Normen sowie kulturelle und religiöse Werte verständlich machen,
> – die Bereitschaft zu sozialem Handeln und zu politischer Verantwortlichkeit wecken,

---

sellschaft; *Häberle*, Verfassungsprinzipien als Erziehungsziele, S. 213 f., sowie *Thiel*, Der Erziehungsauftrag des Staates in der Schule, S. 45 ff.

510 Art. 7 Abs. 2 Verf NRW.

511 Art. 12 Abs. 1 Verf BW; Art. 131 Abs. 2 Verf BY; Art. 7 Abs. 1 Verf NRW; Art. 33 RhPfVerf; Art. 30 SVerf.

512 Vgl. etwa Art. 56 Abs. 4 Verf HE.

513 Vgl. „Zur Stellung des Schülers in der Schule" (Beschluss der KMK vom 25.5.1973), abgedr. in: Sammlung der Beschlüsse der KMK, Beschluss-Nr. 824.

– zur Wahrnehmung von Rechten und Pflichten in der Gesellschaft befähigen,
– über die Bedingungen der Arbeitswelt orientieren.“

Aus den Landesverfassungen können demnach trotz ihrer Diversität verschiedene Gruppen von Erziehungszielen abstrahiert werden. Zu den Gruppen von Erziehungszielen zählen zum Einen die Heranbildung allgemeiner Persönlichkeitsmerkmale wie Selbstbeherrschung, berufliche Tüchtigkeit oder politische Verantwortung. Zum Anderen geht es aber auch um die Herausbildung einer „staatsbürgerlichen Gesinnung“ sowie die Erziehung zu „Bürgertugenden“.[514] Schließlich ist die Gruppe der Erziehungsziele zu nennen, die sich mit ethischen Normen sowie religiösen und kulturellen Werten befasst.

Manche Erziehungsziele verfolgen ausschließlich das Ziel der Bildung der Schüler, wenn eine ausschließliche Wissens- und Fertigkeitenvermittlung angesprochen wird.

Darüber hinaus finden sich aber auch Erziehungsziele, welche der Heranbildung staatsbürgerlicher Fähigkeiten dienen sollen. Ziele der Erziehung sind hier die Beachtung der Verfassungsprinzipien sowie die Einhaltung der einfachen Rechtsordnung durch die Schüler. Bereits in diesem Bereich der Erziehung können möglicherweise Bezüge zu religiösen und weltanschaulichen Überzeugungen auftreten.[515]

Eine weitere Gruppe der landesverfassungsrechtlichen Erziehungsziele ist in denjenigen Zielen zu sehen, die die persönlich-weltanschauliche Erziehung der Schüler betreffen. Sie beinhalten zunächst die individuelle Ausformung der Persönlichkeit des Kindes im Hinblick auf seine mitmenschlichen Fähigkeiten. Sofern der staatliche Unterricht „ethische Normen sowie kulturelle und religiöse Werte verständlich“ machen soll, liegen insbesondere hier Berührungspunkte mit religiös-weltanschaulich sensiblen Unterrichtsinhalten vor, sodass der Staat vor allem in diesem Bereich auf die Einhaltung seiner Verpflichtung zur religiös-weltanschaulichen Neutralität achten muss. Die Bindungswirkung der landesverfassungsrechtlichen Erziehungsziele kann jedoch nur insoweit Gültigkeit entfalten, als die Ziele nicht mit dem Grundgesetz kollidieren.[516]

In der folgenden Darstellung werden die vorgenannten Erziehungsziele jeweils gesondert auf ihre Vereinbarkeit mit der staatlichen Verpflichtung zu religiös-weltanschaulicher Neutralität überprüft. Der Fokus der nachfolgenden Dar-

514 Nach der Tabelle von *Evers*, Verfassungsrechtliche Determinanten der inhaltlichen Gestaltung der Schule, S. 131.

515 Vgl. hierzu C.II.3.b).

516 *Thiel*, Der Erziehungsauftrag des Staates in der Schule, S. 90 ff. m.w.N.

stellung liegt auf den Erziehungszielen, die der Erziehung zu bestimmten religiösen oder weltanschaulichen Werten dienen sollen.

Hierbei bezieht sich die Darstellung ausschließlich auf christliche Gemeinschaftsschulen sowie auf Gemeinschaftsschulen ohne christliche Bezüge. Neben diesen gibt es Bekenntnisschulen, in denen Schüler des gleichen religiösen Bekenntnisses unterrichtet werden und der gesamte Unterricht „im Geist des Bekenntnisses" erteilt wird.[517] In Bekenntnisschulen sind religiös-weltanschauliche Bezüge nicht nur im Rahmen des Religionsunterrichts, sondern auch in den übrigen Schulfächern möglich, sodass die Möglichkeit des Staates, im dortigen Unterricht religiös-weltanschauliche Bezüge zu setzen, nicht in gleichem Maße einer näheren Untersuchung bedarf.

Anders liegt es bei den Gemeinschaftsschulen: Hier hat der Staat bei der inhaltlichen Gestaltung des Unterrichts seine Verpflichtung zur religiös-weltanschaulichen Neutralität zu beachten. Dies gilt ebenso für die christliche Gemeinschaftsschule, da auch sie keine missionarische Schule ist, in der die christlichen Glaubensinhalte als verbindlich dargestellt werden können.[518] Die christliche Gemeinschaftsschule zeichnet sich zwar durch Offenheit für die christlichen Bekenntnisse aus, muss sich aber gleichermaßen offen auch für andere Religionen und Weltanschauungen zeigen.[519]

3. Die Reichweite des staatlichen Erziehungsauftrags gemäß Art. 7 Abs. 1 GG – Öffnung des Schulunterrichts für religiös-weltanschauliche Bezüge

a) Religiös-weltanschauliche Bezüge im Schulunterricht

Der Staat ist gemäß seinem Erziehungsauftrag aus Art. 7 Abs. 1 GG zunächst berechtigt, den Schülern Wissen und Fertigkeiten zu vermitteln, welche keinen Bezug zu religiösen oder weltanschaulichen Fragen aufweisen.[520] Hierbei gilt es bei der aus praktischen Gründen erforderlichen Beschränkung auf bestimmte Fakten allerdings zu beachten, dass die Auswahl des zu behandelnden Unterrichtsstoffes

517 *Avenarius/Füssel*, Schulrecht, S. 129.

518 *Niehues/Rux*, Schulrecht, Rn. 556.

519 *Avenarius/Füssel*, Schulrecht, S. 128. Vgl. auch BVerfGE 41, 29, 52: „Die Bejahung des Christentums in den profanen Fächern bezieht sich in erster Linie auf die Anerkennung des prägenden Kultur- und Bildungsfaktors, wie er sich in der abendländischen Geschichte herausgebildet hat, nicht auf die Glaubenswahrheit, und ist damit auch gegenüber dem Nichtchristen durch das Fortwirken geschichtlicher Gegebenheiten legitimiert."

520 BVerfGE 47, 46, 75.

– etwa im Schulfach „Geschichte“ oder bei der im Deutschunterricht zu besprechenden Literatur – „verzerrungsfrei“ erfolgt, sodass der exemplarische Charakter des im Schulunterricht dargestellten Bereiches deutlich wird und hierin keine Wertung zu sehen ist.[521]

Dem staatlichen Erziehungsauftrag gemäß Art. 7 Abs. 1 GG zufolge soll die Schule den Schüler allerdings zu einem „selbstverantwortlichen Mitglied der Gesellschaft“[522] heranbilden, sodass der Schulunterricht möglicherweise nicht auf eine reine Wissensvermittlung beschränkt bleiben muss. Einer verbreiteten Ansicht zufolge ist dem Staat darüber hinaus auch im religiös-weltanschaulich sensiblen Bereich eine Unterrichtung der Schüler möglich.[523]

Hiergegen wird eingewandt, dass ein „wertehaltiger“ Unterricht, der sich mit solchen religiös-weltanschaulich sensiblen Inhalten befasst, mit der staatlichen Verpflichtung zu religiös-weltanschaulicher Neutralität nicht zu vereinen sei.[524] Eine Ausnahme stelle lediglich die „Verfassungsessenz“ dar, der in Art. 79 Abs. 3 GG umschriebene Bereich, der im Rahmen des Schulunterrichts durch den Staat werbend vermittelt werden könne.[525] Religiöse Werte und auch Erziehungsziele, „die sich eng an Glaubensinhalte bestimmter Religionsgemeinschaften anlehnen“, können dieser Ansicht zufolge im Schulunterricht nur dann Berücksichtigung finden, wenn sie in rein informierender Form dargestellt würden.[526] Dem Staat kommen nach dieser Auffassung auf dem Feld der religiösweltanschaulich sensiblen Unterrichtsinhalte keine eigenen Erziehungsziele zu.

An dieser Stelle soll zunächst die grundlegende Frage beantwortet werden, ob dem Staat im Rahmen des Unterrichts in den öffentlichen Schulen das Setzen religiös-weltanschaulicher Bezüge erlaubt ist.[527] Hierzu ist anzumerken, dass gegen eine Beschränkung der Gegenstände des Schulunterrichts auf die reine Vermittlung von Fakten und Fertigkeiten spricht, dass eine Trennung von Fakten und

---

521 *Schmitt-Kammler*, Elternrecht und schulisches Erziehungsrecht nach dem Grundgesetz, S. 34 f.

522 BVerfGE 47, 46, 71 f.

523 BVerfGE 21, 29, 44; 34, 165, 183; 47, 46, 72; *Böckenförde*, Elternrecht – Recht des Kindes – Recht des Staates, S. 82 f. Für eine Eingrenzung der Unterrichtsinhalte auf eine reine Wissensvermittlung unter Berufung auf das den Eltern vorbehaltene Erziehungsrecht jedoch *Ossenbühl*, DÖV 1977, S. 808; allerdings soll hiernach eine Vermittlung von Wertvorstellungen möglich sein, wenn sie notwendiger Annex der Wissensvermittlung sei oder Werte betroffen seien, über die ein „allgemeiner und gesicherter Konsens“ bestehe, wobei nicht deutlich wird, wie eine Feststellung erfolgen kann, über welche Werte ein Konsens besteht.

524 *Schmitt-Kammler/Thiel*, in: Sachs, GG, Art. 7 Rn. 26.

525 *Schmitt-Kammler*, Elternrecht und schulisches Erziehungsrecht nach dem Grundgesetz, S. 41; *Schmitt-Kammler/Thiel*, in: Sachs, GG, Art. 7 Rn. 28.

526 *Schmitt-Kammler/Thiel*, in: Sachs, GG, Art. 7 Rn. 28.

527 Zu der darüber hinausgreifenden Frage, ob der Staat ethisch-sittliche Gehalte nicht nur vorstellen, sondern auch als verbindlich präsentieren darf, vgl. C.II.3.c).

Wertungen in der Praxis nicht leicht vollziehbar ist, wofür insbesondere das Beispiel des Sexualkundeunterrichts angeführt werden kann, bei dem die Problematik besonders deutlich in Erscheinung tritt.[528] Des Weiteren werden die Bindungen des Landesverfassungs- bzw. des einfachen Gesetzgebers überbetont, wenn davon ausgegangen wird, dass das schulische Erziehungsmandat des Staates von jeglicher weltanschaulichen Dimension befreit sein müsse.[529]

Zudem ist anzuführen, dass das Grundgesetz dem Bundesverfassungsgericht zufolge einen „ethischen Standard" aufweist, der sich durch die „Offenheit gegenüber dem Pluralismus weltanschaulich-religiöser Anschauungen angesichts eines Menschenbildes, das von der Würde des Menschen und der freien Entfaltung der Persönlichkeit in Selbstbestimmung und Eigenverantwortung bestimmt" ist, auszeichnet.[530]

Die religiös-weltanschauliche Neutralität ist eine „offene Neutralität", Religion und Weltanschauung sind nicht aus dem öffentlichen Leben ausgeschlossen.[531] Der Staat kann Religion und Weltanschauung nicht ignorieren, er muss ihnen vielmehr im öffentlichen Raum und damit auch in der öffentlichen Schule einen Platz einräumen. Nicht durch die Vermeidung aller religiös-weltanschaulichen Bezüge in der Schule, sondern durch die Offenheit gegenüber dem Pluralismus der religiös-weltanschaulichen Anschauungen achtet der Staat die Glaubensfreiheit seiner Bürger.[532] Der Staat hat demnach „bei der Erfüllung des von Art. 7 Abs. 1 GG erteilten Erziehungsauftrages auf religiös-weltanschauliche Bezüge nicht völlig zu verzichten".[533]

Außerdem sind religiöse Bezüge aus dem Schulunterricht auch deshalb nicht wegzudenken, da ihr Fehlen zu einer Verfälschung des Bildes der Kultur führte:

---

528 *Evers*, Die Befugnis des Staates zur Festlegung von Erziehungszielen in der pluralistischen Gesellschaft, S. 113 f.

529 *Jestaedt*, in: HStR VII, § 156 Rn. 45.

530 BVerfGE 41, 29, 50.

531 Vgl. hierzu und zum Folgenden bereits oben B.I.1. sowie B.I.4.

532 BVerfGE 41, 29, 49f.

533 Vgl. auch BVerfGE 93, 1, 21 f.: „Auch ein Staat, der die Glaubensfreiheit umfassend gewährleistet und sich damit selber zu religiös-weltanschaulicher Neutralität verpflichtet, kann die kulturell vermittelten und historisch verwurzelten Wertüberzeugungen und Einstellungen nicht abstreifen, auf denen der gesellschaftliche Zusammenhalt beruht und von denen auch die Erfüllung seiner eigenen Aufgaben abhängt. Der christliche Glaube und die christlichen Kirchen sind dabei, wie immer man ihr Erbe heute beurteilen mag, von überragender Prägekraft gewesen. Die darauf zurückgehenden Denktraditionen, Sinnerfahrungen und Verhaltensmuster können dem Staat nicht gleichgültig sein. Das gilt in besonderem Maß für die Schule, in der die kulturellen Grundlagen der Gesellschaft vornehmlich tradiert und erneuert werden." Ähnlich bereits BVerfGE 34, 165, 183; 47, 46, 72. Vgl. auch BVerwGE 107, 75 ff., wonach Art. 7 Abs. 1 GG eine „wertgebundene Erziehung" umfasse; dem schließt sich die überwiegende Literatur an, vgl. nur *Link*, in: HdbStKirchR II, S. 481 ff.; *Mückl*, JZ 1999, S. 353 ff.

Daher kann und muss der Geschichtsunterricht die Christianisierung Europas, den Investiturstreit, die Reformation, den Kultur- und den Kirchenkampf besprechen, im Deutschunterricht müssen auch die religiösen Aspekte der deutschen Dichtung Erwähnung finden, so etwa diejenigen in Goethes Faust.[534]

Die negative Seite der Glaubensfreiheit aus Art. 4 Abs. 1 GG gewährleistet zudem kein Recht des einzelnen Grundrechtsträgers, von der Konfrontation mit anderen religiösen oder weltanschaulichen Überzeugungen verschont zu bleiben.[535]

Festzuhalten ist außerdem, dass der staatliche Erziehungsauftrag gemäß Art. 7 Abs. 1 GG zum Inhalt hat, „das einzelne Kind zu einem selbstverantwortlichen Mitglied der Gesellschaft heranzubilden."[536] Daher besteht eine der Aufgaben der Schule darin, den Schülern die Befähigung zu vermitteln, vor dem Hintergrund des gesellschaftlichen Pluralismus eigene Maßstäbe für die Lebensführung zu finden; daraus ergibt sich die Erforderlichkeit, den Schülern zunächst verschiedene Grundhaltungen zu präsentieren, damit sie in die Lage versetzt werden, diese Maßstäbe entwickeln zu können.[537]

Inwieweit sich das Schulwesen religiösen oder weltanschaulichen Bezügen öffnet, ist der freien Entscheidung des Landesgesetzgebers überlassen.[538] Die Länder können demnach die Ausgestaltung der religiös-weltanschaulichen Ausprägung des Schulunterrichts frei vornehmen, sodass einerseits eine Hereinnahme der religiös-weltanschaulichen Vielfalt in die Schule denkbar ist, ebenso aber auch ein eher distanzierendes Verhältnis von Schule und Religion bzw. Weltanschauung. Der Landesgesetzgeber hat dabei aber seine Aufgabe zu beachten, „einen für alle zumutbaren Kompromiss zu suchen".[539]

Nach den voranstehenden Ausführungen ist es dem Staat im Schulunterricht jedenfalls nicht verwehrt, religiöse und weltanschauliche Bezüge zu setzen, indem er Kenntnisse über die existierenden religiösen sowie weltanschaulichen Positionen vermittelt. Inwiefern er über eine solche Kenntnisvermittlung hinaus auch bestimmte ethische Überzeugungen im Schulunterricht als vorzugswürdig präsentieren kann, ist allerdings nachfolgend im Einzelnen zu klären.

---

534 *M. Heckel*, DVBl. 1996, S. 460.

535 *v. Campenhausen*, in: HStR VII^3, § 157 Rn. 129 f.

536 BVerfGE 47, 46, 72.

537 *Thiel*, Der Erziehungsauftrag des Staates in der Schule, S. 113. Vgl. auch *Obermayer*, Staat und Religion, S. 20 ff. *Obermayer* spricht gar von einer „Sinnverantwortung des Staates", der zufolge der Staat verpflichtet sei, es der Gesellschaft zu ermöglichen, dem Sinn des Daseins nachzugehen. Dies schließe eine Verpflichtung mit ein, „die Frage nach der Religion wachzuhalten und alle Initiativen zu ergreifen, um ihr im öffentlichen Dialog die erforderliche Aufmerksamkeit zu sichern".

538 BVerfGE 108, 296, 301 f.

539 BVerfGE 108, 296, 302.

Problematisch erscheint diesbezüglich zunächst die Erziehung der Schüler zur Beachtung der Verfassungsprinzipien sowie zur Einhaltung der einfachen Rechtsordnung, da dieser Bereich Berührungspunkte zur inneren ethischen Überzeugung der Schüler aufweist (C.II.3.b)).

Des Weiteren sind vor allem solche Unterrichtsinhalte am Gebot der religiös-weltanschaulichen Neutralität zu messen, die die Vermittlung ethischer Normen sowie religiöser Werte betreffen. Dies gilt insbesondere dann, wenn eine Erziehung nur zu bestimmten religiösen bzw. weltanschaulichen Positionen, etwa zu christlichen Bildungs- und Kulturwerten, erzielt werden soll (C.II.3.c)).

b) Erziehung zur Beachtung der Verfassungsprinzipien sowie zur Einhaltung der einfachen Rechtsordnung

Bei einer Erziehung zur Beachtung der Verfassungsprinzipien sowie zur Einhaltung der einfachen Rechtsordnung hat der Staat seine Verpflichtung zur Neutralität in religiösen und weltanschaulichen Dingen zu beachten, da er hierbei in deutlicher Weise für die Verfassungsprinzipien sowie für die einfache Rechtsordnung eintritt und somit diesbezüglich eine Position einnimmt.

aa) Die werbende Vermittlung von Verfassungsprinzipien und Verfassungswerten

Vermittelt der Staat im Schulunterricht die im Grundgesetz positivierten Verfassungsprinzipien und Verfassungswerte in werbender Form, so verhält er sich in dieser Hinsicht nicht mehr neutral. Die werbende Vermittlung von Verfassungsprinzipien und Verfassungswerten wäre dem Staat aufgrund seiner Verpflichtung zur religiös-weltanschaulichen Neutralität jedoch nur dann verwehrt, wenn er bei dieser Wertevermittlung zugleich auch eine religiöse oder weltanschauliche Position ergriffe, da hierin eine verbotene Identifikation mit einer bestimmten Religionsgemeinschaft oder Weltanschauung zu sehen wäre.

Bei der Vermittlung der Verfassungsprinzipien im Schulunterricht liegt zwar eine staatliche Identifizierung mit diesen Prinzipien und Werten vor, doch stellt diese Identifikation bereits keinen Verstoß gegen das Gebot der religiös-weltanschaulichen Neutralität dar. Der in religiös-weltanschaulichen Angelegenheiten neutrale Staat muss nicht zugleich in jeder Hinsicht wertneutral sein.[540] Sofern Verfassungsprinzipien und die davon umfassten Verfassungswerte betroffen

540 Vgl. oben B.I.4.

sind, kann der Staat vielmehr für diese Werte eintreten und sie werbend vermitteln.[541]

Ein anderes Ergebnis vermag nicht zu überzeugen, da es sich bei den Verfassungswerten nicht um fremde religiös-weltanschauliche Positionen des Staates handelt, sondern um seine eigenen Wertgrundlagen.[542] Auch wenn den Verfassungsprinzipien und Verfassungswerten christliche Elemente immanent sein mögen, so handelt es sich bei ihnen nicht um „bekenntnis-christliche", sondern lediglich „kultur-christliche", da sie nur Ausdruck der Rolle des Christentums in der europäischen Kulturentwicklung sind.[543] Zudem würde der wehrhafte Staat seine Existenz zur Disposition stellen, wenn er keine eindeutige Position zu den Verfassungsprinzipien und Verfassungswerten bezöge.[544]

Somit kann im Schulunterricht eine werbende Vermittlung der Verfassungsprinzipien und Verfassungswerte erfolgen.[545] Den Schülern gegenüber können zunächst die Grundrechte der Art. 1 bis 19 GG werbend vertreten werden. Zu den Verfassungsprinzipien zählen zudem der Menschenwürdegrundsatz sowie die Grundsätze der republikanisch-föderalen, rechts- und sozialstaatlichen Demokratie, ebenso der Gedanke der Völkerverständigung und des Friedens zusammen mit dem Verbot des Angriffskriegs.[546]

Verfassungsrechtlich unbedenkliche Unterrichtsinhalte sind daher die Erziehung zu Freiheit und Demokratie sowie zu der Bereitschaft zu sozialem Handeln und zu politischer Verantwortlichkeit. Ebenso kann zu einer „friedlichen Gesinnung im Geiste der Völkerverständigung" erzogen werden. Möglich ist dem

541 So auch *Evers*, Die Befugnis des Staates zur Festlegung von Erziehungszielen in der pluralistischen Gesellschaft, S. 84 ff., 94.

542 *Thiel*, Der Erziehungsauftrag des Staates in der Schule, S. 114.

543 *Schmitt-Kammler*, Elternrecht und schulisches Erziehungsrecht nach dem Grundgesetz, S. 43; *ders.*, In hoc signo – Zur „Schulkreuz-Erkenntnis" des Bundesverfassungsgerichts, S. 347 f. Vgl. zu den kulturellen Wurzeln des Grundgesetzes auch oben B.II.1.d). Dieser Ansicht zufolge sind diejenigen landesverfassungsrechtlich aufgegriffenen Erziehungsziele grundgesetzwidrig, die keine Umschreibung jener „Verfassungsessenz" darstellen, vgl. *Schmitt-Kammler*, Elternrecht und schulisches Erziehungsrecht nach dem Grundgesetz, S. 47. Meistens seien die landesrechtlichen Festsetzungen schulischer Erziehungsziele allerdings zumindest nach einer „verfassungskonformen Auslegung" als solche Umschreibungen zu verstehen.

544 *Thiel*, Der Erziehungsauftrag des Staates in der Schule, S. 114 f.

545 So *Schmitt-Kammler*, Elternrecht und schulisches Erziehungsrecht nach dem Grundgesetz, S. 41, der bezüglich der werbend zu vermittelnden Verfassungsprinzipien von der „Verfassungsessenz" spricht. Diese schlage sich in Art. 79 Abs. 3 GG nieder und sei durch diese Norm von der Verfassung selbst der Möglichkeit einer Veränderung aufgrund dissentierender politischer Meinungen entzogen, vgl. *Schmitt-Kammler*, Elternrecht und schulisches Erziehungsrecht nach dem Grundgesetz, S. 36 ff.

546 *Schmitt-Kammler*, Elternrecht und schulisches Erziehungsrecht nach dem Grundgesetz, S. 42 m.w.N. Vgl. auch BVerfGE 124, 300, 320 f.

Staat demnach die Vermittlung des europäischen Gedankens, der in der Präambel anklingt und den die Staatszielbestimmung in Art. 23 und 24 GG betrifft. Zudem kann der Staat zur Friedfertigkeit im Sinne der Völkerversöhnung erziehen, die sich aus der Präambel und Art. 25 und 26 GG ergibt.

Eine innere Loyalität zu diesen Verfassungswerten kann der Staat allerdings nicht erzwingen.[547] Hierfür fehlt ihm bereits jede Handhabe. Zudem ist es nach der Rechtsprechung des Bundesverfassungsgerichts den Grundrechtsträgern nicht verwehrt, solche Meinungen und Wissenschaftstheorien zu entwickeln, die mit den Verfassungsgrundwerten und der freiheitlichen demokratischen Grundordnung des Grundgesetzes unvereinbar sind. Der Staat darf vielmehr erst dann Abwehrmaßnahmen ergreifen, wenn „eine aktiv kämpferische, aggressive Haltung gegenüber der bestehenden Ordnung" festzustellen ist, die „planvoll das Funktionieren dieser Ordnung" zu beeinträchtigen und letztendlich zu beseitigen sucht.[548] Wenn die Grundrechtsträger demzufolge noch nicht einmal nach außen hin ihre von den Verfassungsgrundwerten abweichenden Anschauungen zurückhalten müssen, so kann erst recht keine Verpflichtung zur inneren Loyalität der Staatsbürger zu den Verfassungsgrundwerten und der freiheitlichen demokratischen Grundordnung bestehen.[549]

Die Vermittlung der vorgenannten Erziehungsziele kann im Rahmen eines politischen Unterrichts bzw. einer Gemeinschafts- oder Staatsbürgerkunde erfolgen, teilweise findet sie aber auch im Deutsch-, Geschichts-, Erdkunde- oder Rechtskundeunterricht statt.[550] Im politischen Unterricht wird nicht nur über die Verfassungsordnung, die Funktionsweise der politischen Institutionen und die Stellung des Bürgers innerhalb der Rechtsordnung informiert, sondern im Unterricht können darüber hinaus aktuelle politische Themen besprochen und durch formelle Mitwirkungsverfahren demokratische Verhaltensweisen eingeübt werden.[551]

Zur Schulpraxis ist anzuführen, dass die einheitliche Einführung eines Schulfachs in den einzelnen Bundesländern zu begrüßen wäre, welches sich ausschließlich mit den vorgenannten politischen Fragen befasst. Nicht in allen Ländern ist ein gesondertes Schulfach „Politik" vorgesehen. Vielmehr werden die Verfassungsprinzipien und andere für das gesellschaftliche Leben relevante

---

547 BVerfG NJW 2001, S. 2070; NJW 2009, S. 909; BVerfGE 124, 300, 320; *Evers*, Die Befugnis des Staates zur Festlegung von Erziehungszielen in der pluralistischen Gesellschaft, S. 107; *Huster*, Die ethische Neutralität des Staates, S. 273 f.

548 BVerfGE 5, 85, 141. Vgl. auch BVerfGE 2, 1.

549 *Evers*, Die Befugnis des Staates zur Festlegung von Erziehungszielen in der pluralistischen Gesellschaft, S. 107.

550 *Niehues/Rux*, Schulrecht, Rn. 720.

551 *Niehues/Rux*, Schulrecht, Rn. 721 ff.

Themenkomplexe bisweilen in den Geschichtsunterricht integriert und können dort neben der Darstellung historischer Ereignisse oft nur am Rande Beachtung finden.[552]

bb) Die Einhaltung der einfachen Rechtsordnung

Als weiteres Erziehungsziel in der Schule, das die staatsbürgerliche Einstellung der Schüler anspricht, kommt die Einhaltung der einfachen, nichtverfassungsrechtlichen Rechtsordnung in Betracht. Dieses Erziehungsziel stellt gemessen an der staatlichen Verpflichtung zu religiös-weltanschaulicher Neutralität möglicherweise bei solchen Gesetzen ein Problem dar, die unter dem Eindruck der religiösen oder weltanschaulichen Position des Gesetzgebers entstanden sind.

Hierzu ist anzumerken, dass der religiös-weltanschaulich neutrale Staat die religiösen oder weltanschaulichen Interessen seiner Bürger nicht ignorieren darf, sodass sie auch Eingang in die Gesetze finden können.[553] Überdies ist festzuhalten, dass Gesetze eine politische Entscheidung der parlamentarischen Mehrheit darstellen, sodass sie schon im Ansatz nicht in jeder Hinsicht wertneutral sein können. Eine religiöse oder weltanschauliche Überzeugung, auf der Normen der einfachen Rechtsordnung basieren, hat bereits einen Prozess der Disputation und Transformation in Rechtsnormen durchlaufen, durch den sie verfassungsrechtlich „neutralisiert“ worden ist.

Demzufolge stellt eine solche Rechtsnorm keine religiös-weltanschauliche Position und damit auch keine Identifikation des Staates mit einer Religion oder Weltanschauung dar. Das bedeutet, dass der Staat für die äußere Einhaltung des jeweils geltenden Rechts eintreten und somit zu Rechtstreue, die von jedem Rechtsunterworfenen erwartet werden kann, erziehen kann.[554]

Wenn die gesetzgeberische Tätigkeit allerdings von einer religiösen oder weltanschaulichen Vorstellung geprägt sein kann, ist dem Staat die Erziehung zu einer inneren Akzeptanz der betreffenden Rechtsnormen verwehrt, da sie bestimmte, dem Weltbild der einzelnen Schüler möglicherweise entgegenstehende Wertungen enthalten könnten.[555] Der Staat kann keine werbende Vermittlung der religiösen oder weltanschaulichen Überzeugungen betreiben, die der einfachen Rechtsordnung zugrunde liegen. Hierin läge eine unzulässige Identifikation des

552 Denkbar und sinnvoll wäre es zudem, die Vermittlung der Verfassungsprinzipien und Verfassungswerte im politischen Unterricht anhand eines auszuteilenden Verfassungstextes vorzunehmen, was ebenfalls nicht einheitlich gehandhabt wird.

553 Vgl. hierzu und zum Folgenden auch oben B.II.3.c).

554 *Schmitt-Kammler*, Elternrecht und schulisches Erziehungsrecht nach dem Grundgesetz, S. 36 ff.; *Thiel*, Der Erziehungsauftrag des Staates in der Schule, S. 118.

555 So *Thiel*, Der Erziehungsauftrag des Staates in der Schule, S. 118.

Staates mit den betroffenen religiösen oder weltanschaulichen Gehalten. Dies hat zur Folge, dass der Staat im Rahmen des Schulunterrichts über einen „äußeren Rechtsgehorsam“[556] hinaus keine innere Akzeptanz der einfachen Rechtsordnung durch die Schüler anstreben und zu dieser erziehen kann.

c) Die persönlich-weltanschauliche Erziehung – Vermittlung ethischer Normen und religiöser Werte im Schulunterricht

Neben der Erziehung zur Beachtung der Rechtsordnung betreffen einige landesverfassungsrechtliche Erziehungsziele auch den Bereich der persönlich-weltanschaulichen Erziehung, der die Persönlichkeitsentwicklung der Schüler anspricht. Insbesondere dieser Bereich staatlicher Erziehung in der öffentlichen Schule steht in Bezug zu religiös-weltanschaulich „sensiblen“ Bereichen, da es hier unter anderem auch um die Vermittlung ethischer Normen geht. Sobald ethisch-sittliche Gehalte betroffen sind, muss der Vereinbarkeit der betreffenden Unterrichtsinhalte mit dem Gebot der religiös-weltanschaulichen Neutralität besondere Aufmerksamkeit zukommen.

Die persönlich-weltanschauliche Erziehung der Schüler kann zunächst die Vermittlung allgemein anerkannter Wertvorstellungen umfassen. Daneben sind Erziehungsziele zu verzeichnen, denen zufolge die Schüler zu mitmenschlichen Fähigkeiten erzogen werden sollen oder ihnen ethische Normen sowie religiöse Werte zu vermitteln sind. Zudem wird im Folgenden die Möglichkeit des Staates überprüft, zu christlichen Bildungs- und Kulturwerten zu erziehen.

aa) Die Vermittlung allgemein anerkannter Wertvorstellungen

Gibt es einen allgemein anerkannten Konsens über ethische Normen und Wertvorstellungen, so ist der Staat nach einigen Stimmen in der Literatur berechtigt, den Schülern diese Normen und Werte als verbindlich zu vermitteln,[557] da die Einhaltung dieser Normen „von den Mitgliedern des Gemeinwesens verlangt“ werde.[558]

In der heutigen, vom Pluralismus in religiös-weltanschaulichen Fragen geprägten Gesellschaft sind solche allgemein anerkannten Wert- und Moralvor-

---

556 *Evers*, Die Befugnis des Staates zur Festlegung von Erziehungszielen in der pluralistischen Gesellschaft, S. 107.

557 So etwa *Evers*, Die Befugnis des Staates zur Festlegung von Erziehungszielen in der pluralistischen Gesellschaft, S. 95, 102 ff.; *Schmitt-Kammler*, In hoc signo, S. 348. Ein Ergebnis offen lassend *Thiel*, Der Erziehungsauftrag des Staates in der Schule, S. 119.

558 *Evers*, Die Befugnis des Staates zur Festlegung von Erziehungszielen in der pluralistischen Gesellschaft, S. 102.

stellungen jedoch nicht mehr existent, sodass dem Staat eine entsprechende Legitimation zur Wertevermittlung schon aus diesem Grund abzusprechen ist.[559]

bb) Die Erziehung zu mitmenschlichen Fähigkeiten

Insbesondere dann, wenn der Staat im Schulunterricht religiöse und weltanschauliche Bezüge setzt, hat er seine Verpflichtung zur religiös-weltanschaulichen Neutralität zu beachten. Diese Bezüge sind grundsätzlich mit dem Gebot der religiös-weltanschaulichen Neutralität vereinbar.[560] Der Unterricht in den öffentlichen Schulen kann möglicherweise der Vermittlung mitmenschlicher Fähigkeiten dienen, die das Zusammenleben in der Gesellschaft erleichtern sollen. Zu denken ist hier an die Erziehung zu gemeinschaftsorientiertem Handeln sowie zu Toleranz. Im Folgenden wird die Vereinbarkeit dieser Erziehungsziele mit der staatlichen Verpflichtung zu religiös-weltanschaulicher Neutralität überprüft.

(1) Die Erziehung zu „Bürgertugenden“

In dem oben angeführten Beschluss der Kultusministerkonferenz wird als Erziehungsziel die „Bereitschaft zu sozialem Handeln und zu politischer Verantwortlichkeit“ genannt. Dieses Erziehungsziel ergibt sich aus verschiedenen „Bürgertugenden“, die in einigen Länderverfassungen normiert sind. Hierzu zählen etwa soziale Bewährung und Hilfsbereitschaft sowie Verantwortungsbewusstsein.[561]

Diese Erziehungsziele weisen einen sittlich-moralischen Gehalt auf[562] und haben damit einen religiös-weltanschaulichen Bezug. Demzufolge muss der Staat bei der Behandlung dieser Unterrichtsinhalte in der Schule das Gebot der religiös-weltanschaulichen Neutralität beachten. Dies bedeutet, dass der Staat die sittlich-moralischen „Bürgertugenden“ nicht als seine eigenen Wertvorstellungen präsentieren darf, um sich nicht mit einer religiös-weltanschaulichen Position zu identifizieren. Demzufolge kann er den Schülern zwar verschiedene „Bürgertugenden“ vorstellen, darf diese aber nicht als verpflichtend darstellen.[563] Die Ent-

559 Vgl. zum gesellschaftlichen Pluralismus bereits oben A.II.1. So auch *Thiel*, Der Erziehungsauftrag des Staates in der Schule, S. 119.

560 Vgl. hierzu oben C.II.3.a).

561 Vgl. etwa Art. 131 Abs. 2 Verf BY; Art. 27 Abs. 1 LSAVerf. Vgl. auch die Übersicht bei *Evers*, Die Befugnis des Staates zur Festlegung von Erziehungszielen in der pluralistischen Gesellschaft, S. 34 ff.

562 *Thiel*, Der Erziehungsauftrag des Staates in der Schule, S. 120.

563 Vgl. auch *Evers*, Die Befugnis des Staates zur Festlegung von Erziehungszielen in der pluralistischen Gesellschaft, S. 65, sowie *Thiel*, Der Erziehungsauftrag des Staates in der Schule, S. 120, die insoweit unklar darauf hinweisen, dass der Staat auf die Erfüllung einer „bestimmten Vorbildfunktion“ verwiesen sei. Die Erfüllung einer Vorbildfunktion sei dem zur religiös-

scheidung darüber, welche sittlich-moralische Haltung den Mitmenschen gegenüber zu übernehmen ist, verbleibt den Eltern in Ausübung ihres Elternrechts aus Art. 6 Abs. 2 GG und – mit zunehmender Reife – den Schülern selbst.[564]

(2) Die Erziehung zur Toleranz

Wird den Schülern in der Schule die Verhaltenstugend der Toleranz vermittelt, so wird ihnen beigebracht, die grundrechtlich gewährleistete Freiheit der Mitbürger und deren Überzeugungen und Auffassungen zu akzeptieren, um die Voraussetzungen für ein friedliches Zusammenleben in der Gesellschaft zu erlernen.[565] Toleranz soll hier im ursprünglichen Wortsinne und damit als Duldung einer Verhaltensweise oder einer Überzeugung verstanden werden, die nicht der eigenen entspricht und daher von der tolerierenden Person grundsätzlich missbilligt wird.[566]

Auch bei der Vermittlung des Erziehungsziels der Toleranz muss der Staat seine Verpflichtung zur religiös-weltanschaulichen Neutralität beachten. Dies bedeutet, dass er bei der Vermittlung der bürgerlichen Verhaltenstugend der Toleranz keine Bewertung der verschiedenen religiösen und weltanschaulichen Überzeugungen der Schüler vornehmen und sich mit keiner von ihnen identifizieren darf, indem er sie als vorzugswürdig gegenüber anderen Positionen darstellt.

Ein möglicher Einwand gegen die Verhaltenstugend der Toleranz als Erziehungsziel könnte sich aus der Tatsache ergeben, dass sie zumindest auch christliche Wurzeln aufweist.[567]

Zu beachten ist aber, dass das Gebot der Toleranz in der Verfassung zum Ausdruck kommt, insbesondere in den Grundrechten.[568] Diese verfassungsrechtliche Vorprägung macht es dem Staat möglich, den Schülern gegenüber die Verhaltenstugend der Toleranz als vorzugswürdig zu vertreten und ihnen werbend zu vermitteln. Hierin ist kein Verstoß gegen das Gebot der religiös-weltanschau-

---

weltanschaulichen Neutralität verpflichteten Staat aber deshalb erlaubt, weil die Erziehung zu den „Bürgertugenden" auch „im Interesse der Schüler an einer freien Persönlichkeitsentwicklung" erfolge.

564 *Thiel*, Der Erziehungsauftrag des Staates in der Schule, S. 120.

565 *Evers*, Die Befugnis des Staates zur Festlegung von Erziehungszielen in der pluralistischen Gesellschaft, S. 100. Das Erziehungsziel der Toleranz befürworten auch *Avenarius/Füssel*, Schulrecht, S. 110; *Huber*, BayVBl. 1994, S. 553 f.; *Pieroth*, DVBl. 1994, S. 960 f.

566 Vgl. dazu bereits oben B.II.2.b).

567 Zur historischen Entwicklung des Toleranzgebots vgl. etwa *Debus*, Das Verfassungsprinzip der Toleranz unter besonderer Berücksichtigung der Rechtsprechung des Bundesverfassungsgerichtes, S. 67 ff.; *Ladeur/I. Augsberg*, Toleranz – Religion – Recht, S. 15 ff.

568 Vgl. dazu bereits oben B.II.2.b).

lichen Neutralität des Staates zu sehen, da es den Staat nicht zur generellen Wertneutralität verpflichtet.

Der Staat verlangt von seinen Schülern, denen er die Verhaltenstugend der Toleranz vermittelt, keine Verleugnung des eigenen religiös-weltanschaulichen Standpunktes, denn Toleranz bedeutet keinen „nivellierenden Ausgleich" aller religiös-weltanschaulichen Positionen.[569] Er nimmt also keine Beeinflussung der religiösen oder weltanschaulichen Überzeugungen seiner Schüler vor, sodass keine Identifikation des Staates mit einer bestimmten religiösen oder weltanschaulichen Auffassung und daher auch in dieser Hinsicht kein Verstoß des Staates gegen das Gebot der religiös-weltanschaulichen Neutralität vorliegt.

Aufgrund seiner Verpflichtung zur religiös-weltanschaulichen Neutralität ist es dem Staat aber verwehrt, nur den Schülern, die einer mehrheitlich im Klassenverband vertretenen Religion oder Weltanschauung angehörig sind, die sich in der Minderzahl befindlichen religiösen oder weltanschaulichen Auffassungen als zu duldende vorzustellen. Wenn der Staat lediglich den Angehörigen der mehrheitlich vertretenen Religion oder Weltanschauung die Verhaltenstugend der Toleranz vermittelt, identifiziert er sich in diesem Fall mit der Mehrheitsreligion bzw. -weltanschauung und nimmt so eine bestimmte religiös-weltanschauliche Position ein, da Toleranz begrifflich voraussetzt, dass eine bestimmte Religion oder Weltanschauung vertreten wird. Hierin wäre ein Verstoß gegen die staatliche Verpflichtung zur religiös-weltanschaulichen Neutralität zu sehen.

Zu Sinn und Zweck der Erziehung der Schüler zur Toleranz ist anzuführen, dass die Schule vor dem Hintergrund der heutigen von religiös-weltanschaulichem Pluralismus geprägten Gesellschaft kein Ort der Homogenität, sondern ein Ort ist, an dem die gesellschaftliche Vielfalt besonders deutlich zu erleben ist:[570] Deshalb bietet sich der Schulunterricht zur Einübung von wechselseitiger Toleranz in besonderer Weise an.[571] Im Rahmen des Schulunterrichts können die Schüler erlernen und erfahren, wie Konflikte aufgrund der heterogenen religiös-weltanschaulichen Überzeugungen ausgehalten werden[572] und gegebenenfalls auch gelöst können. Dies wiederum hilft den Schülern, bei der Abgrenzung zu anderen religiös-weltanschaulichen Positionen ihren eigenen Standpunkt zu erkennen und auch zu festigen.[573]

Die Schule dient mithin auch der Vorbereitung auf die Auseinandersetzung mit Menschen, die einen anderen Glauben oder eine andere Weltanschauung ha-

569 BVerfGE 108, 282, 310.

570 Vgl. zur Schule als Ort des Pluralismus auch etwa *Coumont*, Islam und Schule, S. 440 ff.

571 BVerfGE 108, 282, 310.

572 *Meyer-Teschendorf*, ZevKR 23 (1978), S. 228.

573 BVerfGE 108, 282, 310.

ben.[574] Im Rahmen der Erziehung zur Verhaltenstugend der Toleranz wird zudem auch die Möglichkeit der Einsicht der Schüler in die Tatsache geschaffen, dass sie als Grundrechtsträger in Ausübung ihrer Grundrechte nicht alleine sind, sondern sich darauf einstellen müssen, dass auch die anderen Grundrechtsträger ihre grundrechtlich gewährleisteten Freiheiten ausüben und sich hieraus Konflikte ergeben können.[575]

cc) Die Vermittlung ethischer Normen und religiöser Werte

Auch außerhalb des konfessionell gebundenen Religionsunterrichts soll die Schule in den profanen Fächern nach dem Beschluss der Kultusministerkonferenz aus dem Jahr 1973 „ethische Normen sowie kulturelle und religiöse Werte verständlich machen".[576] Infolgedessen werden in allen Bundesländern Schulfächer angeboten, die sich mit ethischen Fragen befassen, wobei die Bezeichnung dieser Unterrichtsfächer divergiert.[577] Ein solcher „Ethikunterricht" ist in einigen Bundesländern als Ersatzfach für die Schüler konzipiert, die nicht am konfessionell gebundenen Religionsunterricht teilnehmen.[578]

Im Gegensatz zum konfessionell gebundenen Religionsunterricht ist der Ethikunterricht ein vom Staat veranstaltetes Unterrichtsfach, sodass er allein für die Unterrichtsinhalte verantwortlich ist.[579] Ziel des Ethikunterrichts ist es, den Schülern eine ethische Grundbildung zu vermitteln: Hierzu kann er im Rahmen des Ethikunterrichts Philosophie, Kulturen und Religionen vorstellen, wobei der Staat bei der inhaltlichen Ausgestaltung des Unterrichts stets die verfassungsrechtliche Grenze des Gebots der religiös-weltanschaulichen Neutralität zu beachten hat. Der Staat läuft hier Gefahr, die vorgestellten religiösen und weltan-

574 *Möllers*, VVDStRL 68 (2009), S. 84 f.

575 *Meyer-Teschendorf*, ZevKR 23 (1978), S. 228.

576 Vgl. „Zur Stellung des Schülers in der Schule" (Beschluss der KMK vom 25.5.1973), abgedr. in: Sammlung der Beschlüsse der KMK, Beschluss-Nr. 824.

577 Baden-Württemberg, Bayern, Berlin, Hessen, Rheinland-Pfalz, Sachsen, Thüringen: „Ethik"; Brandenburg: „Lebensgestaltung-Ethik-Religionskunde"; Mecklenburg-Vorpommern: „Philosophieren mit Kindern"/"Philosophie"; Niedersachsen: „Werte und Normen"; Nordrhein-Westfalen: „Praktische Philosophie"/"Philosophie"; Saarland: „Allgemeine Ethik"; Sachsen-Anhalt: „Ethikunterricht"; Thüringen: „Ethik", vgl. zur Situation des Ethikunterrichts in Deutschland etwa den ausführlichen Bericht der KMK vom 22.2.2008 (http://www.kmk.org/fileadmin/veroeffentlichungen_beschluesse/2008/2008_02_22-Situation-Ethik-Unterricht.pdf). Religiös-weltanschauliche Bezüge sind nicht nur im Rahmen eines selbstständigen Schulfaches denkbar, sondern auch in anderen Schulfächern. Sofern im folgenden Abschnitt religiös-weltanschauliche Bezüge im Ethikunterricht angesprochen werden, so sind auch jene davon umfasst.

578 Vgl. zu den verfassungsrechtlichen Voraussetzungen hinsichtlich der organisatorischen Ausgestaltung des Ethikunterrichts unten C.VI.

579 *Niehues/Rux*, Schulrecht, Rn. 565.

schaulichen Positionen und Werte als von ihm befürwortete oder abgelehnte zu präsentieren.

Die dem Staat verfassungsrechtlich auferlegte Pflicht zur religiös-weltanschaulichen Neutralität ist zwar keine laizistisch ausgeprägte Neutralität, sondern eine „offene Neutralität“, sodass der Staat in der öffentlichen Schule nicht auf religiös-weltanschauliche Bezüge verzichten muss.[580] Die „neutrale Offenheit“ des Staates findet jedoch dann eine Grenze, wenn der Staat sich mit einer religiösen oder weltanschaulichen Position identifiziert, indem er sie etwa als seine eigene Position vorstellt oder sie als vorzugswürdig gegenüber anderen Überzeugungen darstellt. Dem Staat ist es auch im Schulunterricht verwehrt, bestimmte religiöse oder weltanschauliche Auffassungen zu diskriminieren. Das bedeutet, dass der Staat im Schulunterricht bei Unterrichtsfächern mit religiös-weltanschaulichen Bezügen nicht über eine Religions- oder Weltanschauungskunde hinausgehen darf. Der Staat darf über die einzelnen ethischen Konzepte lediglich „nach Art eines ehrlichen Maklers“ in neutraler Form informieren.[581]

Des Weiteren muss der Staat im Ethikunterricht darauf achten, dass er die verschiedenen religiösen und weltanschaulichen Positionen umfassend darstellt und nicht durch eine inhaltliche Beschränkung bestimmte religiöse oder weltanschauliche Auffassungen diskriminiert. Gibt es in den profanen Schulfächern christliche Bezüge, so darf sich die Bejahung des Christentums nicht auf die Glaubenswahrheit und damit die Verbindlichkeit des christlichen Glaubens, sondern nur „auf die Anerkennung des prägenden Kultur- und Bildungsfaktors, wie er sich in der abendländischen Geschichte herausgebildet hat“, beziehen.[582] Eine Besprechung der kulturprägenden Rolle des Christentums stellt in europäischen Schulen keine Diskriminierung anderer Religionen oder Weltanschauungen dar, sie muss vielmehr zwangsläufig erfolgen.[583]

In der Praxis wird eine Abgrenzung lediglich religions- bzw. weltanschauungskundlich geprägter Unterrichtsinhalte von denjenigen, die eine Verbindlichkeit der Wahrheit beanspruchen, nur schwer zu vollziehen sein: Eine unverfälschte Darstellung von Glaubensinhalten kann kaum erfolgen, wenn sie ohne Hinweise auf ihre transzendente Dimension erfolgt.[584]

Insgesamt ist festzuhalten, dass ein religiös-weltanschaulich neutraler Unterricht über verschiedene ethische, religiöse und weltanschauliche Inhalte und Werte stattfinden kann. Ein religions- bzw. weltanschauungskundlicher Unter-

---

580 Vgl. auch oben B.I.I. sowie C.II.3.a).

581 *Tillmanns*, Wehrhaftigkeit durch Werthaftigkeit, S. 47.

582 BVerfGE 41, 29, 51 f.

583 *Niehues/Rux*, Schulrecht, Rn. 556.

584 *Huster*, Die ethische Neutralität des Staates, S. 325 f. Vgl. *Niehues/Rux*, Schulrecht, Rn. 569, die von einer „Gratwanderung“ sprechen.

richt kann den Schülern helfen, Vorurteile gegenüber ihnen fremden Religionen und Weltanschauungen auszuräumen und so das Konfliktpotential des religiös-weltanschaulichen Pluralismus zu senken. Ein solcher Unterricht kann auch einen Aufforderungscharakter zur Befassung mit religiösen bzw. weltanschaulichen Positionen aufweisen, der jedoch nicht gleichbedeutend mit einem Bekenntnischarakter ist, solange von staatlicher Seite aus keine religiöse oder weltanschauliche Überzeugung als verbindlich vorgestellt wird.[585]

dd) Erziehung zu christlichen Bildungs- und Kulturwerten – „Ehrfurcht vor Gott"

In einigen Länderverfassungen wird als weiteres Erziehungsziel die „Ehrfurcht vor Gott" genannt.[586] Eine Erziehung zur „Ehrfurcht vor Gott" kann geeignet sein, die Religiosität der Schüler durch diesen numinosen Bezug zu fördern[587] und damit einen Beitrag zu einem ethischen Grundkonsens der Staatsbürger leisten. Ein solches Erziehungsziel ist aber vor dem Hintergrund der staatlichen Verpflichtung zur Neutralität in religiös-weltanschaulichen Angelegenheiten außerhalb des Religionsunterrichts problematisch. Um die Vereinbarkeit dieses Erziehungsziels mit der staatlichen Verpflichtung zur religiös-weltanschaulichen Neutralität prüfen zu können, ist zunächst zu fragen, welcher Gottesbegriff in den landesverfassungsrechtlichen Regelungen angesprochen wird.[588]

(1) Gottesbegriff im christlichen Sinne

Zieht man zur Auslegung des Begriffs den kulturhistorischen Hintergrund heran,[589] so scheinen die landesverfassungsrechtlichen Erziehungsziele ausschließ-

585 So auch *Böckenförde*, Religion im säkularen Staat, S. 437.

586 Art. 12 Abs. 1 Verf BW, Art. 131 Abs. 2 Verf BY, Art. 7 Abs. 1 Verf NRW, Art. 33 RhPfVerf.

587 *Kühne*, NWVBl. 1991, S. 259, spricht insofern von einer „Weckungsbefugnis" in Bezug auf die religiösen Überzeugungen der Schüler.

588 *Thiel*, Der Erziehungsauftrag des Staates in der Schule, S. 121.

589 Der kulturwissenschaftliche Ansatz ist nach *Häberle*, „Gott" im Verfassungsstaat?, S. 9, der richtige Weg zur Bestimmung des jeweiligen Gottesbegriffs, da die Verfassungslehre keine allgemeine Aussage darüber treffen könne, welcher Gottesbegriff der „richtige" und damit der verfassungskonforme sei. Allerdings sei zudem zu beachten, dass das Grundgesetz eine „Verfassung des Pluralismus" und somit von „Offenheit" geprägt sei. Daher sei es bei der Auslegung des Gottesbegriffs nicht möglich, solchen Inhalten in den Verfassungsstaat Einlass zu gewähren, die er durch die Gewährleistung des offenen Pluralismus gerade überwunden habe.

lich den christlichen Gott zu betreffen.[590] Dem Bayerischen Verfassungsgerichtshof zufolge ist eine Erziehung „in Ehrfurcht vor Gott“ auch dann mit dem Gebot religiös-weltanschaulicher Neutralität vereinbar, wenn dem Erziehungsziel ein christliches Gottesverständnis zugrunde gelegt wird.[591] Dies sei gerechtfertigt, da das Christentum ein prägender Kultur- und Bildungsfaktor und das Land Bayern daher tief in der christlich-abendländischen Tradition verwurzelt sei.[592]

Einem solchen Verständnis des Gottesbegriffs stehen allerdings Bedenken vor dem Hintergrund der staatlichen Verpflichtung zur religiös-weltanschaulichen Neutralität entgegen. Wie bereits ausgeführt kann der staatliche Schulunterricht auch außerhalb des Religionsunterrichts religiös-weltanschauliche Bezüge aufweisen.[593] Diese müssen jedoch bekenntnisneutral sein: Der Staat darf sich im Unterricht nicht mit einer Religion oder einer Weltanschauung identifizieren.

Zwar kann der Staat der Bedeutung des Christentums als Kulturfaktor im Schulunterricht in der Form Rechnung tragen, dass er die Verfassungswerte vermittelt, die mitunter auch im Christentum verwurzelt sind. Die Verfassungswerte sind allerdings von diesen christlichen Wurzeln abgelöst, da sie durch die Transformation in Verfassungsrecht „säkularisiert“ sind. Dem Staat ist es auch nicht verwehrt, Werte vorzustellen, die christlichen Ursprungs sind. Hierbei darf er diese Werte allerdings nicht als verbindlich darstellen, die Entscheidung über die Annahme der den Werten entsprechenden ethischen Haltung muss vielmehr den Schülern überlassen sein. Darüber hinaus ist dem religiös-weltanschaulich neutralen Staat eine Vermittlung christlicher Bildungs- und Kulturwerte aber verwehrt, da sie eine Identifikation mit der christlichen Religion bedeuten würde.

(2) Gottesbegriff im Sinne der monotheistischen Religionsgemeinschaften

Auch dann, wenn das im landesverfassungsrechtlichen Erziehungsziel der „Ehrfurcht vor Gott“ enthaltene Gottesverständnis im Sinne der monotheistischen Religionsgemeinschaften verstanden wird,[594] ist das Erziehungsziel nicht mit dem Gebot der religiös-weltanschaulichen Neutralität zu vereinbaren.

---

590 *Thiel*, Der Erziehungsauftrag des Staates in der Schule, S. 123, 125 ff., der allerdings darauf hinweist, dass sich die kulturhistorische Auslegung nicht zur Feststellung des Gottesbegriffs eignet.

591 BayVerfGH NJW 1988, S. 3141 ff.

592 Vgl. auch Art. 134 Verf BY, dem zufolge die Schüler „nach den Grundsätzen der christlichen Bekenntnisse unterrichtet und erzogen“ werden.

593 Vgl. oben C.II.3.a).

594 So *Kühne*, NWVBl. 1991, S. 254 m.w.N.; *Thiel*, Der Erziehungsauftrag des Staates in der Schule, S. 123.

In diesem Fall sind etwa weltanschauliche Auffassungen ohne Transzendenzbezug sowie der Atheismus vom Gottesbegriff ausgeschlossen. Dem religiös-weltanschaulich neutralen Staat ist jedoch eine Benachteiligung bestimmter religiöser Ansichten oder Weltanschauungen verboten und damit verwehrt, sich auf diese Weise mit einer anderen Religion oder Weltanschauung zu identifizieren.

Demzufolge ist das Erziehungsziel der „Ehrfurcht vor Gott" nicht mit der Verpflichtung des Staates zur religiös-weltanschaulichen Neutralität zu vereinbaren, wenn es auf einem Gottesverständnis im Sinne der monotheistischen Religionen basiert.[595] Dieser Verstoß gegen das Gebot der religiös-weltanschaulichen Neutralität des Staates kann vermieden werden, wenn das Erziehungsziel der „Ehrfurcht vor Gott" in der jeweiligen Landesverfassung von einer Ergänzung wie Art. 12 Abs. 6 S. 1 LVerf NRW begleitet wird: Dieser landesverfassungsrechtlichen Norm zufolge sind die Schüler „in Offenheit für die christlichen Bekenntnisse und für andere religiöse und weltanschauliche Überzeugungen" und damit nicht auf eine bestimmte religiöse Überzeugung hin zu erziehen.[596]

(3) Einschränkung des Gebots der religiös-weltanschaulichen Neutralität aufgrund gestufter Parität

Einer weiteren Ansicht zufolge stellen die landesverfassungsrechtlichen Erziehungsziele der „Ehrfurcht vor Gott" eine hinnehmbare Einschränkung des Gebots religiös-weltanschau-licher Neutralität dar, da in ihnen ein weiterer Fall sogenannter gestufter Parität zu sehen sei.[597] Zwar verstoße der Staat grundsätzlich gegen das Paritätsgebot, wenn der Gottesbegriff des Ehrfurchtsgebotes lediglich auf die monotheistischen Religionen bezogen werde, da eine „Sperrwirkung gegen eine Erziehungsdominanz des Atheismus" eintrete.[598] Das Verhältnis von Staat und Religion sei jedoch nicht laizistisch ausgestaltet, es folge vielmehr dem System der „hinkenden Trennung"; die bekenntnisneutrale Vermittlung „eines von namhaften Teilen der Bevölkerung gestützten Wertbildes" sei demnach möglich.

---

595 So im Ergebnis auch *Renck*, NJW 1989, S. 2442 ff., dem zufolge es sich bei Art. 131 Abs. 2 Verf BY um eine grundgesetzwidrige Landesverfassungsnorm handelt. A.A. *Pawlowski*, NJW 1989, S. 2442, der die Norm nicht für nichtig erklären will, ihr aber dennoch keine normative Wirkung zuerkennt.

596 Im Ergebnis verstößt daher das Erziehungsziel der „Ehrfurcht vor Gott" der Landesverfassung Nordrhein-Westfalens daher nach *Thiel*, Der Erziehungsauftrag des Staates in der Schule, S. 123, nicht gegen das Gebot der religiös-weltanschaulichen Neutralität des Staates.

597 *Kühne*, NWVBl. 1991, S. 256 ff., der diese Annahme allerdings nicht hinreichend begründet. Ihm zust. *Thiel*, Der Erziehungsauftrag des Staates in der Schule, S. 129 f.

598 *Kühne*, NWVBl. 1991, S. 255.

Ist diese Ansicht so zu verstehen, dass dem Staat eine Wertvermittlung bei solchen religiös-weltanschaulichen Positionen möglich ist, die von der Mehrheit der Gesellschaft geteilt wird, so ist dies gemessen an seiner Verpflichtung zur religiös-weltanschaulichen Neutralität abzulehnen.[599] Auch wenn der Staat für eine religiös-weltanschauliche Auffassung eintritt, die mehrheitlich vertreten ist, so liegt hierin eine staatliche Identifikation mit derselben, die dem religiös-weltanschaulich neutralen Staat nicht erlaubt ist.

Ist diese Ansicht allerdings so zu verstehen, dass eine bloße Vermittlung von Kenntnissen über in der pluralistischen Gesellschaft vorhandene Wertvorstellungen gemessen an der staatlichen Verpflichtung zu religiös-weltanschaulicher Neutralität verfassungsrechtlich möglich ist, so kann ihr im Ergebnis zugestimmt werden.

(4) Gottesbegriff im Sinne der Präambel des Grundgesetzes

Legt man dem Erziehungsziel der „Ehrfurcht vor Gott" demgegenüber das Gottesverständnis zugrunde, welches sich nach der hier vertretenen Ansicht in der Präambel des Grundgesetzes widerspiegelt, folgt ein überzeugenderes Ergebnis.[600]

Die Verfassungsinterpretation muss den eingetretenen gesellschaftlichen Wandlungen hin zu einem religiös-weltanschaulichen Pluralismus Rechnung tragen, indem von einem „offenen" Verständnis des Gottesbegriffs ausgegangen wird.[601] Die Präambel betont nach der hier vertretenen Ansicht die Begrenztheit staatlicher Macht und erklärt des Weiteren, dass der Staat sich Religion gegenüber offen zeigt. Der Gottesbezug der Präambel stellt keine Präponderanz des Christentums oder der monotheistischen Religionen fest, sodass der Gottesbegriff der Präambel nicht im Sinne der christlichen bzw. monotheistischen Religionen zu verstehen ist. Erfolgt eine Erziehung der Schüler in diesem Sinne, nämlich in Demut angesichts der Weltlichkeit und Fehlbarkeit der demokratischen Verfassungsordnung sowie der Begrenztheit aller staatlichen Macht, kann hierin kein Verstoß gegen das Gebot der religiös-weltanschaulichen Neutralität zu sehen sein.

Der Gottesbezug der Präambel des Grundgesetzes enthält zudem einen Hinweis auf die Offenheit des Staates für Religion, über die die Schüler Kenntnis haben müssen, wenn sie zur Verhaltenstugend der Toleranz gegenüber anderen

599 Unklar *Kühne*, NWVBl. 1991, S. 256 f.

600 Vgl. zum Gottesbezug in der Präambel des GG bereits oben B.II.1.d).

601 So auch *Häberle*, „Gott" im Verfassungsstaat?, S. 14 f.

religiösen oder weltanschaulichen Ansichten erzogen werden sollen.[602] Der „offen neutrale" Staat darf im Rahmen einer Erziehung „in Ehrfurcht vor Gott" die Schüler zur Auseinandersetzung mit religiösen und weltanschaulichen Überzeugungen anregen, um auch im Schulunterricht seine Offenheit gegenüber Religion und Weltanschauung zu manifestieren.

Ist mithin der Gottesbegriff des Erziehungsziels des „Ehrfurchtsgebotes" nicht im Sinne der monotheistischen Religionen zu verstehen, sondern wird er in Anlehnung an den Gottesbegriff der Präambel erfasst, diskriminiert der Staat nicht atheistische Auffassungen sowie Weltanschauungen ohne Transzendenzbezug; der Staat erzieht die Schüler vielmehr gerade zur Offenheit für Religion und Weltanschauungen und zur Erkenntnis, dass staatliche Macht stets eine beschränkte Macht ist.

4. Fazit

Abschließend lässt sich bezüglich der dem religiös-weltanschaulich neutralen Staat aufgrund seines Erziehungsauftrags verfassungsrechtlich möglichen Inhalten und Zielen der Werterziehung in der Schule festhalten, dass im Schulunterricht über die Vermittlung von Wissen und Fertigkeiten hinaus auch religiösweltanschauliche Bezüge hergestellt werden können.

Auch der zur religiös-weltanschaulichen Neutralität verpflichtete Staat kann den Schülern im Schulunterricht die Beachtung der Verfassungsprinzipien und die Einhaltung der einfachen Rechtsordnung nahelegen.[603] Religiös-weltanschauliche Neutralität bedeutet nicht auch zugleich eine Wertneutralität des Staates in Bezug auf die Verfassungsprinzipien und -werte, sodass der Staat sie den Schülern im Schulunterricht werbend vermitteln kann, ohne hierbei gegen das Gebot der religiös-weltanschaulichen Neutralität zu verstoßen. Gleiches gilt, wenn an die Schüler im Schulunterricht die Einhaltung der einfachen Rechtsordnung herangetragen wird. Auf die äußere Akzeptanz der Verfassungsprinzipien sowie der einfachen Rechtsordnung kann der Staat im Schulunterricht hinwirken; die innere Akzeptanz durch die Schüler kann er aber nicht zu erreichen suchen, da dem Staat eine werbende Vermittlung religiöser oder weltanschaulicher Überzeugungen verwehrt ist.

Darüber hinaus kann der Staat die Schüler im Schulunterricht zu mitmenschlichen Fähigkeiten erziehen, was nicht zuletzt dem gesellschaftlichen Zusammenhalt zu Gute kommt und daher zur Pflege der staatlichen „Voraussetzungen" zu

602 Vgl. hierzu C.II.3.c).bb).(2).
603 Vgl. dazu oben C.II.3.b).

zählen ist.[604] Gemessen an der Verpflichtung des Staates zur religiös-weltanschaulichen Neutralität muss sich die Erziehung zu den sogenannten „Bürgertugenden“ allerdings auf eine darstellende Vermittlung beschränken, sodass die Entscheidung darüber, welche sittlich-moralische Haltung gegenüber den Mitmenschen eingenommen wird, bei den Schülern bzw. deren Erziehungsberechtigten verbleibt. Anderes gilt in Bezug auf das Erziehungsziel der Toleranz, da dieses in der Verfassung selbst verankert ist und daher zu den Verfassungswerten zu zählen ist, die der religiös-weltanschaulich neutrale, aber nicht wertneutrale Staat vertreten darf. Die Erziehung zur Toleranz lehrt die Schüler, die sich in einer religiös-weltanschaulich pluralen Gesellschaft zurechtfinden müssen, die Fähigkeit der Auseinandersetzung mit Menschen anderen Glaubens oder anderer weltanschaulicher Überzeugung. Das Erziehungsziel der Toleranz fördert demnach die Bereitschaft der Schüler, religiös-weltanschaulich geprägte Konflikte friedlich zu lösen. Diese Fähigkeiten tragen ebenfalls zu einem gedeihlichen Zusammenleben in der Gesellschaft bei und sind der Pflege der „Voraussetzungen“ des Staates zuträglich.

Die religiös-weltanschauliche Neutralität des Staates ist im Grundgesetz als „offene Neutralität“ ausgestaltet. Das bedeutet, dass religiöse und weltanschauliche Überzeugungen nicht aus dem öffentlichen Leben ausgeschlossen sind und dass ihnen daher auch im Unterricht in den öffentlichen Schulen Raum zu gewähren ist.[605] Religiös-weltanschauliche Bezüge sind demzufolge im Schulunterricht nicht ausgeschlossen, der Staat hat aber darauf zu achten, dass die verschiedenen religiösen und weltanschaulichen Überzeugungen in umfassender Weise präsentiert werden. Die Darstellung der religiös-weltanschaulichen Positionen darf außerhalb des Religionsunterrichts allerdings nur darstellenden Charakter aufweisen und keinen Verbindlichkeitsanspruch haben. Die Bestimmung des Ausmaßes der Öffnung des Schulwesens für religiös-weltanschauliche Bezüge obliegt den Ländern.

Die Vermittlung ausschließlich christlicher Werte ist im Schulunterricht außerhalb des Religionsunterrichts demgegenüber vor dem Hintergrund der staatlichen Verpflichtung zur religiös-weltanschaulichen Neutralität problembehaftet.[606] Der Staat darf sich im Schulunterricht bei der Darstellung religiös-weltanschaulicher Positionen nicht auf eine bestimmte beschränken, sondern ist dazu verpflichtet, eine Darstellung aller Überzeugungen vorzunehmen. Dem religiös-weltanschaulich neutralen Staat ist es aber möglich, die herausragende Bedeutung des Christentums als kulturprägenden Faktor im Schulunterricht zu betonen,

604 Vgl. dazu oben C.II.3.c).bb).
605 Vgl. dazu C.II.3.a) sowie C.II.3.c).cc).
606 Vgl. dazu C.II.3.c).dd).

wenn hierin keine Bejahung des Wahrheitsanspruchs der christlichen Religion inbegriffen ist. Wird dies im öffentlichen Schulunterricht so gehandhabt, ist die Entscheidung der Schüler über die Aneignung bestimmter religiöser oder weltanschaulicher Überzeugungen ihnen selbst überlassen. Der Staat kann diesbezüglich lediglich einen Anreiz zur Auseinandersetzung mit religiösen oder weltanschaulichen Positionen schaffen, indem er sie den Schülern in der Schule in ausschließlich darstellender Weise präsentiert. Bilden die Schüler sich letztendlich eine eigene religiöse oder weltanschauliche Überzeugung, die sie im Verhältnis zu ihren Mitmenschen zu einem gemeinwohlorientierten Staatsbürger heranreifen lässt, so hat der Staat bereits eine weitreichende Pflege seiner „Voraussetzungen" betrieben.

III. Die Zulässigkeit des Schulgebets

Neben den zuvor behandelten landesverfassungsrechtlichen Erziehungszielen bietet sich für den Staat ein weiteres Mittel zur Pflege seiner „Voraussetzungen", wenn er den Schülern im Rahmen ihrer Anwesenheit in der öffentlichen Schule ein Schulgebet ermöglicht.

In einigen öffentlichen Pflichtschulen wird täglich zu Beginn des Schulunterrichts ein gemeinsames überkonfessionelles Schulgebet auf christlicher Glaubensgrundlage gesprochen, welches außerhalb des Religionsunterrichts stattfindet.[607] Verschafft der Staat den Schülern die Möglichkeit zum Gebet und damit zur Ausübung einer ihnen grundrechtlich in Art. 4 Abs. 1 und 2 GG ge-

607 Nicht behandelt wird in dieser Ausarbeitung die anders gelagerte Problematik des von einzelnen Schülern initiierten Gebets in der Schule. Insofern wird auf den Fall eines 16-jährigen muslimischen Schülers eines staatlichen Berliner Gymnasiums verwiesen, der einmal täglich außerhalb der Unterrichtszeit sein Gebet verrichten wollte, was die Schulleitung zu verhindern suchte. Das Verwaltungsgericht Berlin gab im diesbezüglichen Rechtsstreit zunächst der Klage des Schülers statt, vgl. VG Berlin, NVwZ-RR 2010, S. 189. Dabei verwies es auch darauf, dass die staatliche Neutralitätspflicht dem Wunsch des Schülers, sein tägliches Gebet zu verrichten, nicht entgegenstehe, da sie sich vor allem auf staatliche Aktivitäten beziehe und nicht auf die Religionsausübung der Grundrechtsträger. In der Berufungsinstanz wurde das Urteil durch das OVG Berlin-Brandenburg aufgehoben, das die Religionsfreiheit des betroffenen Schülers als durch die Glaubensfreiheit der übrigen Schüler sowie der Elternrechte und den Schulfrieden eingeschränkt ansah, vgl. OVG Berlin-Brandenburg – Az. 3 B 29.09. Das Bundesverwaltungsgericht hat die Revision als unbegründet angesehen, vgl. BVerwG NVwZ 2012, S. 162 ff. Lässt der Staat solche Schulgebete zu, so liegt hierin kein Verstoß gegen seine Verpflichtung zu religiös-weltanschaulicher Neutralität. Das Recht der Schüler, ihren Glauben zu bekunden, finde keine Schranke im Gebot der religiös-weltanschaulichen Neutralität, da der Staat sich in diesem Fall eindeutig nicht mit dem islamischen Glauben identifiziere und das Schulgebet hier auf der Entscheidung des betreffenden Schülers beruhe, vgl. BVerwG NVwZ 2012, S. 164 ff.

währleisteten Freiheit, fördert der Staat das religiöse Leben derjenigen Schüler, die ihrem Glauben auch im Rahmen der öffentlichen Schule Ausdruck verleihen möchten.

1. Die Entscheidung des Bundesverfassungsgerichts

In den 1960er und 1970er Jahren gab es einige Diskussionen um die Zulässigkeit eines solchen Gebets.[608] Das Bundesverfassungsgericht hat in seiner diesbezüglichen Entscheidung[609] das überkonfessionelle Schulgebet in einer christlich geprägten Gemeinschaftsschule für zulässig erklärt, wenn bestimmte Voraussetzungen eingehalten werden, die allerdings einer kritischen Überprüfung bedürfen.

Ziel eines solchen Schulgebets ist zunächst die Einstimmung auf den bevorstehenden Unterricht. Darüber hinaus liegt in dem Schulgebet aber auch ein „Akt religiösen Bekennens" des jeweiligen Schülers, wenn es auch als überkonfessionelles Gebet keinen Teil der Ausübung des religiösen Bekenntnisses einer bestimmten Konfession darstellt; daher ist das Schulgebet als „religiöse Übung" anzusehen.[610] Das Schulgebet ist nach der Entscheidung des Bundesverfassungsgerichts „nicht Teil des allgemeinen Schulunterrichts" und nicht als „Unterweisung" der Schüler ausgestaltet und vermittelt den Schülern kein Wissen. Dadurch dass während des Schulgebets keine „gezielte erzieherische Einflussnahme seitens Schule und Lehrer auf die Kinder" genommen werde, finde keine Vermittlung von christlichen Kultur- und Bildungswerten statt.[611]

Um nicht gegen das Gebot der religiös-weltanschaulichen Neutralität zu verstoßen, muss der Staat das Schulgebet dem Bundesverfassungsgericht zufolge auf freiwilliger Basis abhalten: „Der Staat ordnet hier nicht an, er gibt ein Angebot, von dem die Schulklasse Gebrauch machen kann."[612] Die Freiwilligkeit der Teilnahme dürfe nicht dadurch gefährdet werden, dass der nicht am Schulgebet teilnehmende Schüler in eine „diskriminierende Außenseiterstellung" gerate, sodass ihm ein zumutbares Ausweichen ermöglicht werden müsse: Dies sei etwa dann der Fall, wenn der betreffende Schüler erst nach Ende des morgendlichen Schulgebets den Klassenraum betrete oder sich zwar während der Verrichtung

---

608 Vgl. etwa *v. Zezschwitz*, JZ 1966, S. 337 ff.

609 BVerfGE 52, 223 ff.

610 BVerfGE 52, 223, 238.

611 BVerfGE 52, 223, 238 f.

612 BVerfGE 52, 223, 240. Vgl. hierzu auch *Meyer-Teschendorf*, Staat und Kirche im pluralistischen Gemeinwesen, S. 179 f.

des Gebets im Klassenraum aufhalte, sich aber mit etwas anderem beschäftigen könne.[613]

2. Stellungnahme

Zu beachten ist bei der Frage der Zulässigkeit von Schulgebeten in der öffentlichen Schule zunächst, dass die Entscheidung des Bundesverfassungsgerichts sich auf das überkonfessionelle Schulgebet in einer christlich geprägten Gemeinschaftsschule bezieht und es daher bei der Frage der Zulässigkeit des Schulgebets dem Bundesverfassungsgericht zufolge auf den Schultypus ankommt.[614]

Daher wird vertreten, dass eine Verallgemeinerung der Ausführungen des Bundesverfassungsgerichts auf andere Schultypen ausgeschlossen sei.[615] Die Zulässigkeit eines überkonfessionellen Schulgebets in staatlichen Schulen sei dann in Abhängigkeit des jeweilig betroffenen Schultyps zu bestimmen. Sei eine Bekenntnisschule betroffen, so sei ein Schulgebet unbegrenzt zulässig, da in Bekenntnisschulen ein bestimmtes religiöses Bekenntnis die Voraussetzung sei.[616] In bekenntnisfreien Schulen hingegen, die nicht christlich geprägt seien, sei die organisatorische Schaffung der Möglichkeit eines konfessionell gebundenen oder überkonfessionellen Schulgebets nicht zulässig.[617] In bekenntnisfreien Schulen sei allein das konfessionelle Gebet im Rahmen des konfessionell gebundenen Religionsunterrichts zulässig, ein überkonfessionelles Gebet hingegen nicht.[618]

Die Ansicht, die eine Übertragung der Ausführungen des Bundesverfassungsgerichts auf andere Schultypen für nicht möglich erachtet, vermag jedoch nicht zu überzeugen. Nach dem Bundesverfassungsgericht ist das Schulgebet zu Recht nicht als Teil des Unterrichts zu bewerten, sondern findet außerhalb des regulären Unterrichts statt, sodass es als freier Bekenntnisakt der Schüler in ihrer Rolle als Grundrechtsträger zu verstehen ist. Dies gilt für alle öffentlichen Schultypen, sodass es bei der Beurteilung der Zulässigkeit des Schulgebets nicht darauf ankommen kann, inwieweit in Abhängigkeit vom jeweiligen Schultyp im Schulunterricht religiöse oder weltanschauliche Bezüge zulässig sind.[619]

---

613 BVerfGE 52, 223, 245 ff.

614 BVerfGE 52, 223, 236 ff. So auch etwa *Scheuner*, DÖV 1980, S. 514.

615 *Korioth*, in: Maunz/Dürig, GG, Art. 140/Art. 136 WRV Rn. 125.

616 *Korioth*, in: Maunz/Dürig, GG, Art. 140/Art. 136 WRV Rn. 125.

617 *Korioth*, in: Maunz/Dürig, GG, Art. 140/Art. 136 WRV Rn. 125.

618 *v. Zezschwitz*, JZ 1966, S. 343.

619 *Böckenförde*, DÖV 1980, S. 326; *Muckel*, Religiöse Freiheit und staatliche Letztentscheidung, S. 178 f. m.w.N.

Bei der Frage der Zulässigkeit von Schulgebeten stehen der Möglichkeit des Staates, die Freiwilligkeit der Teilnahme am Schulgebet sicherzustellen, Bedenken entgegen.[620] Daher sollte in jedem Einzelfall gesondert geprüft werden, ob die Ausweichmöglichkeiten eines nicht teilnahmewilligen Schülers tatsächlich nicht zu einer Diskriminierung des Schülers gegenüber der übrigen Schulklasse führen und er dadurch in eine ihm unzumutbare Außenseiterposition gerät. Eine zumutbare Ausweichmöglichkeit kann für den Schüler in organisatorischer Hinsicht etwa dann geschaffen werden, wenn das Schulgebet in Dauer und Häufigkeit beschränkt ist und möglichst nur zu Beginn der ersten Unterrichtsstunde des Tages verrichtet wird.[621] Empfehlenswert erscheint es demzufolge, das Schulgebet außerhalb der Unterrichtszeit durchzuführen, um eine deutliche organisatorische Trennung des Schulgebets vom regulären Unterrichtsbetrieb zum Ausdruck zu bringen.[622]

Kritisch zu sehen ist überdies die Ansicht des Bundesverfassungsgerichts in der Hinsicht, dass es ihr zufolge verfassungsrechtlich unbedenklich sei, wenn der Lehrer das Schulgebet beginne oder es mitspreche und die Schüler dadurch zum Gebet anrege.[623]

Die Initiative zur Durchführung eines Schulgebets durch den Lehrkörper ist vor dem Hintergrund der staatlichen Verpflichtung zur religiös-weltanschaulichen Neutralität abzulehnen.[624] In einem solchen Fall stellt der Staat nicht lediglich den organisatorischen Rahmen zur Durchführung eines Schulgebets zur Verfügung und schafft dadurch Anreiz zum Gebet, sondern regt darüber hinaus auch durch die Vorbildfunktion des Lehrers zur Teilnahme am Schulgebet an.[625] Initiiert ein Lehrer das Schulgebet oder nimmt daran teil, so stellt es sich für die Schüler so dar, dass er für andere Religionen und Weltanschauungen nicht offen ist.[626] Dies ist nicht mehr lediglich Ausdruck der „offenen Neutralität“ des Staates, der sich für die Religionsausübung seiner Bürger offen zeigt und daher auch in der Schule Raum für sie lässt. In der Initiative des Lehrers bzw. in seiner Teilnahme am Gebet liegt vielmehr die staatliche Identifikation mit einer bestimmten Religion und somit ein Verstoß des Staates gegen das Gebot der religiös-weltanschaulichen Neutralität.

---

620 Krit. hierzu etwa *Böckenförde*, DÖV 1974, S. 257, dem zufolge diese Ausweichmöglichkeiten den Schüler in eine Außenseiterrolle zu verbringen vermögen und damit zu einer möglichen Diskriminierung gegenüber der übrigen Klassengemeinschaft führen könnten.

621 BVerwGE 44, 196.

622 *Böckenförde*, DÖV 1980, S. 324. Ähnlich auch *Weber*, Der Staat 8 (1969), S. 508.

623 BVerfGE 52, 223, 239.

624 So auch *Korioth*, in: Maunz/Dürig, GG, Art. 140/136 WRV Rn. 125.

625 *Korioth*, in: Maunz/Dürig, GG, Art. 140/Art. 136 WRV Rn. 125.

626 *Korioth*, in: Maunz/Dürig, GG, Art. 140/Art. 136 WRV Rn. 125.

Beschränkt sich der Staat in der öffentlichen Schule jedoch auf die bloße Zurverfügungstellung eines organisatorischen Rahmens für die Durchführung eines Schulgebets und wird lediglich die äußere Ordnung durch das Lehrpersonal überwacht, welches sich ansonsten nicht am Schulgebet beteiligt, so kann das Schulgebet stattfinden.[627] In diesem Fall ist die Ermöglichung des Schulgebets lediglich Ausdruck staatlicher Grundrechts- und somit Freiheitsvorsorge.[628] Dies ist dem Staat nicht verwehrt, da die Offenheit für Religion und Weltanschauung in der Verfassung angelegt ist und dem Staat daher eine dementsprechende Grundrechtsförderung möglich ist. Da die Schüler einen Großteil des Tages in der Schule verbringen, erscheint es auch konsequent, ihnen dort die Möglichkeit zum Schulgebet zu eröffnen.

Werden bei der Ermöglichung eines täglichen überkonfessionellen Schulgebets in der Schule die vorgenannten Bedingungen eingehalten, so verstößt der Staat nicht gegen das Gebot der religiös-weltanschaulichen Neutralität. Er ermöglicht den Schülern, die am Schulgebet teilnehmen möchten, im Rahmen des Schulunterrichts ihre positive Glaubensfreiheit gemäß Art. 4 Abs. 1 GG auszuüben. Hierin kommt die „offene Neutralität" des Staates zum Ausdruck: Der Staat ist zwar selbst in religiös-weltanschaulicher Hinsicht neutral, eröffnet seinen Bürgern aber dennoch die Möglichkeit, ihren religiösen Bedürfnissen nachzukommen. Der Staat bietet demnach die organisatorischen Rahmenbedingungen für die Religionsausübung und damit für die Ausübung grundrechtlich gewährleisteter Freiheiten, übt auf die Schüler jedoch keinen Zwang zur Wahrnehmung dieser Freiheiten aus.

In der Bereitstellung eines Rahmens für die religiöse Betätigung der Schüler schafft der Staat den Schülern einen Betätigungsraum, um auch während des Zeitraums, den sie aufgrund ihrer Schulpflichtigkeit in der Schule verbringen müssen, ihrem Glauben durch kultische Handlungen Ausdruck zu verleihen; auch hierdurch pflegt der Staat seine „Voraussetzungen".

Somit kann der Staat hier zur Pflege seiner „Voraussetzungen" beitragen, wenn ihm auch keine Möglichkeit gegeben ist, die tatsächliche Ausübung der grundrechtlich gewährleisteten Freiheiten durch die Schüler durch verbindliche Anordnung des Schulgebets sicherzustellen.

---

627 Vgl. zur staatlichen Entscheidungsfreiheit hinsichtlich der Zulassung des Schulgebets *Böckenförde*, DÖV 1980, S. 325 f., der zu dem Ergebnis kommt, dass der Staat verpflichtet sei, das Schulgebet zuzulassen, wenn dies von den Schülern oder deren Erziehungsberechtigten gefordert werde und dem keine Grundrechte Dritter entgegenstünden.

628 *Meyer-Teschendorf*, Staat und Kirche im pluralistischen Gemeinwesen, S. 177.

IV. Religiös-weltanschauliche Symbole in Schulräumen – das Schulkreuz

Der religiös-weltanschaulich neutrale Staat ist im Verhältnis zu Religionen und Weltanschauungen seiner Bürger nicht laizistisch ausgestaltet, sondern ist ihnen gegenüber „offen neutral". Das bedeutet, dass er den Bürgern einen Betätigungsraum gewährt, nach ihren Glaubensüberzeugungen zu leben und zu handeln.[629] Von der Glaubensfreiheit gemäß Art. 4 Abs. 1 GG ist die Freiheit umfasst, an kultischen Handlungen teilzunehmen sowie dem Glauben durch religiöse Symbole Ausdruck zu verleihen.[630]

Bietet der „offen neutrale" Staat den Grundrechtsträgern demnach im öffentlichen Raum durch die Anbringung von religiösen Symbolen die Möglichkeit zur Entfaltung ihrer Glaubensfreiheit, so unterstützt er die Bürger darin, ihren Glaubensüberzeugungen gemäß zu leben. Durch diese Unterstützung pflegt der Staat zugleich auch seine „Voraussetzungen", die nicht zuletzt in den durch Religion und Weltanschauung vermittelten ethischen Überzeugungen liegen. Als Ort zur Pflege seiner „Voraussetzungen" bietet sich für den Staat wie bereits ausgeführt insbesondere die öffentliche Schule an, in der er nicht nur durch die inhaltliche Gestaltung des Unterrichts, sondern auch durch die Ausgestaltung der Schulräumlichkeiten die ethischen Überzeugungen der Schüler ansprechen kann.

1. Das staatlich veranlasste Schulkreuz

Fraglich ist nun, ob der Staat die Anbringung religiöser Symbole in Schulräumen nicht bekenntnisgebundener Pflichtschulen durch verbindliche Anordnung veranlassen kann.[631]

629 Vgl. etwa BVerfGE 32, 98, 106. Zur „offenen Neutralität" des religiös-weltanschaulich neutralen Staates vgl. auch oben B.I.1.

630 BVerfGE 93, 1, 15 f.

631 Bei Bekenntnisschulen stellt sich die Problematik der Vereinbarkeit einer staatlich veranlassten Anbringung religiöser Symbole in den Schulräumen mit dem Gebot der religiös-weltanschaulichen Neutralität nicht, da die Schüler hier „im Geist des Bekenntnisses erzogen" werden, vgl. hierzu bereits oben C.II.2.b).

a) Die Entscheidung des Bundesverfassungsgerichts

Der Beschluss des Bundesverfassungsgerichts zum Kreuz in bayerischen Schulräumen vom 16. Mai 1995[632] zur Vorschrift des § 13 Abs. 1 S. 3 der Schulordnung für die Volksschulen in Bayern („In jedem Klassenzimmer ist ein Kreuz anzubringen.“) hat nicht nur in der rechtswissenschaftlichen Literatur[633] für Diskussionen gesorgt.

Im ersten Leitsatz der Entscheidung des Bundesverfassungsgerichts heißt es:

> „Die Anbringung eines Kreuzes oder Kruzifixes in den Unterrichtsräumen einer staatlichen Pflichtschule, die keine Bekenntnisschule ist, verstößt gegen Art. 4 Abs. 1 GG.“

Das Kreuz ist der Entscheidung des Bundesverfassungsgerichts zufolge „Symbol einer bestimmten religiösen Überzeugung und nicht etwa der Ausdruck der vom Christentum mitgeprägten abendländischen Kultur.“[634] Aufgrund des appellativen Charakters des Kreuzes, dem die andersgläubigen Schüler im Klassenzimmer in unausweichlicher Weise ausgesetzt seien, verletze die staatlich veranlasste Anbringung eines Kreuzes in Schulräumen die negative Glaubensfreiheit der übrigen Schüler.[635] Folglich überschreite die Anbringung von Kreuzen in Klassenzimmern die Grenze religiös-weltanschaulicher Ausrichtung der Schule und verstoße gegen Art. 4 Abs. 1 GG.[636]

b) Kritik an der Entscheidung des Bundesverfassungsgerichts

Gegen den Beschluss des Bundesverfassungsgerichts wird in der rechtswissenschaftlichen Literatur vor allem eingewandt, dass dem Kreuz im Klassenzimmer

---

632 BVerfGE 93, 1. Vgl. auch die Entscheidung der Zweiten Kammer des Europäischen Gerichtshofs für Menschenrechte vom 3.11.2009, DÖV 2010, S. 144.

633 Vgl. etwa *Eberl*, BayVBl. 1996, S. 107 ff.; *Müller-Volbehr*, JZ 1995, S. 996 ff.; *Muckel*, KuR 1996, S. 65 ff. Vgl. auch den Überblick bei *Avenarius/Füssel*, Schulrecht, S. 131 Fn. 106.

634 BVerfGE 93, 1, 19: „Das Kreuz gehört nach wie vor zu den spezifischen Glaubenssymbolen des Christentums. Es ist geradezu sein Glaubenssymbol schlechthin. Es versinnbildlicht die im Opfertod Christi vollzogene Erlösung des Menschen von der Erbschuld, zugleich aber auch den Sieg Christi über Satan und Tod und seine Herrschaft über die Welt, Leiden und Triumph in einem.“

635 BVerfGE 93, 1, 15 ff.

636 BVerfGE 93, 1, 23 f. Infolge der Entscheidung des Bundesverfassungsgerichts wurde in das Bayerische Gesetz über das Erziehungs- und Unterrichtswesen die Bestimmung des Art. 7 Abs. 3 BayEUG eingefügt, der zufolge das Gebot der Anbringung eines Kreuzes in jedem Klassenzimmer mit einem Recht der Erziehungsberechtigten verbunden wurde, aus ernsthaften und einsehbaren Gründen des Glaubens oder der Weltanschauung zu widersprechen. Vgl. hierzu auch die kritischen Anmerkungen etwa von *Czermak*, DÖV 1998, S. 107 ff. und *Huster*, Die ethische Neutralität des Staates, S. 243 ff.

kein Zwangscharakter innewohne. Zudem sei es dem religiös-weltanschaulich neutralen Staat nicht möglich, die Bedeutung des Kreuzes zu definieren, was vielmehr den Kirchen obliege: Das Kreuz sei ein grundsätzlich „sinnvariierendes Symbol", wobei es dem Staat aufgrund seiner religiös-weltanschaulichen Neutralität nicht erlaubt sei, den Sinngehalt des Kreuzsymbols dergestalt festzulegen, dass ihm eine missionarische Zwangswirkung zugeschrieben werde.[637] Das Kreuz in der öffentlichen Pflichtschule helfe lediglich dabei, den Schülern die Werte und Normen des Christentums als Kultur- und Bildungsfaktor zu vermitteln und sei nicht auch als religiöses Symbol aufzufassen.[638] Das Kreuz habe seinen christlichen Charakter vielmehr längst abgelegt.[639]

c) Stellungnahme

Der vorstehenden Ansicht ist zwar insofern zuzustimmen, als es in grundrechtsrelevanten Bereichen auf das Selbstverständnis des Grundrechtsträgers ankommt und es dem religiös-weltanschaulich neutralen Staat verwehrt ist, den Glaubensinhalt einer Religion oder Weltanschauung zu bestimmen oder zu bewerten.[640] Diese Überlegung mag auf die Aussagekraft religiös-weltanschaulicher Symbole übertragbar sein, sodass ihre Bedeutung von denjenigen zu bestimmen ist, die sie betrachten.[641]

Der dem Bundesverfassungsgericht widersprechenden Ansicht ist allerdings entgegenzuhalten, dass es für die Feststellung eines Neutralitätsverstoßes bei der staatlichen Anbringung eines Kreuzes im Schulraum unerheblich ist, ob der Staat eine Deutung des Kreuzsymbols vornimmt oder nicht: Dem Symbol des Kreuzes kann zum Einen die Verbindung zum Christentum nicht abgesprochen werden, sodass für die Betrachter des im Klassenraum angebrachten Kreuzes der Anschein nicht geleugnet werden kann, dass der Staat die christlichen Religionen unterstützt und sich ihnen verbunden zeigt. Es ist nicht belegt, dass das Symbol des Kreuzes mittlerweile seine christliche Bedeutung abgelegt hat und nur noch ausschließliches Symbol der kulturellen Bedeutung des Christentums ist.[642]

Die staatlich veranlasste Anbringung eines Kreuzes im Schulraum ist daher nicht mit dem Gebot der religiös-weltanschaulichen Neutralität zu vereinbaren.[643]

---

637 *M. Heckel*, DVBl. 1996, S. 465 ff.

638 *M. Heckel*, DVBl. 1996, S. 465; *Isensee*, ZRP 1996, S. 14; *Müller-Volbehr*, JZ 1995, S. 997.

639 *M. Heckel*, DVBl. 1996, S. 467.

640 Vgl. hierzu bereits oben B.I.4.a).

641 *Jeand'Heur/Korioth*, Grundzüge des Staatskirchenrechts, Rn. 108.

642 So auch *Muckel*, in: Friauf/Höfling, BKGG, Art. 140 Rn. 34.

643 So im Ergebnis auch *Schmitt-Kammler*, In hoc signo, S. 343ff. In der Entscheidung des Bundesverfassungsgerichts wird der Verstoß des Staates gegen seine Verpflichtung zur religiös-

Dem religiös-weltanschaulich neutralen Staat ist zwar kein laizistisches Verhältnis zu Religionen und Weltanschauungen aufgegeben. Der „offen neutrale" Staat darf sich jedoch nicht mit einer bestimmten Religion oder Weltanschauung identifizieren und sie so gegenüber anderen Religionen und Weltanschauungen privilegieren. Dies bedeutet, dass der Staat bei der Anordnung der Anbringung eines religiös-weltanschaulichen Symbols nicht einseitig Partei für eine bestimmte Religion oder Weltanschauung ergreifen darf.[644] Ordnet der Staat also die Anbringung eines Kreuzes in den Schulräumen an, so offenbart er mit dieser Anordnung seine Verbundenheit mit der christlichen Religion und trifft eine parteiische Stellungnahme und verstößt so gegen das Gebot der religiös-weltanschaulichen Neutralität.

Anders gelagert wäre der Fall nur dann, wenn nicht nur die Anbringung eines christlichen Symbols angeordnet würde, sondern darüber hinaus auch alle anderen religiös-weltanschaulichen in der Klasse vertretenen Überzeugungen mittels Symbolen im Schulraum Berücksichtigung finden würden.[645] In dieser Ausgestaltung der Anbringung von religiös-weltanschaulichen Symbolen läge keine staatliche Parteinahme zugunsten einer bestimmten religiös-weltanschaulichen Position und damit auch keine verbotene Identifizierung mit einer solchen. Vielmehr ist darin ein Ausdruck der „offenen Neutralität" des Staates zu sehen, der „zugunsten von Religion und Weltanschauung im allgemeinen Partei" ergreift.[646]

2. Von Schülern und Erziehungsberechtigten angebrachte religiös-weltanschauliche Symbole

Der Konzeption der „offenen Neutralität" des Bundesverfassungsgerichts, die auch hier vertreten wird, entspricht ebenfalls eine Anbringung religiös-weltanschaulicher Symbole in den Schulräumen, die auf die Initiative der Schüler bzw. der Erziehungsberechtigten hin erfolgt.[647]

---

weltanschaulichen Neutralität nicht deutlich genug herausgearbeitet. Das Bundesverfassungsgericht nimmt vielmehr eine Abwägung zwischen der negativen und positiven Glaubensfreiheit der Schüler des Klassenverbandes vor und verkennt dabei die Relevanz der staatlichen Anordnung zur Anbringung eines Kreuzes im Klassenraum. In der staatlich veranlassten Anordnung ist in erster Linie eine Einwirkung des Staates auf die Grundrechtsträger zu sehen und nicht die positive oder negative Einwirkung der Grundrechtsträger untereinander, so auch *Schmitt-Kammler/Thiel*, in: Sachs, GG, Art. 7 Fn. 80; *Schmitt-Kammler*, In hoc signo, S. 352 ff.

644 So auch *Huster*, Die ethische Neutralität des Staates, S. 237.

645 So auch *Huster*, Die ethische Neutralität des Staates, S. 237 m.w.N.

646 Formulierung nach *Muckel*, Religiöse Freiheit und staatliche Letztentscheidung, S. 179 Fn. 380.

647 Vgl. hierzu auch *Huster*, Die ethische Neutralität des Staates, S. 237 ff.

Diesbezüglich wird allerdings die Ansicht vertreten, dass sowohl die staatliche Anordnung der Anbringung eines religiös-weltanschaulichen Symbols als auch die staatliche Gestattung derselben dem Staat als „schulische Veranstaltung" zuzurechnen sei, weshalb auch das religiös-weltanschauliche Symbol dem Staat zugerechnet werden müsse.[648]

Hiergegen lässt sich jedoch erwidern, dass der „offen neutrale" Staat im Falle der bloßen Gestattung der Anbringung von Schulkreuzen im Klassenzimmer lediglich Raum für die Entfaltung von Religion und Weltanschauung bietet und sie nicht aus dem öffentlichen Leben ausschließt. Er fördert damit nur die Ausübungsmöglichkeiten der religiösen und weltanschaulichen Überzeugungen der Bürger, stellt es ihnen aber frei, ob und wie sie ihrer Religion oder Weltanschauung Ausdruck verleihen möchten. In diesem Fall ist keine „vom Staat geschaffene Lage, in der der Einzelne ohne Ausweichmöglichkeiten"[649] einem religiösen Symbol ausgesetzt ist, zu erkennen. Die Entscheidung über die Anbringung eines Kreuzes im Klassenzimmer obliegt vielmehr den Erziehungsberechtigten bzw. den Schülern, denen dann auch das angebrachte religiöse Symbol zuzurechnen ist.

a) Symbolhafte Darstellung aller im Klassenverband vertretener religiöser und weltanschaulicher Überzeugungen

Denkbar ist zunächst eine Regelung, nach der die in der Schulklasse vertretenen religiösen oder weltanschaulichen Überzeugungen in dem Ausmaß als Symbole im Klassenzimmer angebracht werden, in dem sie zahlenmäßig im Klassenverband vertreten sind: Diese Ausgestaltung der Anbringung religiöser Symbole hat zur Folge, dass die religiös-weltanschaulichen Positionen mit ihren jeweiligen Symbolen paritätisch vertreten werden, wobei eine Unterscheidung bezüglich der Größe sowie der Anzahl der Symbole stattfindet.[650]

Zu bedenken ist allerdings, dass vor allem den atheistischen Weltanschauungen im Vergleich zum Christentum, welches sich durch das Kreuz symbolisieren lässt, möglicherweise kein derartig deutlich erkennbares Symbol ihrer religiösweltanschaulichen Überzeugung zur Verfügung steht.[651]

Dies ist jedoch mit der „offenen" Neutralität des Staates in religiös-weltanschaulicher Hinsicht vereinbar: Solange der Staat jeder Religion oder Weltanschauung gleichermaßen den Raum zur Entfaltung – etwa in Form der Darstel-

648 *M. Heckel*, DVBl. 1996, S. 463 ff.

649 BVerfGE 93, 1, 16.

650 *Huster*, Die ethische Neutralität des Staates, S. 237.

651 Dieses Problem erkennt auch *Huster*, Die ethische Neutralität des Staates, S. 238.

lung anhand von Symbolen – bietet, ist in einer faktischen Benachteiligung atheistischer Weltanschauungen, denen kein dem Kreuz entsprechendes Symbol zukommt, keine Identifizierung des Staates mit den Religionen oder Weltanschauungen zu sehen, die solche Symbole besitzen.[652] Hierdurch mag der Atheismus zwar der Gefahr ausgesetzt sein, vom Staat tatsächlich ausgegrenzt zu werden.[653] Dies ist aber nicht als staatliche Identifizierung mit den übrigen Religionen oder Weltanschauungen zu sehen, sondern als bloß faktische Auswirkung der allen religiösen und weltanschaulichen Überzeugungen gebotenen Möglichkeit, den vom Staat zur Verfügung gestellten Raum zu nutzen.

b) Die Anbringung eines einzigen religiösen Symbols nach dem Konsensprinzip

Die Anbringung eines einzigen religiösen Symbols wäre etwa dann gerechtfertigt, wenn darüber ein allgemeiner Konsens im Klassenverband erzielt wurde: Dies bedeutet nicht, dass der staatliche Raum des Schulunterrichts gewissermaßen privatisiert und aus dem Geltungsbereich verfassungsrechtlicher Grundsätze herausgenommen wird.[654] Hierin ist vielmehr eine paritätische staatliche Religionsförderung zu sehen, da der Staat Raum zur Entfaltung von Religion bietet, die grundsätzlich allen im Klassenverband vertretenen religiösen und weltanschaulichen Überzeugungen zu Gute kommt.

c) Die Anbringung eines einzigen religiös-weltanschaulichen Symbols nach dem Mehrheitsprinzip

Überdies ist an eine Ausgestaltung der von Schülerseite aus veranlassten Anbringung der religiös-weltanschaulichen Symbole nach dem Mehrheitsprinzip denkbar, wobei aufgrund einer Mehrheitsentscheidung der Elternvertretung ein einziges Symbol ausgewählt wird, welches im jeweiligen Klassenzimmer angebracht wird.[655]

Gegen die Zulässigkeit eines solchen Mehrheitsmodells spricht allerdings, dass die Mehrheit in diesem Fall mit ihrer religiös-weltanschaulichen Überzeu-

---

652 Im Ergebnis liegt auch nach *Huster*, Die ethische Neutralität des Staates, S. 238 Fn. 400, keine Verletzung des Gebots der religiös-weltanschaulichen Neutralität vor. Vom Staat wird ihm zufolge lediglich ein in der Begründung neutrales Handeln verlangt, eine Auswirkungsneutralität hingegen ist nicht erforderlich. Vgl. hierzu auch oben B.II.3.a).

653 So etwa *Frowein*, Diskussionsbeitrag, in: VVDStRL 59 (2000), S. 312.

654 *Schmitt-Kammler*, In hoc signo, S. 348.

655 Dafür etwa *Flume*, NJW 1995, S. 2905.

gung gegenüber der Minderheit eine privilegierte Position erreichen kann.[656] Eine Abstimmung über individuelle Freiheiten ist jedoch nicht möglich, die Elternvertretung darf nicht das „höchstpersönliche Erziehungsrecht der einzelnen Eltern an sich ziehen und majorisieren".[657]

3. Fazit

Bei der Unterstützung der religiös-weltanschaulichen Überzeugungen der Schüler durch die Anbringung religiös-weltanschaulicher Symbole in den Schulräumen ist somit zu differenzieren: Der religiös-weltanschaulich neutrale Staat darf keine Anbringung einzelner religiös-weltanschaulicher Symbole veranlassen, da er sich dadurch mit den religiösen oder weltanschaulichen Überzeugungen identifizierte und daher gegen seine Verpflichtung zur religiös-weltanschaulichen Neutralität verstieße.

Anders liegt der Fall, wenn die staatlich veranlasste Symbolanbringung im Klassenraum sich auf alle im Klassenverband vertretenen religiösen oder weltanschaulichen Positionen bezieht. Eine solche Vorgehensweise zeigt die „offene Neutralität" des Staates, der gegenüber Religion und Weltanschauung an sich offen ist. Dies gilt ebenso für religiöse oder weltanschauliche Symbole, die von Schülern oder Erziehungsberechtigten angebracht werden. Der Staat bietet hier nur den Raum für das Anbringen religiös-weltanschaulicher Symbole, sodass hierin keine religiöse oder weltanschauliche Position des Staates zu sehen ist. Denkbar ist auch der Fall, dass der Klassenverband sich einig ist über die Anbringung nur eines Symbols, das eine bestimmte Religion oder Weltanschauung repräsentiert.

V. Religionsunterricht zur Förderung der „Voraussetzungen" des Staates

Eine weitere Möglichkeit, seine „Voraussetzungen" zu pflegen, besteht für den Staat im Religionsunterricht in den öffentlichen Schulen. Der in Art. 7 Abs. 3 GG erwähnte Religionsunterricht zählt zu den gemeinsamen Angelegenheiten von Staat und Kirche. Art. 7 Abs. 3 GG normiert, dass der Religionsunterricht an allen öffentlichen Schulen mit Ausnahme der bekenntnisfreien Schulen ordentli-

---

656 *Huster*, Die ethische Neutralität des Staates, S. 238.
657 *Isensee*, Der Staat 20 (1981), S. 164.

ches Lehrfach ist.[658] Der Religionsunterricht ist jedoch in beinahe allen Bundesländern nicht nur für Bekenntnisschulen, sondern auch für die übrigen Schularten als ordentliches Lehrfach vorgesehen.[659]

Da der Religionsunterricht als ordentliches Lehrfach einzurichten ist, darf er weder räumlich noch sachlich aus dem Bereich der Schule ausgeklammert werden: Ihm muss im Lehrplan, in der zeitlichen Unterrichtsordnung sowie der übrigen Schulorganisation ein Platz zukommen.[660] Der Religionsunterricht als ordentliches Lehrfach ist neben den anderen ordentlichen Lehrfächern gleichberechtigt, sodass der Religionslehrer an der Lehrerkonferenz beteiligungsberechtigt ist und die Note versetzungserheblich sein kann.[661] Die Sach- und Personalkosten des Religionsunterrichts werden vom zuständigen Schulkostenträger und nicht etwa von der jeweiligen Religionsgemeinschaft getragen.[662]

Die verfassungsrechtliche Garantie des Religionsunterrichts ist in historischer Hinsicht auf die beiden christlichen Großkirchen zugeschnitten.[663] Die Garantie steht darüber hinaus aber auch anderen Religionsgemeinschaften offen. Nach dem Bundesverwaltungsgericht und der herrschenden Auffassung im Schrifttum sind diesbezüglich folgende Voraussetzungen zu erfüllen: dauerhafter, organisierter Personenzusammenschluss, festliegende Glaubensinhalte und deren Bezeugung nach außen.[664]

1. Inhalte des Religionsunterrichts

Gemäß Art. 7 Abs. 3 S. 2 GG wird der Religionsunterricht in Übereinstimmung mit den Grundsätzen der jeweiligen Religionsgemeinschaft erteilt. Demzufolge

---

658 Eingeschränkt wird Art. 7 Abs. 3 GG durch die sog. „Bremer Klausel" des Art. 141 GG, die die Länder von der Geltung des Art. 7 Abs. 3 GG ausnimmt, in denen am 1. Januar 1949 eine andere landesrechtliche Regelung galt. Vgl. hierzu etwa *v. Campenhausen/de Wall*, Staatskirchenrecht, S. 210 ff.

659 Vgl. nur Art. 18 S. 1 Verf BW; Art. 136 Abs. 2 S. 1 Verf BY; Art. 57 Abs. 1 S. 1 Verf HE; Art. 14 Abs. 1 S. 1 Verf NRW; Art. 25 Abs. 1 ThürV.

660 *Badura*, in: Maunz/Dürig, GG, Art. 7 Rn. 75.

661 *v. Campenhausen/de Wall*, Staatskirchenrecht, S. 213. Die Frage der Versetzungserheblichkeit der Benotung des Religionsunterrichts war in früherer Zeit umstritten, vgl. hierzu ausführlich etwa *F. Müller/Pieroth*, Religionsunterricht als ordentliches Lehrfach m.w.N.

662 *Badura*, in: Maunz/Dürig, GG, Art. 7 Rn. 75.

663 *Schmitt-Kammler/Thiel*, in: Sachs, GG, Art. 7 Rn. 41.

664 BVerwG NVwZ 2000, S. 922, 926; *Link*, HdbStKirchR II, S. 500. Diese Voraussetzungen decken sich überwiegend mit denen für die Verleihung der Rechte einer Körperschaft des öffentlichen Rechts. Zu Verfassungsfragen bezüglich der Einführung eines islamischen Religionsunterrichts vgl. etwa *M. Heckel*, JZ 1999, S. 741 ff.; *Hillgruber*, JZ 1999, S. 538 ff.; *Korioth*, NVwZ 1997, S. 1041 ff.; *Muckel*, JZ 2001, S. 58 ff.; *Stock*, NVwZ 2004, S. 1399 ff.

liegt die inhaltliche Gestaltung des Religionsunterrichts im Verantwortungsbereich der jeweiligen Religionsgemeinschaft, sodass der Religionsunterricht in weiten Teilen ein bekenntnisgebundener Unterricht ist.[665] Er ist damit mehr als eine reine historisierende Religionskunde.[666] Da der Religionsunterricht als ordentliches Lehrfach ausgestaltet ist, muss er auf wissenschaftlicher Grundlage erfolgen und kann nicht ausschließlich in Form einer Glaubensunterweisung und Verkündigung oder als auf Gebet und Meditation beschränkte Veranstaltung erteilt werden.[667] Der Religionsunterricht muss auch der Wissensvermittlung dienen, darf aber nicht lediglich allgemeine Konfessionskunde sein. Er ist daher

> „keine überkonfessionelle vergleichende Betrachtung religiöser Lehren, nicht bloße Morallehre, Sittenunterricht, historisierende und relativierende Religionskunde, Religions- und Bibelgeschichte. Sein Gegenstand ist vielmehr der Bekenntnisinhalt, nämlich die Glaubenssätze der jeweiligen Religionsgemeinschaft. Diese als bestehende Wahrheit zu vermitteln, ist seine Aufgabe."[668]

Auch wenn den Religionsgemeinschaften das inhaltliche Bestimmungsrecht bezüglich der Unterrichtsgestaltung zukommt, so ist der Religionsunterricht in öffentlichen Schulen dennoch eine Veranstaltung des staatlichen oder sonstigen öffentlichen Trägers, sodass der Staat in sachlicher sowie rechtlicher Hinsicht für die Unterrichtsdurchführung verantwortlich zeichnet.[669] Art. 7 Abs. 3 S. 2 GG zufolge wird der Religionsunterricht „unbeschadet des staatlichen Aufsichtsrechts" erteilt. Die Aufsicht des Staates bezieht sich auf die Einhaltung der Schulordnung sowie die äußere Gesetzmäßigkeit sowie Zweckmäßigkeit des Unterrichts, aber auch auf die Ausübung des Rechts der Religionsgemeinschaft, den Unterricht nach ihren Grundsätzen zu erteilen.[670]

Die Reichweite des staatlichen Aufsichtsrechts wird begrenzt durch die Religionsfreiheit gemäß Art. 4 Abs. 1 und 2 GG und durch das Selbstbestimmungsrecht der betroffenen Religionsgemeinschaften aus Art. 140 GG i.V.m. Art. 137 Abs. 3 WRV begrenzt.[671] Daraus ergibt sich, dass der Staat die Unterrichtsinhalte des Religionsunterrichts nur hinsichtlich der Frage überprüfen kann, ob die Bildungs- und Erziehungsziele der übrigen Schulfächer nicht grundlegend in Frage

---

665 Vgl. hierzu auch BVerfG NJW 1987, S. 1873.

666 *Schmitt-Kammler/Thiel*, in: Sachs, GG, Art. 7 Rn. 39 f.

667 BVerfG NVwZ 1987, S. 1873; *Niehues/Rux*, Schulrecht, Rn. 258.

668 BVerfG NVwZ 1987, S. 1873.

669 *Schmitt-Kammler/Thiel*, in: Sachs, GG, Art. 7 Rn. 47; *Link*, in: HdbStKirchR II, S. 459. Die Religionsgemeinschaften wirken jedoch in maßgeblicher Weise an den Lehrplänen für den Religionsunterricht mit.

670 *Badura*, in: Maunz/Dürig, GG, Art. 7 Rn. 90.

671 *Badura*, in: Maunz/Dürig, GG, Art. 7 Rn. 91.

gestellt werden.[672] Die staatlichen Erziehungsziele entfalten auch im Religionsunterricht Geltung, da er als ordentliches Lehrfach eingerichtet ist. Die Inhalte des Religionsunterrichts dürfen folglich zum Beispiel nicht die in Art. 79 Abs. 3 GG umschriebenen Verfassungsprinzipien zur Disposition stellen.[673]

Insgesamt lässt sich feststellen, dass im Religionsunterricht Inhalte vorgestellt werden, die geglaubt werden *sollen*.[674] Das bedeutet, dass Religionsunterricht nicht neutral ausgestaltet sein kann, sondern die dort präsentierten Inhalte werden vielmehr mit Anspruch auf Wahrheit vermittelt.[675]

2. Die Verpflichtung zur Teilnahme am Religionsunterricht

Gemäß Art. 7 Abs. 2 GG haben die Erziehungsberechtigten das Recht, über die Teilnahme des Kindes am Religionsunterricht zu bestimmen. Nach Vollendung des vierzehnten Lebensjahrs sind Kinder § 5 S. 1 RelKErzG religionsmündig, was bedeutet, dass ihnen ab diesem Zeitpunkt das Recht der Bekenntnisbestimmung und damit die Befugnis zur Abmeldung vom Religionsunterricht zukommt.[676]

3. Die Funktion des Religionsunterrichts

Vielen Ansichten zufolge ist Ratio des Religionsunterrichts die Sicherung der den Staat am Leben haltenden Voraussetzungen im Sinne des „*Böckenförde*-Diktums", indem religiöse Werte gepflegt werden, die den Schülern die Entscheidung darüber erleichtern können, wie sie ihre persönliche Freiheit ausüben möchten.[677] Hiergegen wird eingewandt, dass ein solches Verständnis der Zwecksetzung des Religionsunterrichts nicht mit der religiös-weltanschaulichen Neutralität zu vereinbaren sei, da der Staat nach diesem Verständnis das Haben einer Religion deutlich bevorzuge; zudem sei zu bemängeln, dass die Religion für staatliche Zwecke beansprucht werde.[678] Dem ist aber entgegenzuhalten, dass der Staat durchaus ein Eigeninteresse an Religion und Weltanschauung haben

672 *M. Heckel*, JZ 1999, S. 748 ff.; *Schmitt-Kammler/Thiel*, in: Sachs, GG, Art. 7 Rn. 59 m.w.N.
673 BVerwGE 123, 49, 73 f.
674 *Oebbecke*, DVBl. 1996, S. 341: „Religionsunterricht erteilt, wer nicht nur sagt, was geglaubt wird, sondern was geglaubt werden soll."
675 *Schmitt-Kammler/Thiel*, in: Sachs, GG, Art. 7 Rn. 40.
676 *Link*, HdbStKirchR II, S. 475 f.; *Schmitt-Kammler/Thiel*, in: Sachs, GG, Art. 7 Rn. 52.
677 Vgl. nur *M. Heckel*, JZ 1999, S. 746 m.w.N.
678 *Oebbecke*, DVBl. 1996, S. 340.

kann, ohne dass hierin eine Identifikation mit dem Haben einer Religion oder Weltanschauung zu sehen ist. Die Neutralitätskonzeption des Grundgesetzes zeichnet sich durch eine Offenheit gegenüber religiösen und weltanschaulichen Überzeugungen aus, sodass ihnen auch im Rahmen des Unterrichts in den öffentlichen Schulen Raum zur Entfaltung zu gewähren ist. Die „offene Neutralität" ist in der Verfassung selbst angelegt und offenbart sich etwa in den grundrechtlichen Gewährleistungen des Art. 4 Abs. 1 und 2 GG.

Auf diese grundrechtlichen Gewährleistungen bezieht sich eine weitere Funktion des Religionsunterrichts, die genannt wird: Dieser zufolge eröffnet der Religionsunterricht den Schülern die Möglichkeit, ihre Glaubensfreiheit gemäß Art. 4 Abs. 1 GG auszuüben und fördert so ihre Grundrechtsposition.[679]

Daneben bietet der Religionsunterricht den Eltern, die eine Erziehung ihrer Kinder im Sinne ihrer religiösen Überzeugung wünschen, die Möglichkeit, dieses Ziel auch in der Schule unterstützt zu sehen, und dient damit dem Erziehungsrecht der Eltern aus Art. 6 Abs. 2 S. 1 GG.[680]

Der Staat fördert allen voranstehenden Zwecksetzungen der Einrichtung des Religionsunterrichts zufolge durch sie demnach die Auseinandersetzung der Schüler mit religiösen Werten, die im bekenntnisgebundenen Religionsunterricht als verbindliche Werte vorgestellt werden können. Dem religiös-weltanschaulich neutralen Staat ist es aber nicht möglich, „eigenmächtig" Religionsunterricht einzuführen und inhaltlich zu gestalten. Er ist aus Art. 7 Abs. 3 GG lediglich verpflichtet, ihn als Angebot bereitzuhalten, welches die jeweiligen Religionsgemeinschaften wahrnehmen, aber auch ausschlagen können.[681]

4. Fazit

Insgesamt ist festzuhalten, dass auch der religiös-weltanschaulich neutrale Staat ein Eigeninteresse an Religionsunterricht haben kann, ohne dass er sich durch Angebot und Ermöglichung des Religionsunterrichts mit den dort vermittelten religiösen Überzeugungen identifizierte. Hinsichtlich der inhaltlichen Gestaltung ist es dem Staat aufgrund seiner Verpflichtung zu religiös-weltanschaulicher Neutralität verwehrt, den Religionsgemeinschaften Vorgaben zu machen. Er-

---

679 *Oebbecke*, DVBl. 1996, S. 341.

680 *Niehues/Rux*, Schulrecht, Rn. 250.

681 *Jeand'Heur/Korioth*, Grundzüge des Staatskirchenrechts, Rn. 307. Art. 7 Abs. 3 S. 1 GG beinhaltet der herrschenden Lehre zufolge die institutionelle Gewährleistung von Religionsunterricht, vgl. etwa BVerfG NVwZ 1987, S. 1873; *Oebbecke*, DVBl. 1996, S. 339. Ob es darüber hinaus auch ein Grundrecht auf Religionsunterricht gibt, ist umstritten. Vgl. dazu etwa die Nachweise bei *Jeand'Heur/Korioth*, Grundzüge des Staatskirchenrechts, Rn. 311 f.

möglicht der Staat Religionsunterricht und ist dabei innerlich distanziert von den dort präsentierten Inhalten, so ist der Religionsunterricht Ausprägung der „offenen Neutralität“ des Staates, der Religion und Weltanschauung gerade nicht aus dem öffentlichen Leben heraushält, sondern vielmehr „hereinnimmt“. Die im bekenntnisgebundenen Religionsunterricht mit Wahrheitsanspruch vorgestellten religiösen Inhalte können den Schülern Orientierungshilfen für ihr sittliches Verhalten bieten, die dem gesellschaftlichen Zusammenleben zuträglich sind. Auch dadurch dass der Staat den Religionsgemeinschaften Raum für Religionsunterricht in den öffentlichen Schulen bietet, kann er somit seine „Voraussetzungen“ pflegen, ohne das Gebot der religiös-weltanschaulichen Neutralität zu verletzen.

VI. Verfassungsrechtliche Voraussetzungen der organisatorischen Ausgestaltung des Ethikunterrichts

In einigen Bundesländern wird für diejenigen Schüler, die von ihrem Recht zur Abmeldung vom Religionsunterricht Gebrauch gemacht haben, ein Ersatzunterricht in der Gestalt eines Ethikunterrichts angeboten, der in diesem Fall ein alternatives Pflichtfach darstellt.[682] Ebenso ist die Einführung eines für alle Schüler obligatorischen Ethikunterrichts denkbar, der kein Ersatzfach für den Religionsunterricht darstellt, sondern originäres Pflichtfach ist.[683]

Wie bereits im Hinblick auf die inhaltliche Ausgestaltung von nicht bekenntnisgebundenen Schulfächern ausgeführt, können im Rahmen einer persönlich-weltanschaulichen Erziehung der Schüler im Schulunterricht religiös-weltanschauliche Bezüge hergestellt werden.[684] Die Unterrichtsinhalte, die an religiös-weltanschaulich sensible Themen anknüpfen, müssen den Schülern allerdings vor dem Hintergrund der religiös-weltanschaulichen Neutralität des Staates ohne Wahrheitsanspruch vermittelt werden. Im Rahmen des nicht bekenntnisgebundenen Schulunterrichts darf nur eine Darstellung der existierenden religiösen und weltanschaulichen Werte und Überzeugungen stattfinden, der Staat darf aber nicht eine Religion oder Weltanschauung präferieren und ihre Werte als verbindliche vorstellen.

---

682 § 100a bw SchulG; Art. 137 Abs. 2 Verf BY; § 8 Abs. 4 HSchG; Art. 35 Abs. 2 RhPfVerf; § 15 Abs. 1 S. 2 und 3 saarl SchoG; Art. 105 Abs. 1 sächsVerf; Art. 27 Abs. 3 LSAVerf; Art. 25 Abs. 1 ThürV.

683 Vgl. hierzu oben C.II.3.c).cc).

684 Vgl. zum Folgenden bereits C.II.3.a).

Die verfassungsrechtliche Zulässigkeit der vorgenannten organisatorischen Ausgestaltungen des Ethikunterrichts als Ersatzfach bzw. als Pflichtfach wird im folgenden Abschnitt behandelt.

1. Ethikunterricht als Pflichtfach

Grundsätzlich ist dem Staat die Einführung eines Ethikunterrichts als für alle Schüler verbindliches Pflichtfach möglich: Dies steht den Bundesländern aufgrund ihrer schulischen Gestaltungsfreiheit offen.[685] Nicht nur bei der inhaltlichen, sondern auch bei der organisatorischen Ausgestaltung des Ethikunterrichts muss der Staat aber das Gebot der religiös-weltanschaulichen Neutralität beachten.

a) Das Schulfach „Lebensgestaltung – Ethik – Religionskunde"

Das im Jahr 1996 in Brandenburg eingeführte Schulfach „Lebensgestaltung – Ethik – Religionskunde" (LER) sollte den Religionsunterricht komplett ersetzen, sodass Schüler, die das Fach „Religion" belegen wollten, diesbezüglich einen Antrag stellen mussten, wobei der Religionsunterricht auch in diesem Fall nur neben dem Fach LER und nicht alternativ besucht werden konnte.

Das Schulfach LER war lange Zeit umstritten, wobei insbesondere dessen Unvereinbarkeit mit Art. 7 Abs. 3 S. 1 GG betont wurde, da der Religionsunterricht in Brandenburg nicht als ordentliches Lehrfach vorgesehen war.[686] Das Bundesverfassungsgericht hat im Rahmen des gegen das Brandenburgische Schulgesetz gerichteten Normenkontrollantrags und den diesbezüglichen Verfassungsbeschwerden den Verfahrensbeteiligten im Jahr 2001 eine „einvernehmliche Verständigung" vorgeschlagen, der zufolge die Teilnahme am Religionsunterricht die Verpflichtung zur Teilnahme am LER-Unterricht entfallen lassen solle.[687] Daraufhin hat das Land Brandenburg das Schulgesetz dahingehend geändert, dass gemäß § 11 Abs. 3 S. 4 und 5 BbgSchulG Kinder, deren Eltern ge-

685 *Czermak*, NVwZ 1996, S. 454 ff.; *Jeand'Heur/Korioth*, Grundzüge des Staatskirchenrechts, Rn. 316; *Schmitt-Kammler/Thiel*, in: Sachs, GG, Art. 7 Rn. 54. Krit. *Frisch*, DÖV 2004, S. 462 ff.

686 Vgl. nur *Muckel/Tillmanns*, RdJB 1996, S. 360 ff. m.w.N., die anführen, dass Art. 141 GG auf das Bundesland Brandenburg keine Anwendung finde und somit ein Verstoß gegen Art. 7 Abs. 3 S. 1 GG vorliege, da der den Kirchen in § 9 Abs. 2 S. 1 BbgSchulG ermöglichte Religionsunterricht nicht als ordentliches Lehrfach ausgestaltet sei. Vgl. auch das umfassende Rechtsgutachten von *M. Heckel*, abgedruckt in ZevKR 44 (1999), S. 147 ff.

687 BVerfGE 104, 305 ff.

genüber der Schule erklären, dass sie anstelle des LER-Unterrichts Religionsunterricht erhalten sollen, von der Verpflichtung zur Teilnahme am LER-Unterricht befreit sind. Durch diese Neuregelung hat sich der Streit über das Unterrichtsfach LER weitgehend erledigt.[688]

b) Obligatorischer Ethikunterricht neben dem Religionsunterricht

Aber auch dann, wenn neben einem als Pflichtfach ausgestalteten Ethikunterricht auch Religionsunterricht als ordentliches Pflichtfach vorgesehen ist, wird die Einführung eines obligatorischen Ethikunterrichts ohne Abmeldemöglichkeit aufgrund der staatlichen Verpflichtung zu religiös-weltanschaulicher Neutralität zum Teil kritisch gesehen.[689]

In Berlin etwa ist Ethikunterricht seit Beginn des Schuljahres 2006/2007 gemäß § 12 Abs. 6 BlnSchulG originäres Pflichtfach ohne Abwahlmöglichkeit, der Besuch des in § 13 BlnSchulG normierten Religions- und Weltanschauungsunterrichts ist daneben möglich, aber freiwillig.[690] Für diejenigen Schüler, die am Religionsunterricht teilnehmen möchten, ist keine Befreiungsmöglichkeit von der Pflicht zum Besuch des Ethikunterrichts vorgesehen.

aa) Kritik an der Berliner Ausgestaltung

Hinsichtlich der organisatorischen Ausgestaltung des Ethikunterrichts im Land Berlin wird angeführt, dass jeder als Pflichtfach ausgestaltete Ethikunterricht ohne Abmeldemöglichkeit zumindest objektiv darauf angelegt sei, den Religionsunterricht aufgrund der zeitlichen Überbelastung der Schüler faktisch zu verdrängen; dies aber sei eine staatlichen Einwirkung zulasten der betroffenen Religionsgemeinschaften und damit ein Verstoß gegen das Gebot der religiös-weltanschaulichen Neutralität des Staates.[691] Außerdem bemächtige sich der Staat auch im inhaltlich neutralen Ethikunterricht des Religiösen, da als zentrales Thema des Unterrichts die Glaubenslehren dargestellt würden, was dem Staat allerdings aufgrund seiner Verpflichtung zur religiös-weltanschaulichen Neutra-

688 *Avenarius/Füssel*, Schulrecht, S. 127.

689 Vgl. etwa *Kremser*, DVBl. 2008, S. 614 ff.; *Unruh*, DÖV 2007, S. 625 ff., der zunächst anführt, dass Art. 7 Abs. 3 S. 1 GG im Bundesland Berlin anwendbar sei, sodass durch § 12 Abs. 6 BlnSchulG in verfassungsrechtlich nicht gerechtfertigter Weise in den Schutzbereich von Art. 7 Abs. 3 S. 1 GG eingegriffen werde, da die einfachrechtliche Norm zu einer tatsächlichen Aushöhlung des Anspruchs auf Religionsunterricht führe.

690 Nach der bisherigen Rechtsprechung findet Art. 7 Abs. 3 S. 1 GG in Berlin wegen Art. 141 GG keine Anwendung, vgl. nur BVerwGE 110, 326.

691 *Unruh*, DÖV 2007, S. 633.

lität nicht erlaubt sei: Die Selbstdarstellung nach eigenem religiösen Selbstverständnis komme ausschließlich den jeweiligen Religionsgemeinschaften zu.[692] Insbesondere bei den großen Offenbarungsreligionen sei Heilsbotschaft Gottes die Wahrheit, die deshalb auch bei der Darstellung der Glaubensinhalte nicht fehlen könne.[693] Zudem könne sich die Gefahr realisieren, dass der Staat den Schülern mit agnostizistischer Pädagogik begegne.[694]

bb) Die Auffassung des Bundesverfassungsgerichts

Dem Bundesverfassungsgericht zufolge stehen der Vereinbarkeit dieser Regelungen mit dem Grundgesetz jedoch keine Bedenken entgegen: Schüler und deren Eltern könnten keine Unterrichtsgestaltung beanspruchen, nach der die Kinder vollständig von der Konfrontation mit ihnen fremden Glaubensrichtungen verschont würden.[695] Die Einführung eines obligatorischen Ethikunterrichts ohne Abwahlmöglichkeit sei dann als verfassungsrechtlich unbedenklich einzuordnen, wenn er inhaltlich in religiös-weltanschaulich neutraler Weise ausgestaltet sei.

cc) Stellungnahme

Der Auffassung des Bundesverfassungsgerichts ist zuzustimmen. Zunächst führt die ausführliche Behandlung einer Glaubenslehre im staatlichen Ethikunterricht nicht dazu, dass der Staat sich der religiösen Überzeugung „bemächtigt", wenn dies in religiös-weltanschaulicher neutraler Weise und damit ohne Bewertung der Glaubensfragen geschieht.[696] Glaubensinhalte haben zwangsläufig einen Wahrheitsanspruch, sodass bei Bejahung der dem Bundesverfassungsgericht entgegenstehenden Ansicht im Schulunterricht außerhalb des Religionsunterrichts konsequenterweise überhaupt keine Darstellung religiöser oder weltanschaulicher Überzeugungen erfolgen könnte, da dies stets zu einer unzulässigen Verkürzung der Glaubensinhalte führte. Ein solches Ergebnis wäre vor dem Hintergrund des wachsenden religiös-weltanschaulichen Pluralismus in der Gesellschaft jedoch bedenklich, da sich gerade die Schule als Ort des Kennenlernens von religiösen und weltanschaulichen Überzeugungen eignet, die von der

692 *Unruh*, DÖV 2007, S. 633 m.w.N.

693 *M. Heckel*, ZevKR 44 (1999), S. 201.

694 Diese Gefahr sah *M. Heckel*, Religionsunterricht in Brandenburg, S. 81, bereits im Rahmen des Streits um das Unterrichtsfach „LER".

695 BVerfG NVwZ 2008, S. 72 ff.

696 Um eine verfälschte Darstellung der Glaubenslehren zu vermeiden, kann etwa bei der Erstellung der Lehrpläne eine Zusammenarbeit mit der jeweiligen Religionsgemeinschaft angestrebt werden.

eigenen abweichen. Dies kann wiederum zu gegenseitiger Akzeptanz und Toleranz führen, die das gesellschaftliche Zusammenleben erleichtern.

Des Weiteren kann auch nicht die Rede von einer faktischen Verdrängung des Religionsunterrichts sein: Dieses Argument stünde anderenfalls jeder Einführung eines neuen Pflichtfaches entgegen, welche zu einer zeitlichen Zusatzbelastung der Schüler führte, die sich in der Abmeldung vom Religionsunterricht kanalisieren könnte. Dies erscheint bereits in schulpolitischer Hinsicht äußerst fragwürdig. Zudem dient der Ethikunterricht dazu, den Schülern, die unterschiedlicher religiöser bzw. weltanschaulicher Überzeugung sind, den Austausch über Wertfragen zu ermöglichen; „bei einer Separierung der Schüler nach der jeweiligen Glaubensrichtung und einem getrennt erteilten Religionsunterricht sowie einer Aufspaltung der Unterrichtsgegenstände auf verschiedene Fächer oder Möglichkeit der Abmeldung“ könnte dieses Unterrichtsziel nicht in gleicher Weise erreicht werden.[697] Die Verfassung nimmt die zusätzliche Belastung der am Religionsunterricht teilnehmenden Schüler darüber hinaus als „Folgewirkung“ des Art. 7 Abs. 2 GG hin, die Möglichkeit der Teilnahme am Religionsunterricht ist vielmehr vor dem Hintergrund der „durchaus atypischen Möglichkeit der religiösen Unterweisung im staatlichen Raum“ nicht zwingend als Nachteil, sondern auch als Vorteil bzw. Privileg zu betrachten.[698]

Auch wird den Schülern im religiös-weltanschaulich neutralen Ethikunterricht nicht die Ansicht des Agnostizismus bzw. Atheismus nahegelegt, wenn die verschiedenen Religionen und Weltanschauungen umfassend und unverzerrt dargestellt werden. Eine solche Darstellung kann die Schüler vielmehr dazu anregen, sich mit religiösen oder weltanschaulichen Themen zu befassen und sich ihrer eigenen religiösen oder weltanschaulichen Überzeugung zu vergewissern und sie zu festigen.

Insgesamt lässt sich daher festhalten, dass die Einführung eines obligatorischen Ethikunterrichts mit dem Gebot der religiös-weltanschaulichen Neutralität des Staates zu vereinbaren ist und dem Staat als Mittel zur Pflege seiner „Voraussetzungen“ dienen kann.

2. Ethikunterricht als Ersatzfach

Auch die verfassungsrechtliche Zulässigkeit des Ethikunterrichts als Ersatzfach für diejenigen Schüler, die vom Religionsunterricht abgemeldet sind, war lange

697 BVerfG NVwZ 2008, S. 74.

698 BVerwG NVwZ 1999, S. 769, 771.

Zeit umstritten.[699] In diesem Streit ging es insbesondere um die Problematik, ob es dem Freiwilligkeitsgrundsatz des Religionsunterrichts entspricht, wenn vom Religionsunterricht abgemeldete Schüler zur Teilnahme am Ethikunterricht verpflichtet werden. Es wird angeführt, dass es keine Religionspflicht gebe und demzufolge auch keine Pflicht geben könne, die ersatzweise an deren Stelle treten könnte.[700]

Dieser Streit ist durch das Urteil des Bundesverwaltungsgerichts vom 17. Juni 1998 einer Entscheidung zugeführt worden.[701] Das Bundesverwaltungsgericht führt in seinem Urteil aus, dass das Ersatzfach Ethik als ein dem ordentlichen Lehrfach Religion gleichwertiges Fach ausgestaltet werden müsse, da die Schüler sich anderenfalls dazu gezwungen sehen könnten, sich doch zu einer Teilnahme am Religionsunterricht durchzuringen, sodass die Freiwilligkeit der diesbezüglichen Entscheidung in Frage stünde. Zum Einen bedeute die Erforderlichkeit einer gleichwertigen Ausgestaltung beider Schulfächer, dass eine curriculare Minderausstattung des Faches Ethik gegenüber dem Fach Religion ausscheiden müsse, sodass schwerpunktmäßig vergleichbare Erziehungsziele zu verfolgen seien. Die gleichwertige Ausgestaltung der beiden Schulfächer müsse sich zum Anderen aber auch in der tatsächlichen Ausgestaltung der Fächer widerspiegeln, was bedeute, dass die Schüler mit jedem der beiden Fächer ihren vorgesehenen Schulerfolg erreichen können müssen.

---

699 Gegen die Zulässigkeit des Ethikunterrichts als Ersatzfach etwa *Bader*, NVwZ 1998, S. 256 ff.; *Czermak*, NVwZ 1996, S. 450 ff. Für eine Zulässigkeit des Ethikunterrichts als Ersatzfach sprechen sich etwa *Schockenhoff*, BayVBl. 1993, S. 737 ff., und *Werner*, NVwZ 1998, S. 816 ff., aus.

700 *Renck*, BayVBl. 1992, S. 521.

701 BVerwGE 107, 75. Vgl. dazu auch die Anmerkung von *Czermak*, DÖV 1999, S. 725 ff. Die gegen dieses Urteil eingelegte Beschwerde wurde vom Bundesverfassungsgericht nicht zur Entscheidung angenommen, vgl. BVerfG, Beschluss vom 18.2.1999 – Az. 1 BvR 1840/98.

D. Fazit zur Berechtigung des „*Böckenförde*-Diktums"

Abschließend soll aufgrund der in dieser Arbeit gewonnenen Erkenntnisse eine Bewertung der Berechtigung des „*Böckenförde*-Diktums" vor dem Hintergrund der religiös-weltanschaulichen Neutralität des Staates erfolgen.

Böckenförde geht in seinem Diktum davon aus, dass das „Überleben" des Staates davon abhängig ist, wie seine Bürger von ihrer Freiheit Gebrauch machen.[702] Regulieren sich die ihnen grundrechtlich gewährleisteten Freiheiten nicht aus den ethischen Überzeugungen der Bürger heraus, kann der freiheitliche Staat dem seiner Ansicht nach nicht durch Rechtszwang entgegenwirken, ohne seine Freiheitlichkeit aufzugeben. Dies bedeute, dass der freiheitliche, säkularisierte Staat von Voraussetzungen lebe, die er selbst nicht garantieren könne. Der Staat muss *Böckenförde* zufolge auf die Herausbildung eines ethischen Minimalkonsenses der Bürger vertrauen, sodass diese eine Einordnungsbereitschaft und ein Zusammengehörigkeitsgefühl entwickeln.

Ethisch-sittliche Gehalte, die dem ethischen Minimalkonsens als Regulierungskräfte zuträglich sind, könne der Staat aufgrund seiner Verpflichtung zu religiös-weltanschaulicher Neutralität seinen Bürgern gegenüber nicht als verbindliche Werte vorstellen, der religiös-weltanschaulich neutrale Staat kann seiner Auffassung zufolge also keine inhaltliche Orientierung der gewährleisteten Freiheiten vorgeben. Der religiös-weltanschaulich neutrale Staat kann *Böckenförde* zufolge nur Aufgaben wahrnehmen, die der Gewähr der Freiheit der Bürger dienen. Dies bedeute, dass der Staat nur eine schützende und stützende Funktion gegenüber den Regulierungskräften, die sein Fundament zu tragen vermögen, einnehmen könne, indem er die ethisch-sittlichen Gehalte etwa im Schulunterricht präsentiere, ohne sie dabei als eigene und verbindliche Werte darzustellen.

Vor dem Hintergrund der religionssoziologischen Veränderungen wird in neuerer Zeit die Berechtigung des mittlerweile beinahe fünfzig Jahre alten „*Böckenförde*-Diktums" zunehmend in Zweifel gezogen.[703] Die Kritik stützt sich insbesondere darauf, dass der Staat sich nunmehr bei der Absicherung seiner Voraussetzungen eine solche Passivität nicht länger leisten könne. Es wird bezweifelt, dass das Religionsverfassungsrecht noch zeitgemäß sei. Daher werden Neujustierungen des Gebots der religiös-weltanschaulichen Neutralität des Staa-

---

702 Vgl. hierzu und zum Folgenden A.I.

703 Vgl. hierzu A.II.

tes angeboten, die zugleich dem Verständnis des Neutralitätsgebots entgegenstehen, das dem „*Böckenförde*-Diktum" zugrunde liegt, da dem Staat nach den Neukonzeptionen weiterreichende Möglichkeiten der Pflege seiner „Voraussetzungen" zustehen.

Den in der neueren rechtswissenschaftlichen Literatur entwickelten Neujustierungen des Gebots der religiös-weltanschaulichen Neutralität ist entgegenzuhalten, dass der Gehalt des Neutralitätsgebots aus der normativen Basis herzuleiten ist, die das Bundesverfassungsgericht aus den Art. 4 Abs. 1, Art. 3 Abs. 3 und 33 GG und Art. 136 Abs. 1 und Abs. 4 und Art. 137 Abs. 1 WRV i.V.m. Art. 140 GG entwickelt hat.[704] Aus dieser normativen Basis ergibt sich zunächst, dass dem Staat aufgrund der in Art. 4 Abs. 1 GG gewährleisteten Glaubensfreiheit eine Bewertung bzw. Bestimmung des Glaubensinhalts einer Religion oder Weltanschauung verwehrt ist und er diesbezüglich auf das Selbstverständnis des betroffenen Grundrechtsträgers verwiesen ist. Aus Art. 137 Abs. 1 i.V.m. Art. 140 GG ergibt sich des Weiteren das Verbot der Einführung staatskirchlicher Rechtsformen. Art. 3 Abs. 3 und 33 Abs. 3 GG normieren darüber hinaus das Verbot, bestimmte Glaubensrichtungen oder Weltanschauungen zu privilegieren oder zu benachteiligen. Aus dem Zusammenspiel dieser verfassungsrechtlichen Normen folgt damit, dass dem Staat neben der Einführung staatskirchlicher Rechtsformen eine Einmischung in die Glaubensinhalte und -handlungen seiner Bürger nicht erlaubt ist und er ebenso keine Privilegierung bzw. Benachteiligung in Anknüpfung an bestimmte religiöse oder weltanschauliche Überzeugungen vornehmen darf.

Zusammenfassend kann hieraus geschlossen werden, dass dem Staat keine Identifikation mit einer bestimmten Religions- oder Weltanschauungsgemeinschaft erlaubt ist. Dies ist jedoch nicht gleichbedeutend mit einem laizistisch ausgeprägten Verhältnis von Staat und Religion bzw. Weltanschauung, die religiös-weltanschauliche Neutralität ist vielmehr als „offene Neutralität" zu verstehen, der zufolge Zusammenarbeit von Staat und Religions- bzw. Weltanschauungsgemeinschaften und die staatliche Förderung von Religion und Weltanschauung nicht unzulässig ist.[705] Ebenso gilt es festzuhalten, dass eine Neutralität des Staates gegenüber religiösen und weltanschaulichen Überzeugungen nicht zugleich Neutralität des Staates allen werthaften Positionen gegenüber bedeutet. Das Grundgesetz enthält Verfassungswerte und Verfassungsprinzipien, für die der Staat eintreten darf, ohne dabei das Gebot der religiös-weltanschaulichen Neutralität zu verletzen.

704 Vgl. hierzu B.I., insbesondere B.I.4.

705 Vgl. hierzu B.I.1.

Dieser verfassungsrechtlich basierten Herleitung des Gebots der religiös-weltanschaulichen Neutralität durch das Bundesverfassungsgericht ist gegenüber den verschiedenen neuen Modellen staatlicher Neutralität in religiös-weltanschaulichen Belangen der Vorzug zu gewähren. Nach den voranstehenden Ausführungen vermag zunächst die auf einen christlich-abendländischen Kulturvorbehalt gestützte Konzeption nicht zu überzeugen, der zufolge der Staat eine Differenzierung nach kulturfremden und kulturadäquaten Religionen vornehmen könne.[706] Dem Grundgesetz ist keine christliche Präponderanz zu entnehmen, auch wenn das Christentum einer der wesentlichen kulturprägenden Faktoren gewesen sein mag. Auch anhand des Toleranzprinzips kann keine Hierarchisierung hinsichtlich der Gemeinwohldienlichkeit der jeweiligen Religion oder Weltanschauung vorgenommen werden, da dem Grundgesetz kein Rechtsprinzip der Toleranz entnommen werden kann.[707] Schließlich ist auch das Modell der Begründungsneutralität abzulehnen, welches nicht hinreichend verfassungsrechtlich hergeleitet wird, sondern sich überwiegend auf Erkenntnisse des politischen Liberalismus stützt und sich im Übrigen auch nicht als innovative Ausformulierung staatlicher Neutralität erweist.[708]

Nach der hier vertretenen Ansicht ist mithin der Konzeption der religiös-weltanschaulichen Neutralität zu folgen, die das Bundesverfassungsgericht aus der Normenkette der Art. 4 Abs. 1, Art. 3 Abs. 3 und 33 GG und Art. 136 Abs. 1 und Abs. 4 und Art. 137 Abs. 1 WRV i.V.m. Art. 140 GG hergeleitet hat. Hieraus ergibt sich ein an den Staat gerichtetes Verbot der Identifikation mit einer Religion oder Weltanschauung.[709]

Das Gebot der religiös-weltanschaulichen Neutralität muss der Staat auch bei der Pflege seiner „Voraussetzungen" beachten. Als Ort der Pflege der staatlichen „Voraussetzungen" bietet sich neben anderen Betätigungsfeldern des Staates die öffentliche Schule an, die einen erheblichen Einfluss auf die Persönlichkeitsentwicklung der Schüler nimmt. In dieser Arbeit wurde untersucht, in welchem Ausmaß der Staat bei der inhaltlichen Gestaltung des Schulunterrichts religiösweltanschauliche Bezüge herstellen kann, die der persönlich-weltanschaulichen Entwicklung der Schüler und damit einem geordneten gesellschaftlichen Zusammenleben zustattenkommen können.

Art. 7 Abs. 1 GG beinhaltet den staatlichen Erziehungsauftrag, dem zufolge der Staat im Schulunterricht nicht nur zur Vermittlung von Wissen und Fertigkeiten befugt ist, sondern auch religiös-weltanschauliche Bezüge setzen kann, da

706 Vgl. hierzu B.II.1.
707 Vgl. hierzu B.II.2.
708 Vgl. hierzu B.II.3.
709 Vgl. hierzu B.III.

die religiös-weltanschauliche Neutralität eine offene Neutralität ist, die religiöse und weltanschauliche Positionen nicht ignoriert und daher auch nicht aus dem öffentlichen Leben herausnimmt.[710]

Dies bedeutet, dass zunächst die kulturhistorische Seite von Religion und Weltanschauung im Schulunterricht Erwähnung finden muss. Darüber hinaus ist dem religiös-weltanschaulich neutralen Staat auch die Vermittlung von Kenntnissen über die verschiedenen Religionen und Weltanschauungen möglich, sofern er die religiösen bzw. weltanschaulichen Positionen keiner Bewertung zuführt oder eine von ihnen als vorzugswürdig präsentiert. Auch eine werbende Vermittlung der Verfassungsprinzipien und Verfassungswerte ist dem Staat nicht verwehrt, da hierin kein Verstoß gegen das Gebot der religiös-weltanschaulichen Neutralität zu sehen ist.[711] Auf diese Weise kann er die äußere Loyalität der Schüler zu den Verfassungsprinzipien und -werten anstreben. Hierbei stehen dem Staat allerdings keine Mittel zur Verfügung, daneben auch auf die innere Loyalität der Schüler einzuwirken. Des Weiteren kann der Staat die Schüler im Schulunterricht auch zur äußeren Einhaltung der einfachen Rechtsordnung erziehen.

Sobald jedoch die Vermittlung ethisch-sittlicher Gehalte in Form sogenannter „Bürgertugenden“ wie Verantwortungsbewusstsein in Rede steht, so ist es dem religiös-weltanschaulich neutralen Staat nicht erlaubt, diese als verbindliche Werte vorzustellen, die die Schüler für sich übernehmen müssen.[712] Die Entscheidung über die Annahme der fraglichen Werte obliegt allein den Schülern bzw. deren Erziehungsberechtigten.

Anderes gilt bei der Erziehung der Schüler zur Verhaltenstugend der Toleranz: Sie ist im Grundgesetz verankert, sodass der Staat sie den Schülern als ihm eigenen Wert darstellen und vermitteln darf.[713] Gerade dieses Erziehungsziel kann den Schülern bei der Entwicklung und Festigung ihrer eigenen religiös-weltanschaulichen Überzeugung helfen, indem sie die Auseinandersetzung mit anderen religiösen und weltanschaulichen Positionen erlernen. Schule und auch Gesellschaft sind nicht länger Orte der Homogenität, sondern sind von religiös-weltanschaulichem Pluralismus geprägt, sodass das Erlernen von Lösungsmöglichkeiten in Bezug auf hieraus resultierende Konfliktsituationen unerlässlich ist.

Gleichermaßen eignen sich solche Unterrichtsinhalte zur Senkung des Konfliktpotentials des religiös-weltanschaulichen Pluralismus, die über die verschiedenen religiös-weltanschaulichen Positionen in neutraler Weise informieren.[714]

---

710 Vgl. hierzu C.I. sowie C.II.3.a).

711 Vgl. hierzu C.II.3.b).

712 Vgl. hierzu C.II.3.c).bb).(1).

713 Vgl. hierzu C.II.3.c).bb).(2).

714 Vgl. hierzu C.II.3.c).cc).

Schulischer Unterricht, der die Schüler zur Auseinandersetzung mit religiös-weltanschaulichen Gehalten anregt, kann dazu führen, dass sie sich einige der vorgestellten religiös oder weltanschaulich fundierten Werte aneignen; der Staat kann also einen Beitrag zur Pflege seiner „Voraussetzungen" leisten, indem er den Schülern die existierenden religiösen und weltanschaulichen Werte vorstellt und die Schüler dadurch dazu „inspiriert", über sie nachzudenken und sie möglicherweise in ihre Persönlichkeitsbildung einbeziehen.

Ein Verstoß gegen das Gebot religiös-weltanschaulicher Neutralität liegt jedoch dann vor, wenn der Staat im Schulunterricht die Erziehung zu bestimmten religiös oder weltanschaulich geprägten Bildungs- und Kulturwerten anstrebt. Der Staat darf im Rahmen des Schulunterrichts nicht über eine Religions- bzw. Weltanschauungskunde hinausgehend die Vermittlung religiös oder weltanschaulich geprägter Werte betreiben. Dem religiös-weltanschaulich neutralen Staat ist die Identifikation mit einer Religion oder Weltanschauung untersagt, die er in diesem Fall vornähme. Die religiös-weltanschaulichen Bezüge im Schulunterricht müssen bekenntnisneutraler Art sein.

Der Staat darf die Schüler in der öffentlichen Schule aber zu einer generellen Offenheit gegenüber religiösen und weltanschaulichen Überzeugungen erziehen, da diese Offenheit gegenüber Religion und Weltanschauung auch in der Verfassung angelegt ist und nicht zuletzt in der Präambel des Grundgesetzes anklingt.[715] Der Schulunterricht darf daher auch zur Beschäftigung mit religiösen und weltanschaulichen Überzeugungen anregen, solange hierin keine staatliche Identifikation mit einzelnen Religionen oder Weltanschauungen liegt. Dieser Aufforderungscharakter des mit religiös-weltanschaulichen Bezügen versehenen Schulunterrichts kann zu der Herausbildung einer eigenen ethisch-sittlichen Position der Schüler führen und damit ebenfalls einer Pflege der „Voraussetzungen" des Staates zuträglich sein.

Auch in der Bereitstellung eines Rahmens für die religiöse Betätigung der Schüler liegt eine solche Pflege der staatlichen „Voraussetzungen": Der Staat kann den Schülern die Teilnahme an einem Schulgebet ermöglichen. Ist die Teilnahme am Schulgebet freiwillig und wird nicht von den Lehrern initiiert, so verstößt der Staat nicht gegen das Gebot der religiös-weltanschaulichen Neutralität.[716]

Ähnlich verhält es sich bei der Anbringung religiös-weltanschaulicher Symbole in den Schulräumen; ist die Anbringung eines solchen Symbols nicht staatlich, sondern von den Schülern bzw. Erziehungsberechtigten veranlasst, so ist das Symbol nicht dem Staat zuzurechnen. Folglich ist hierin kein Verstoß gegen

715 Vgl. hierzu C.II.3.c).dd).(4).

716 Vgl. hierzu C.III.

das Gebot der religiös-weltanschaulichen Neutralität zu sehen. Der Staat bietet vielmehr Raum zur Entfaltung der Glaubensfreiheit der Schüler, deren religiös-weltanschauliche Überzeugungen durch die Ausgestaltung der Schulräume angesprochen werden können.[717]

Eine weitere Ausprägung der „offenen Neutralität" des Staates findet sich in der institutionellen Garantie des Religionsunterrichts in Art. 7 Abs. 3 GG wieder.[718] Religion und Weltanschauung werden aus dem öffentlichen Leben nicht ausgegrenzt, sondern „hereingenommen". Der bekenntnisgebundene Unterricht kann den Schülern dazu verhelfen, Orientierungslinien für ihre Persönlichkeitsentwicklung zu entdecken, die sich aus ihrer religiösen oder weltanschaulichen Überzeugung ergeben. Auch in der staatlichen „Veranstaltung" des Religionsunterrichts ist demnach eine weitere Möglichkeit zur Pflege der „Voraussetzungen" des Staates zu sehen.

Neben dem Religionsunterricht als Pflichtfach, das sich mit religiösen und weltanschaulichen Themen befasst, bietet sich die Einführung eines Ethikunterrichts als Pflichtfach an. Auch dann, wenn die Schüler sich zur Abmeldung vom Religionsunterricht entscheiden, können sie in einem solchen Unterrichtsfach mit religiösen und weltanschaulichen Unterrichtsinhalten konfrontiert werden, sodass sie sich mit ihnen auseinandersetzen müssen. Hierbei gilt es für den Staat allerdings die Pflicht zur religiös-weltanschaulichen Neutralität zu beachten, er darf daher die religiösen und weltanschaulichen Werte nur in neutraler Form präsentieren und sie nicht als verbindlich und damit als ihm eigene Werte vorstellen. Die Ausgestaltung des Ethikunterrichts als obligatorisches Unterrichtsfach widerspricht dann nicht dem Gebot der religiös-weltanschaulichen Neutralität, wenn der Staat diese Grenze beachtet.[719]

Insgesamt lässt sich feststellen, dass der Staat im Schulunterricht sich zwar Religion und Weltanschauung gegenüber offen zeigen kann und religiöse und weltanschauliche Überzeugungen vorstellen darf. Er darf aber nie die Grenze der religiös-weltanschaulichen Neutralität überschreiten und bestimmte religiöse oder weltanschauliche Positionen als vorzugswürdig präsentieren. Er bietet lediglich den Raum zur Entfaltung religiös-weltanschaulicher Überzeugungen und einer Auseinandersetzung mit anderen religiös-weltanschaulichen Positionen. Darüber hinausgehend ist ihm eine Identifikation mit bestimmten religiösen oder weltanschaulichen Überzeugungen versagt, auch wenn sie ihm als gemeinwohlzuträglich erscheinen mögen.

---

717 Vgl. hierzu C.IV.

718 Vgl. hierzu C.V.

719 Vgl. hierzu C.VI.

Der Staat bietet den Schülern demnach im Unterricht in den öffentlichen Schulen lediglich Raum zur Ausübung ihrer grundrechtlich gewährleisteten Freiheiten, darf ihnen aber aufgrund des Gebots zur religiös-weltanschaulichen Neutralität nicht vorgeben, wie ihre ethischen Überzeugungen beschaffen sein sollen. Dem Staat ist es also verwehrt, inhaltliche Vorgaben in Bezug auf die Art und Weise der Grundrechtsausübung zu machen. Er kann die ethischen Überzeugungen der Schüler lediglich unterstützen, indem er ihnen den erforderlichen Raum zur Entfaltung auch in der öffentlichen Schule bietet.

Mithin ist – ausgehend von den Ergebnissen, die sich aus dem Beispiel der Werterziehung im Schulunterricht ergeben – *Böckenförde* zuzustimmen, der davon ausgeht, dass dem religiös-weltanschaulich neutralen Staat nur eine schützende und stützende Rolle hinsichtlich der ethischen Überzeugungen seiner Bürger zukommt. Dieser schützenden und stützenden Rolle kann der Staat insbesondere in der öffentlichen Schule gerecht werden, die sich als Ort der Pflege der „Voraussetzungen" des Staates anbietet.

Abschließend bleibt festzuhalten, dass das „*Böckenförde*-Diktum" nicht auf einem falschen Verständnis religiös-weltanschaulicher Neutralität beruht, sondern vielmehr auch vor dem Hintergrund der religionssoziologischen Veränderungen Berechtigung findet. Auch der religiös-weltanschaulich plurale Staat lebt von Voraussetzungen, die er selbst nicht garantieren kann.

E. Thesen

I. Das Gebot der religiös-weltanschaulichen Neutralität des Staates ist aus dem Grundgesetz herzuleiten. Seine normative Basis ergibt sich aus Art. 4 Abs. 1, Art. 3 Abs. 3 und 33 GG und Art. 136 Abs. 1 und Abs. 4 und Art. 137 Abs. 1 WRV i.V.m. Art. 140 GG.

II. Aus der normativen Basis des Gebots der religiös-weltanschaulichen Neutralität des Staates folgt, dass dem Staat neben der Einführung staatskirchlicher Rechtsformen eine Einmischung in die Glaubensinhalte und Glaubenshandlungen seiner Bürger verwehrt ist. Ebenso darf der Staat keine Privilegierung oder Benachteiligung vornehmen, die aufgrund einer religiösen oder weltanschaulichen Überzeugung erfolgt. Dem Staat ist die Identifikation mit einer bestimmten Religion oder Weltanschauung verboten.

III. Die religiös-weltanschauliche Neutralität des Staates führt nicht zu einem laizistisch ausgeprägten Verhältnis von Staat und Religion bzw. Weltanschauung, sondern ist als „offene Neutralität" aufzufassen. Dem Staat ist die Förderung von Religion und Weltanschauung nicht verboten. Religiöse und weltanschauliche Überzeugungen haben im öffentlichen Raum einen Platz.

IV. Eine Hierarchisierung der verschiedenen Religionen und Weltanschauungen hinsichtlich ihrer Gemeinwohldienlichkeit kann nicht stattfinden. Dem Grundgesetz ist weder eine christliche Präponderanz noch das Rechtsprinzip der Toleranz zu entnehmen, sodass sich beide Aspekte nicht dazu eignen, um auf ihrer Basis eine Neujustierung des Neutralitätsgebots zu erarbeiten. Auch die Erkenntnisse des politischen Liberalismus taugen nicht zur Neukonturierung des Gebots der religiös-weltanschaulichen Neutralität des Staates.

V. Religiös-weltanschauliche Neutralität bedeutet nicht zugleich Wertneutralität des Staates. Der Staat kann für die Verfassungsprinzipien und Verfassungswerte Position ergreifen.

VI. Als Ort der Pflege seiner „Voraussetzungen" bietet sich für den Staat insbesondere der Unterricht in den öffentlichen Schulen an. Ihnen kommt ein entscheidender Einfluss auf die Persönlichkeitsentwicklung der Bürger zu.

VII. Der staatliche Erziehungsauftrag aus Art. 7 Abs. 1 GG umfasst nicht nur die Vermittlung von Wissen und Fertigkeiten, sondern ermöglicht auch das Setzen religiös-weltanschaulicher Bezüge im Schulunterricht. Dies ist auch Ausdruck der „offenen Neutralität" des Staates, der Religion und Weltanschauung nicht aus dem öffentlichen Leben ausgrenzt, sondern sie vielmehr einbezieht.

VIII. Aufgrund seiner Verpflichtung zu religiös-weltanschaulicher Neutralität darf der Staat keine religiösen oder weltanschaulichen Positionen bewerten, bevorzugen oder benachteiligen. Eine Identifikation mit religiös-weltanschaulichen Werten ist ihm verboten.

IX. Der nicht zur Wertneutralität in jeder Hinsicht verpflichtete Staat darf die Verfassungswerte und -prinzipien im Schulunterricht werbend vermitteln. Ebenso darf er die Schüler zur äußeren Einhaltung der einfachen Rechtsordnung anhalten.

X. Wichtiges Erziehungsziel des Schulunterrichts ist die Erziehung zur Toleranz: Diese Bürgertugend unterstützt die Konfliktfähigkeit der Schüler vor dem Hintergrund der religiös-weltanschaulich pluralen Gesellschaft. Zudem kann der Staat bei der Erziehung zur Toleranz die Schüler dazu motivieren, sich mit religiös-weltanschaulichen Überzeugungen auseinanderzusetzen und auf diese Weise ihre eigene Überzeugung zu erkennen und zu festigen.

XI. Die öffentliche Schule darf zur Offenheit gegenüber Religion und Weltanschauung erziehen. Daher kann dem Schulunterricht ein Aufforderungscharakter zukommen, der die Schüler dazu anhält, sich mit religiösen und weltanschaulichen Überzeugungen zu befassen.

XII. Der religiös-weltanschaulich neutrale Staat darf den Schülern die Rahmenbedingungen zur Ausübung ihrer grundrechtlich gewährleisteten Freiheiten bieten. Er darf ihnen die Möglichkeit zum Schulgebet verschaffen sowie Raum zur Anbringung religiös-weltanschaulicher Symbole lassen, wenn sie nicht auf staatliche Anordnung hin erfolgt.

XIII. Auch der in Art. 7 Abs. 3 GG gewährleistete Religionsunterricht unterstützt den Staat bei der Pflege seiner „Voraussetzungen", wenn er den Schülern durch die Vermittlung religiöser Werte Orientierungshilfen bei ihrer Persönlichkeitsentwicklung bietet.

XIV. Vor dem Hintergrund der religiös-weltanschaulichen Neutralität des Staates verfassungsrechtlich unbedenklich und empfehlenswert ist die Einführung eines obligatorischen Ethikunterrichts in allen Bundesländern.

XV. Der religiös-weltanschauliche neutrale Staat kann die Herausbildung ethischer Überzeugungen seiner Bürger nicht erzwingen. Er kann ihnen gegenüber eine allein schützende und stützende Rolle einnehmen, der er insbesondere im Unterricht in den öffentlichen Schulen nachkommen kann.

XVI. Der religiös-weltanschaulich plurale Staat lebt von Voraussetzungen, die er selbst nicht garantieren, aber pflegen und in ihrer Ausfüllung fördern kann. Eine „Garantie" aber kann der Staat in der Tat nicht bieten. Insofern findet das „*Böckenförde*-Diktum" auch aktuell vor dem Hintergrund der eingetretenen religionssoziologischen Veränderungen Berechtigung.

Literaturverzeichnis

Abel, Ralf Bernd — Inhalt und Grenzen der Religionsfreiheit in Bezug auf die „Neuen Jugendreligionen". Eine Untersuchung aus verfassungsrechtlicher Sicht, Hamburg 1982

Ackerman, Bruce A. — Social Justice in the Liberal State, New Haven – London 1980

Albrecht, Alfred — Religionspolitische Aufgaben angesichts der Präsenz des Islam in der Bundesrepublik Deutschland, in: Heiner Marré, Johannes Stüting (Hrsg.), Essener Gespräche zum Thema Staat und Kirche (20), Münster 1986, S. 82 ff.

Arndt, Adolf — Aufgaben und Grenzen der Staatsgewalt im Bereich der Schulbildung, in: Adolf Arndt, Geist der Politik, Berlin 1965, S. 149 ff.

Augsberg, Ino — Die Entstehung des neutralen Staates als Vorgang der Säkularisation, in: ZevKR 53 (2008), S. 445 ff.

–. — Noli me tangere. Funktionale Aspekte der Religionsfreiheit, in: Der Staat 48 (2009), S. 239 ff.

Avenarius, Hermann/ Füssel, Hans-Peter — Schulrecht. Ein Handbuch für die Praxis, Rechtsprechung und Wissenschaft, 8. Auflage, Köln 2010

Bachmann-Medick, Doris — Cultural Turns. Neuorientierungen in den Kulturwissenschaften, Reinbek bei Hamburg 2006

Bader, Johann — Zur Verfassungsmäßigkeit des obligatorischen Ethikunterrichts, in: NVwZ 1998, S. 256 ff.

Badura, Peter — Der Schutz von Religion und Weltanschauung durch das Grundgesetz. Verfassungsfragen zur Existenz und Tätigkeit der neuen „Jugendreligionen", Tübingen 1989

–. — Das Grundgesetz vor der Frage des religiösen und weltanschaulichen Pluralismus, in: Jürgen Baadte, Anton Rauscher (Hrsg.), Religion, Recht und Politik, Graz u.a. 1997, S. 39 ff.

Beck, Ulrich — Das Zeitalter des „eigenen Lebens". Individualisierung als „paradoxe Sozialstruktur" und andere offene Fragen, in: APuZ 29/2001, S. 3 ff.

Bethge, Herbert — Grundpflichten als verfassungsrechtliche Dimension, in: NJW 1982, S. 2145 ff.

Bettermann, Karl August — Hypertrophie der Grundrechte. Eine Streitschrift, Hamburg 1984

Bock, Wolfgang — Das für alle geltende Gesetz und die kirchliche Selbstbestimmung. Eine verfassungsrechtliche Untersuchung am Beispiel des Amtsrechts der evangelischen Kirchen, Tübingen 1993

–. — Die Religionsfreiheit zwischen Skylla und Charybdis, in: AöR 123 (1998), S. 444 ff.

Böckenförde, Ernst-Wolfgang — Die Entstehung des Staates als Vorgang der Säkularisation, in: Sergius Buve (Hrsg.), Säkularisation und Utopie. Ebracher Studien. Ernst Forsthoff zum 65. Geburtstag, Stuttgart 1967, S. 75 ff.

ebenso in: Ernst-Wolfgang Böckenförde, Recht, Staat, Freiheit. Studien zur Rechtsphilosophie, Staatstheorie und Verfassungsgeschichte, 4. Auflage, Frankfurt am Main 2006, S. 92 ff.

ebenso in: Ernst-Wolfgang-Böckenförde, Der säkularisierte Staat. Sein Charakter, seine Rechtfertigung und seine Probleme im 21. Jahrhundert, München 2007, S. 43 ff.

–. Die verfassungstheoretische Unterscheidung von Staat und Gesellschaft als Bedingung der individuellen Freiheit, Opladen 1973

–. Das Grundrecht der Gewissensfreiheit, in: VVDStRL 28 (1970), S. 33 ff.

–. Vorläufige Bilanz im Streit um das Schulgebet. Zum Urteil des BVerwG vom 30. 11. 1973 – VII C 59.72, in: DÖV 1974, S. 253 ff.

–. Kreuze (Kruzifixe) in Gerichtssälen?, in: ZevKR 20 (1975), S. 119 ff.

–. Elternrecht – Recht des Kindes – Recht des Staates. Zur Theorie des verfassungsrechtlichen Elternrechts und seiner Auswirkungen auf Erziehung und Schule, in: Joseph Krautscheidt, Heiner Marré (Hrsg.), Essener Gespräche zum Thema Staat und Kirche 14 (1980), S. 54 ff.

–. Zum Ende des Schulgebetsstreits. Stellungnahme zum Beschluss des BVerfG vom 16.10.1979, in: DÖV 1980, S. 323 ff.

–. Staat – Gesellschaft – Kirche, in: Franz Böckle, Franz-Xaver Kaufmann, Karl Rahner, Bernhard Welte (Hrsg.), Christlicher Glaube in moderner Gesellschaft, Teilband 15, Freiburg 1982, S. 5 ff.

–. Freiheit und Recht, Freiheit und Staat, in: Ernst-Wolfgang Böckenförde, Recht, Staat, Freiheit, Frankfurt am Main 1991, S. 42 ff.

–. Diskussionsbeitrag, in: VVDStRL 54 (1994), S. 125 ff.

–. Fundamente der Freiheit, in: Erwin Teufel (Hrsg.), Was hält die moderne Gesellschaft zusammen?, Frankfurt am Main 1996, S. 89 ff.

–. Die Zukunft politischer Autonomie. Demokratie und Staatlichkeit im Zeichen von Globalisierung, Europäisierung und Individualisierung, in: Ernst-Wolfgang Böckenförde, Staat, Nation, Europa. Studien zur Staatslehre, Verfassungstheorie und Rechtsphilosophie, 2. Auflage, Frankfurt am Main 1999, S. 103 ff.

–. „Kopftuchstreit“ auf dem richtigen Weg?, in: NJW 2001, S. 723 ff.

–. „Der freiheitliche säkularisierte Staat…“, in: Susanna Schmidt, Michael Wedell (Hrsg.), „Um der Freiheit willen…“. Kirche und Staat im 21. Jahrhundert. Festschrift für Burkhard Reichert, Freiburg-Basel-Wien 2002, S. 19 ff.

–. Der säkularisierte Staat. Sein Charakter, seine Rechtfertigung und seine Probleme im 21. Jahrhundert, in: Ernst-Wolfgang Böckenförde (Hrsg.), Der säkularisierte Staat. Sein Charakter, seine Rechtfertigung und seine Probleme im 21. Jahrhundert, München 2007, S. 11 ff.

–. Religion im säkularen Staat, in: Ernst-Wolfgang Böckenförde (Hrsg.), Kirche und christlicher Glaube in den Herausforderungen der Zeit. Beiträge zur politisch-theologischen Verfassungsgeschichte 1957-2002, 2. Auflage, Münster 2007, S. 425 ff.

–./ Gosewinkel, Dieter Wissenschaft, Politik, Verfassungsgericht. Aufsätze von Ernst-Wolfgang Böckenförde. Biographisches Interview von Dieter Gosewinkel, Berlin 2011

Bothe, Michael Erster Beratungsgegenstand: Erziehungsauftrag und Erziehungsmaßstab der Schule im freiheitlichen Verfassungsstaat, in: VVDStRL 54 (1994), S. 7 ff.

Bracher, Karl Dietrich Die Auflösung der Weimarer Republik. Eine Studie zum Problem des Machtverfalls in der Demokratie, 5. Auflage, Düsseldorf 1971

Brenner, Michael — Staat und Religion, in: VVDStRL 59 (2000), S. 264 ff.

Brezinka, Wolfgang — Erziehungsziele, Erziehungsmittel, Erziehungserfolg. Beiträge zu einem System der Erziehungswissenschaft, 3. Auflage, München 1995

Britz, Gabriele — Kulturelle Rechte und Verfassung. Über den rechtlichen Umgang mit kultureller Differenz, Frankfurt am Main 1999

–. — Der Einfluss christlicher Tradition auf die Rechtsauslegung als verfassungsrechtliches Gleichheitsproblem? Zu den praktischen Grenzen religiöser Neutralität im säkularen Staat, in: JZ 2000, S. 1127 ff.

Brohm, Winfried — Die Funktion des BVerfG – Oligarchie in der Demokratie?, in: NJW 2001, S. 1 ff.

Bulla, Eckart — Die Lehre von der streitbaren Demokratie, in: AöR 98 (1973), S. 340 ff.

Bundesministerium des Innern — Verfassungsschutzbericht 2010 (Vorabfassung), Berlin 2011

–. — Migration und Integration. Aufenthaltsrecht, Migrations- und Integrationspolitik in Deutschland, Berlin 2011

von Campenhausen, Axel — Staat und Kirche in Frankreich, Göttingen 1962

–. — Erziehungsauftrag und staatliche Schulträgerschaft. Die rechtliche Verantwortung für die Schule, Göttingen 1967

–. — Offene Fragen im Verhältnis von Staat und Kirche am Ende des 20. Jahrhunderts, in: Heiner Marré, Dieter Schümmelfeder, Burkhard Kämper (Hrsg.), Essener Gespräche zum Thema Staat und Kirche (34), Münster 2000, S. 105 ff.

–./ de Wall, Heinrich — Staatskirchenrecht. Eine systematische Darstellung des Religionsverfassungsrechts in Deutschland und Europa, 4. Auflage München 2006

Classen, Claus Dieter — Religionsrecht, Tübingen 2006

Coumont, Nina — Islam und Schule, in: Stefan Muckel (Hrsg.), Der Islam im öffentlichen Recht des säkularen Verfassungsstaates, Berlin 2008, S. 440 ff.

Czermak, Gerhard — Das Pflicht-Ersatzfach Ethikunterricht als Problem der Religionsfreiheit, des Elternrechts und der Gleichheitsrechte, in: NVwZ 1996, S. 450 ff.

–. — Das bayerische Kruzifix-Gesetz und die Entscheidung des BayVerfGH vom 1.8.1997. Religionsverfassungsrecht im Spannungsverhältnis von Bundesrecht, Landesrecht und Verfassungskultur, in: DÖV 1998, S. 107 ff.

–. — Zur Ethikunterricht-Entscheidung des Bundesverwaltungsgerichts vom 17.6.1998, in: DÖV 1999, S. 725 ff.

–. — Das Religionsverfassungsrecht im Spiegel der Tatsachen – Kritische Hinweise zum Verhältnis von Verfassungsrecht und Verfassungswirklichkeit, in: ZRP 2001, S. 565 ff.

Debus, Anne — Das Verfassungsprinzip der Toleranz unter besonderer Berücksichtigung der Rechtsprechung des Bundesverfassungsgerichts, Frankfurt am Main 1999

Depenheuer, Otto — Wahrheit oder Frieden? Die fundamentalistische Herausforderung des modernen Staates, in: Heiner Marré, Johannes Stüting (Hrsg.) Essener Gespräche zum Thema Staat und Kirche (33), Münster 1999, S. 5 ff.

–. Religion als ethische Reserve der säkularen Gesellschaft, in: Otto Depenheuer (Hrsg.), Nomos und Ethos, Berlin 2002, S. 3 ff.

–. Kirche – Staat – Gesellschaft, in: Anton Rauscher (Hrsg.), Handbuch der Katholischen Soziallehre, Berlin 2008, S. 935 ff.

Derrida, Jacques Schurken. Zwei Essays über die Vernunft, Frankfurt am Main 2006

Dittmann, Armin Erziehungsauftrag und Erziehungsmaßstab der Schule, in: VVDStRL 54 (1995), S. 47 ff.

Dolzer, Rudolf/ Kahl, Wolfgang/ Waldhoff, Christian (Hrsg.) Bonner Kommentar zum Grundgesetz, Loseblattsammlung, Stand: 156. Ergänzungslieferung, Heidelberg 2012
(zitiert: *Verfasser*, in: BK)

Drehsen, Volker Wie religionsfähig ist die Volkskirche? Sozialisationstheoretische Erkundungen neuzeitlicher Christentumspraxis, Gütersloh 1994

Dreier, Horst Grenzen demokratischer Freiheit im Rechtsstaat, in: JZ 1994, S. 741 ff.

–. Kanonistik und Konfessionalisierung – Marksteine auf dem Weg zum Staat, in: JZ 2002, S. 1 ff.

Dreier, Horst (Hrsg.) Grundgesetz-Kommentar, Erster Band, 2. Auflage, Tübingen 2004
(zitiert: *Verfasser*, in: Dreier, GG, Bd. 1)

Grundgesetz-Kommentar, Zweiter Band, 2. Auflage, Tübingen 2006
(zitiert: *Verfasser*, in: Dreier, GG, Bd. 2)

Grundgesetz. Kommentar, Dritter Band, 2. Auflage, Tübingen 2008
(zitiert: *Verfasser*, in: Dreier, GG, Bd. 3)

Droege, Michael — Staatsleistungen an Religionsgemeinschaften im säkularen Kultur- und Sozialstaat, Berlin 2004

Eberl, Wolfgang — Anmerkung zu BVerfG, Beschluss vom 16.5.1995 (1 BvR 1087/91). Anbringung von Kreuzen oder Kruzifixen in Schulräumen, in: BayVBl. 1996, S. 107 ff.

Ebert, Theodor — Ernst-Wolfgang Böckenförde – Ein Mann und sein Dictum. Von einem, der auszog, justizpolitisch Karriere zu machen, Aufklärung und Kritik 2/2010, S. 108 ff.

Eisenhardt, Ulrich — Der Begriff der Toleranz im öffentlichen Recht, in: JZ 1968, S. 214 ff.

Evers, Hans-Ulrich — Verfassungsrechtliche Determinanten der inhaltlichen Gestaltung der Schule, in: Joseph Krautscheidt/ Heiner Marré (Hrsg.), Essener Gespräche zum Thema Staat und Kirche 12 (1977), S. 54 ff.

–. — Die Befugnis des Staates zur Festlegung von Erziehungszielen in der pluralistischen Gesellschaft, Berlin 1979

Di Fabio, Udo — Grundrechte als Werteordnung, in: JZ 2004, S. 1 ff.

–. — Christentum und Rechtskultur als Grundlage des Staatskirchenrechts. Die Verfassungsordnung für Religion und Kirche in Anfechtung und Bewährung, in: Burkhard Kämper, Hans-Werner Thönnes (Hrsg.), Essener Gespräche zum Thema Staat und Kirche (42), Münster 2008, S. 129 ff.

Fest, Joachim — Die schwierige Freiheit, Berlin 1993

Fikentscher, Wolfgang — Die heutige Bedeutung des nichtsäkularen Ursprungs der Grundrechte, in: Ernst-Wolfgang Böckenförde, Robert Spaemann (Hrsg.), Menschenrechte und Menschenwürde. Historische Voraussetzungen, säkulare Gestalt, christliches Verständnis, Stuttgart 1987, S. 43 ff.

Fischer, Erwin	Volkskirche ade! Trennung von Staat und Kirche. Die Gefährdung der Religions- und Weltanschauungsfreiheit in der Bundesrepublik Deutschland, 4. Auflage, Berlin 1993
Fleischer, Thomas	Zum Religionsbegriff des Grundgesetzes. Zugleich ein Beitrag zur Diskussion über die „neuen Jugendreligionen", Bochum 1989
Flume, Werner	Das „Kruzifixurteil" und seine Berechtigung, in: NJW 1995, S. 2904 ff.
Frerk, Carsten	Rückkehr der Religion?, in: humanismus aktuell 21/ 2007, S. 18 ff.
Friauf, Karl Heinrich/Höfling, Wolfram (Hrsg.)	Berliner Kommentar zum Grundgesetz, Band 4, Berlin 2011, Stand: 36. Ergänzungslieferung (zitiert: *Bearbeiter*, in: Friauf/Höfling, BKGG)
Frisch, Michael	Grundsätzliche und aktuelle Aspekte der grundgesetzlichen Garantie des Religionsunterrichts, in: DÖV 2004, S. 462 ff.
Frowein, Jochen A.	Diskussionsbeitrag, in: VVDStRL 59 (2000), S. 312
Gabriel, Karl	Christentum zwischen Tradition und Postmoderne, Wien 1992
–.	Gesellschaftliche Modernisierung und der Bedeutungswandel des Religiösen, in: Erwin Teufel (Hrsg.), Was hält die moderne Gesellschaft zusammen?, Frankfurt am Main 1996, S. 167 ff.
–.	Religionen und ihre Stellung zum Staat – eine soziologische Bestandsaufnahme, in: Burkhard Kämper, Hans-Werner Thönnes (Hrsg.), Essener Gespräche zum Thema Staat und Kirche (39), Münster 2005, S. 11 ff.

–. Jenseits von Säkularisierung und Wiederkehr der Götter, in: APuZ 52/2008, S. 9 ff.

Gauchet, Marcel La religion dans la démocratie, Paris 2001

Geiger, Willi Die Rechtsprechung des Bundesverfassungsgerichts zum kirchlichen Selbstbestimmungsrecht, in: ZevKR 26 (1981), S. 156 ff.

Gibis, Florian Wertorientierte Erziehung im öffentlichen Schulwesen. Verfassungsrechtliche Betrachtungen zur integrativen Bedeutung von Gemeinschaftswerten, Frankfurt am Main 2008

Giegerich, Thomas Religionsfreiheit als Gleichheitsanspruch und Gleichheitsproblem, in: Rainer Grote, Thilo Marauhn (Hrsg.), Religionsfreiheit zwischen individueller Selbstbestimmung, Minderheitenschutz und Staatskirchenrecht – Völker- und verfassungsrechtliche Perspektiven, Berlin 2001, S. 241 ff.

Goerlich, Helmut Anmerkung zu BAG, Beschluss vom 22.3.1995 – 5 AZB 21/94, JZ 1995, 951, in: JZ 1995, 955

Götz, Volkmar Grundpflichten als verfassungsrechtliche Dimension, in: VVDStRL 41 (1983), S. 7 ff.

Görisch, Christoph „Staatskirchenrecht“ am Ende?, in: NVwZ 2001, S. 885 ff.

Gorschenek, Günter Grundwerte in Staat und Gesellschaft, München 1977

Graf, Friedrich Wilhelm Die Wiederkehr der Götter. Religion in der modernen Kultur, München 2004

Haack, Friedrich-Wilhelm Jugendreligionen. Ursachen, Trends, Reaktionen, München 1981

Habermas, Jürgen — Anerkennungskämpfe im demokratischen Rechtsstaat, in: Amy Gutmann (Hrsg.), Charles Taylor. Multikulturalismus und die Politik der Anerkennung, Frankfurt am Main 1993, S. 164 ff.

–. — Vorpolitische Grundlagen des demokratischen Rechtsstaates?, in: Jürgen Habermas (Hrsg.), Zwischen Naturalismus und Religion. Philosophische Aufsätze, Frankfurt am Main 2005, S. 106 ff.

Häberle, Peter — Besprechung von Joseph Listl, Das Grundrecht der Religionsfreiheit in der Rechtsprechung der Gerichte der Bundesrepublik Deutschland. Berlin, München 1971, in: ZevKR 19 (1974), S. 206 ff.

–. — Die offene Gesellschaft der Verfassungsinterpreten. Ein Beitrag zur pluralistischen und „prozessualen" Verfassungsinterpretation, in: JZ 1975, S. 297 ff.

–. — Erziehungsziele und Orientierungswerte im Verfassungsstaat, Freiburg/München 1981

–. — Verfassungsprinzipien als Erziehungsziele, in: Recht als Prozess und Gefüge. Festschrift für Hans Huber zum 80. Geburtstag, Bern 1981, S. 211 ff.

–. — „Gott" im Verfassungsstaat?, in: Walther Fürst/Roman Herzog/Dieter C. Umbach (Hrsg.), Festschrift für Wolfgang Zeidler, Band 1, Berlin/New York 1987, S. 3 ff.

Heckel, Hans — Grundgesetz und Schule, in: DÖV 1950, S. 1 ff.

Heckel, Martin — Die Kirchen unter dem Grundgesetz, in: VVDStRL 26 (1968), S. 29 ff.

–. — Staat, Kirche, Kunst. Rechtsfragen kirchlicher Kulturdenkmäler, Tübingen 1968

–. — Gleichheit oder Privilegien?, Tübingen 1993

–.	Zur Ordnungsproblematik des Staatskirchenrechts im säkularen Kultur- und Sozialstaat, in: JZ 1994, S. 425 ff.
–.	Das Kreuz im öffentlichen Raum. Zum „Kruzifix-Beschluss“ des Bundesverfassungsgerichts, in: DVBl. 1996, S. 453 ff.
–.	Religionsfreiheit. Eine säkulare Verfassungsgarantie, in: Klaus Schlaich (Hrsg.), Martin Heckel. Gesammelte Schriften, Tübingen 1997, S. 647 ff.
–.	Religionsunterricht in Brandenburg. Zur Regelung des Religionsunterrichtes und des Faches Lebensgestaltung – Ethik – Religionskunde (LER), Berlin 1998
–.	Religionskunde im Lichte der Religionsfreiheit. Zur Verfassungsmäßigkeit des LER-Unterrichts in Brandenburg, in: ZevKR 44 (1999), S. 147 ff.
–.	Kontinuität und Wandlung des deutschen Staatskirchenrechts unter den Herausforderungen der Moderne, in: ZevKR 44 (1999), S. 340 ff.
–.	Religionsunterricht für Muslime? Kulturelle Integration unter Wahrung der religiösen Identität. Ein Beispiel für die komplementäre Natur der Religionsfreiheit, in: JZ 1999, S. 741 ff.
–.	Zur Zukunftsfähigkeit des deutschen „Staatskirchenrechts“ oder „Religionsverfassungsrechts“?, in: AöR 134 (2009), S. 309 ff.
Heilfron, Eduard	Die deutsche Nationalversammlung im Jahre 1919 in ihrer Arbeit für den Aufbau des neuen deutschen Volksstaates, Band 2, Berlin 1920

Heinig, Hans Michael — Öffentlich-rechtliche Religionsgesellschaften. Studien zur Rechtsstellung der nach Art. 137 Abs. 5 WRV korporierten Religionsgesellschaften in Deutschland und in der Europäischen Union, Berlin 2003

–. — Ordnung der Freiheit – das Staatskirchenrecht vor neuen Herausforderungen, in: ZevKR 53 (2008), S. 235 ff.

–. — Verschärfung der oder Abschied von der Neutralität? Zwei verfehlte Alternativen in der Debatte um den herkömmlichen Grundsatz religiös-weltanschaulicher Neutralität, in: JZ 2009, S. 1136 ff.

–. — Verschleierte Neutralität, in: JZ 2010, S. 357 ff.

Heitmeyer, Wilhelm (Hrsg.) — Was treibt die Gesellschaft auseinander?, Frankfurt am Main 1997

Hellermann, Johannes — Die sogenannte negative Seite der Freiheitsrechte, Berlin 1993

–. — Der Grundrechtsschutz der Religionsfreiheit ethnisch-kultureller Minderheiten. Zwischen Gewährleistung religiöskultureller Besonderheit und Bewahrung der allgemeinen Rechtsordnung, in: Wilhelm Heitmeyer, Rainer Dollase (Hrsg.), Die bedrängte Toleranz. Ethnisch-kulturelle Konflikte, religiöse Differenzen und die Gefahren politisierter Gewalt, Frankfurt am Main 1998, S. 382 ff.

Hense, Ansgar — Flexible Kontinuität. Neuere Veröffentlichungen zum deutschen Staatskirchenrecht, in: Herder Korrespondenz 51 (1997), S. 136 ff.

–. — Glockenläuten und Uhrenschlag. Der Gebrauch von Kirchenglocken in der kirchlichen und staatlichen Rechtsordnung, Berlin 1998

–. Staatskirchenrecht oder Religionsverfassungsrecht?: Mehr als ein Streit um Begriffe?, in: Andreas Haratsch (Hrsg.), Religion und Weltanschauung im säkularen Staat, Stuttgart u.a. 2001, S. 9 ff.

Herzog, Roman — Grundrechte und Gesellschaftspolitik, in: Berliner Festschrift für Ernst E. Hirsch. Dargebracht von Mitgliedern der Juristischen Fakultät zum 65. Geburtstag, Berlin 1968, S. 63 ff.

Hesse, Konrad — Freie Kirche im demokratischen Gemeinwesen. Zur Gegenwartslage des Verhältnisses von Staat und Kirche in der Bundesrepublik, in: ZevKR 11 (1964/1965), S. 337 ff.

–. Ausgewählte Schriften, Heidelberg 1984

–. Grundzüge des Verfassungsrechts der Bundesrepublik Deutschland, 20. Auflage, Heidelberg 1999

Heun, Werner — Artikel „Säkularisierung (J)“, in: Werner Heun, Martin Honecker, Martin Morlok, Joachim Wieland (Hrsg.), Evangelisches Staatslexikon, Neuausgabe, Stuttgart 2006, Sp. 2073 ff.
(zitiert: *Heun*, Art. „Säkularisierung (J)“, in: EvStL 2006)

Heusch, Andreas — Erstes Statement, in: Hermann Gröhe, Christoph Kannengießer (Hrsg.), Wertentscheidungen als Grundlage der Rechtsordnung, Sankt Augustin 2007, S. 43 ff.

Hilgendorf, Eric — Religion, Recht und Staat. Zur Notwendigkeit einer Zähmung der Religionen durch das Recht, in: Eric Hilgendorf (Hrsg.), Wissenschaft, Religion und Recht. Hans Albert zum 85. Geburtstag, Berlin 2006, S. 359 ff.

Hillgruber, Christian — Der deutsche Kulturstaat und der muslimische Kulturimport, in: JZ 1999, S. 538 ff.

–. Staat und Religion, in: DVBl. 1999, S. 1155 ff.

–. Staat und Religion. Überlegungen zur Säkularität, zur Neutralität und zum religiös-weltanschaulichen Fundament des modernen Staates, Paderborn 2007

Hofmann, Hasso Grundpflichten als verfassungsrechtliche Dimension, in: VVDStRL 41 (1983), S. 42 ff.

–. Recht, Politik und Religion, in: JZ 2003, S. 377 ff.

Hollerbach, Alexander Die Kirchen unter dem Grundgesetz, in: VVDStRL 26 (1968), S. 52 ff.

–. Ideologie und Verfassung, in: Werner Maihofer (Hrsg.), Ideologie und Recht, Frankfurt am Main 1969

–. Neutralität, Pluralismus und Toleranz in der heutigen Verfassung, in: Joseph Sauer (Hrsg.), Zum Verhältnis von Staat und Kirche, Karlsruhe 1976, S. 9 ff.

Holzke, Frank Die „Neutralität" des Staates in Fragen der Religion und Weltanschauung, in: NVwZ 2002, S. 903 ff.

Horn, Norbert Einführung in die Rechtswissenschaft und Rechtsphilosophie, 5. Auflage, Tübingen 2011

Huber, Peter M. Erziehungsauftrag und Erziehungsmaßstab der Schule im freiheitlichen Verfassungsstaat, in: BayVBl. 1994, S. 545 ff.

Hufen, Friedhelm Diskussionsbeitrag, in: VVDStRL 54 (1994), S. 128 ff.

Huntington, Samuel The Clash of Civilizations and the Remaking of The World Order, New York 1996

Huster, Stefan — Die religiös-weltanschauliche Neutralität des Staates. Das Kreuz in der Schule aus liberaler Sicht, in: Winfried Brugger, Stefan Huster (Hrsg.), Der Streit um das Kreuz in der Schule. Zur religiös-weltanschaulichen Neutralität des Staates, Baden-Baden 1998, S. 69 ff.

–. Die ethische Neutralität des Staates, Tübingen 2002

–. Toleranz als politisches Problem in der pluralistischen Gesellschaft, in: ARSP 91 (2005), S. 20 ff.

–. Kultur im Verfassungsstaat, in: VVDStRL 65 (2006), S. 51 ff.

–. Artikel „Toleranz (J)", in: Werner Heun/Martin Honecker//Martin Morlok/Joachim Wieland (Hrsg.), Evangelisches Staatslexikon, Neuauflage, Stuttgart 2006, Sp. 2465 ff.
(zitiert: *Huster*, Art. „Toleranz (J)", in: EvStL 2006)

–. Die Bedeutung des Neutralitätsgebotes für die verfassungstheoretische und verfassungsrechtliche Einordnung des Religionsrechts, in: Hans Michael Heinig, Christian Walter (Hrsg.), Staatskirchenrecht oder Religionsverfassungsrecht? Ein begriffspolitischer Grundsatzstreit, Tübingen 2007, S. 107 ff.

–. Neutralität ohne Inhalt?, in: JZ 2010, S. 354 ff.

Ipsen, Jörn — Glaubensfreiheit als Beeinflussungsfreiheit? – Anmerkungen zum „Kruzifix-Beschluß" des Bundesverfassungsgerichts –, in: Burkhardt Ziemske, Theo Langheid, Heinrich Wilms, Görg Haverkate (Hrsg.), Staatsphilosophie und Rechtspolitik. Festschrift für Martin Kriele zum 65. Geburtstag, S. 301 ff.

Isak, Axel — Das Selbstverständnis der Kirchen und Religionsgemeinschaften und seine Bedeutung für die Auslegung staatlichen Rechts, Berlin u.a. 1994

Isensee, Josef — Subsidiaritätsprinzip und Verfassungsrecht. Eine Studie über das Regulativ des Verhältnisses von Staat und Gesellschaft, Berlin 1968

–. — Demokratischer Rechtsstaat und staatsfreie Ethik, in: Joseph Krautscheidt/Heiner Marré (Hrsg.), Essener Gespräche zum Thema Staat und Kirche 11 (1977), S. 92 ff.

–. — Verfassungsgarantie ethischer Grundwerte und gesellschaftlicher Konsens. Verfassungsrechtliche Überlegungen zu einer sozialethischen Kontroverse, in: NJW 1977, S. 545 ff.

–. — Ethische Grundwerte im freiheitlichen Staat, in: Ansgar Paus (Hrsg.), Werte, Rechte, Normen, Graz-Wien-Köln 1979, S. 131 ff.

–. — Wer definiert die Freiheitsrechte?, Heidelberg 1980

–. — Grundrechte und Demokratie. Die polare Legitimation im grundgesetzlichen Gemeinwesen, in: Der Staat 20 (1981), S. 160 ff.

–. — Die verdrängten Grundpflichten des Bürgers. Ein grundgesetzliches Interpretationsvakuum, in: DÖV 1982, S. 609 ff.

–. — Diskussionsbeitrag, in: Heiner Marré, Johannes Stüting (Hrsg.), Essener Gespräche zum Thema Staat und Kirche (19), Münster 1985, S. 142 ff.

–. — Diskussionsbeitrag, in: Heiner Marré, Johannes Stüting (Hrsg.), Essener Gespräche zum Thema Staat und Kirche (20), Münster 1986, S. 126 ff.

–. — Verfassungsstaatliche Erwartungen an die Kirche, in: Heiner Marré, Johannes Stüting (Hrsg.), Essener Gespräche zum Thema Staat und Kirche (25), Münster 1991, S. 104 ff.

–. Bildersturm durch Grundrechtsinterpretation. Der Kruzifix-Beschluss des BVerfG, in: ZRP 1996, S. 10 ff.

–. Das Dilemma der Freiheit im Grundrechtsstaat. Grundrechte zwischen Privatwillkür und Gemeinwohlverantwortung, in: Karl-Herman Kästner, Knut Wolfgang Nörr, Klaus Schlaich (Hrsg.), Festschrift für Martin Heckel zum siebzigsten Geburtstag, Tübingen 1999, S. 739 ff.

–. Die Zukunftsfähigkeit des deutschen Staatskirchenrechts. Gegenwärtige Legitimationsprobleme, in: Josef Isensee, Wilhelm Rees, Wolfgang Rüfner (Hrsg.), Dem Staate, was des Staates – der Kirche, was der Kirche ist. Festschrift für Joseph Listl zum 70. Geburtstag, Berlin 1999, S. 67 ff.

–. Die alte Frage nach der Rechtfertigung des Staates. Stationen in einem laufenden Prozess, in: JZ 1999, S. 265 ff.

–. Private islamische Bekenntnisschulen. Zur Ausnahme vom Verfassungsprinzip der für alle gemeinsamen Grundschule, in: Stefan Muckel (Hrsg.), Kirche und Religion im sozialen Rechtsstaat. Festschrift für Wolfgang Rüfner zum 70. Geburtstag, Berlin 2003, S. 355 ff.

–. Menschenwürde. Die säkulare Gesellschaft auf der Suche nach dem Absoluten, in: AöR 131 (2006), S. 173 ff.

Isensee, Josef/ Kirchhof, Paul (Hrsg.) Handbuch des Staatsrechts der Bundesrepublik Deutschland, Band IV, Aufgaben des Staates, 3. Auflage, Heidelberg 2006
(zitiert: *Bearbeiter*, in: HStR IV^3)

Band VII, Freiheitsrechte, 3. Auflage, Heidelberg 2009
(zitiert: *Bearbeiter*, in: HStR VII^3)

Altauflagen:

Band I: Grundlagen von Staat und Verfassung, Heidelberg 1987
(zitiert: *Bearbeiter*, in: HStR I)

Band III: Das Handeln des Staates, Heidelberg 1988
(zitiert: *Bearbeiter*, in: HStR III)

Band V: Allgemeine Grundrechtslehren, Heidelberg 1992
(zitiert: *Bearbeiter*, in: HStR V)

Band IX, Die Einheit Deutschlands. Festigung und Übergang, Heidelberg 1997
(zitiert: *Bearbeiter*, in: HStR IX)

Janz, Norbert/ Rademacher, Sonja — Islam und Religionsfreiheit. Die religiöse und weltanschauliche Neutralität des Staates auf dem Prüfstand, in: NVwZ 1999, S. 706 ff.

Jach, Frank-Rüdiger — Schulvielfalt als Verfassungsgebot, Berlin 1991

Jeand'Heur, Bernd/ Korioth, Stefan — Grundzüge des Staatskirchenrechts. Kurzlehrbuch, Stuttgart u.a. 2000

Jüngel, Eberhard — Untergang oder Renaissance der Religion? Überlegungen zu einer schiefen Alternative, in: Erwin Teufel (Hrsg.), Was hält die moderne Gesellschaft zusammen?, Frankfurt am Main 1996, S. 176 ff.

Kästner, Karl-Hermann — Das Grundrecht auf Religions- und Weltanschauungsfreiheit in der neueren höchstrichterlichen Rechtsprechung, in: AöR 123 (1998), S. 408 ff.

–. — Hypertrophie des Grundrechts auf Religionsfreiheit? Über das Verhältnis der Religions- und Weltanschauungsfreiheit zum Geltungsanspruch des allgemeinen Rechts, in: JZ 1998, S. 974 ff.

Kälin, Walter — Grundrechte im Kulturkonflikt. Freiheit und Gleichheit in der Einwanderungsgesellschaft. Zürich 2000

Kahl, Wolfgang — Vom weiten Schutzbereich zum engen Gewährleistungsgehalt. Kritik einer neuen Richtung der deutschen Grundrechtsdogmatik, in: Der Staat 43 (2004), S. 167 ff.

Kaufmann, Franz-Xaver — Gegenwärtige Herausforderung der Kirchen durch die Säkularisierung, in: Heiner Marré, Dieter Schümmelfeder, Burkhard Kämper (Hrsg.), Essener Gespräche zum Thema Staat und Kirche (38), Münster 2004, S. 103 ff.

Kewenig, Wilhelm — Das Grundgesetz und die staatliche Förderung der Religionsgemeinschaften, in: Paul Mikat (Hrsg.), Kirche und Staat in der neueren Entwicklung, Darmstadt 1980, S. 139 ff.

Kirchhof, Paul — Der Staat als Organisationsform politischer Herrschaft und rechtlicher Bindung – Kontinuität und Erneuerung des deutschen Verfassungsstaates in Freiheitlichkeit, Weltoffenheit und demokratischer Solidarität, in: DVBl. 1999, S. 637 ff.

–. — Die Freiheit der Religionen und ihr unterschiedlicher Beitrag zu einem freien Gemeinwesen, in: Burkhard Kämper, Hans-Werner Thönnes (Hrsg.), Essener Gespräche zum Thema Staat und Kirche (39), Münster 2005, S. 105 ff.

–. — Der Verfassungsbaum, in: Norbert Lammert (Hrsg.), Verfassung, Patriotismus, Leitkultur. Was unsere Gesellschaft zusammenhält, Bonn 2006, S. 103 ff.

Kloepfer, Michael — Der Islam in Deutschland als Verfassungsfrage, in: DÖV 2006, S. 45 ff.

Knies, Wolfgang — Schranken der Kunstfreiheit als verfassungsrechtliches Problem, München 1967

Korioth, Stefan | Islamischer Religionsunterricht und Art. 7 III GG. Zu den Voraussetzungen religiöser Vielfalt in der öffentlichen Pflichtschule, in: NVwZ 1997, S. 1041 ff.

Korioth, Stefan/ Augsberg, Ino | Neue Religionskonflikte und staatliche Neutralität – Erfordern weltanschauliche und religiöse Entwicklungen Antworten des Staates?, in: JZ 2010, S. 828 ff.

Kremser, Holger | Das verfassungsrechtliche Verhältnis von Religions- und Ethikunterricht dargestellt am Beispiel Berlins, in: DVBl. 2008, S. 607 ff.

Kreß, Hartmut | Islamischer Religionsunterricht zwischen Grundsatzproblemen und neuen Rechtsunsicherheiten, in: ZRP 2010, S. 14 ff.

–. | Ethik der Rechtsordnung. Staat, Grundrechte und Religionen im Licht der Rechtsethik, Stuttgart 2012

Krüger, Herbert | Allgemeine Staatslehre, 2. Auflage, Stuttgart 1966

–. | Verfassungsvoraussetzungen und Verfassungserwartungen, in: Horst Ehmke, Joseph H. Kaiser, Wilhelm A. Kewenig, Karl Matthias Meessen (Hrsg.), Festschrift für Ulrich Scheuner zum 70. Geburtstag, Berlin 1973, S. 285 ff.

–. | Von der Staatspflege überhaupt, in: Helmut Quaritsch (Hrsg.), Die Selbstdarstellung des Staates, Berlin 1977, S. 21 ff.

Kühne, Jörg-Detlef | Ehrfurchtsgebot und säkularer Staat – verfassungswidriges Landesverfassungsrecht?, in: NWVBl. 1991, S. 253 ff.

Ladeur, Karl-Heinz/ Augsberg, Ino | Toleranz – Religion – Recht. Die Herausforderung des „neutralen“ Staates durch neue Formen von Religiosität in der postmodernen Gesellschaft, Tübingen 2007

–. Der Mythos vom neutralen Staat, in: JZ 2007, S. 12 ff.

Lemmen, Thomas Muslime in Deutschland. Eine Herausforderung für Kirche und Gesellschaft, Baden-Baden 1999

Link, Christoph Staatskirchenhoheit. Religionsgesellschaftliche Autonomie und säkulare Gemeinwohlverantwortung im deutschen Staatskirchenrecht seit der Aufklärung, in: ZevKR 20 (1975), S. 1 ff.

–. Stat Crux? Die „Kruzifix"-Entscheidung des Bundesverfassungsgerichts, in: NJW 1995, S. 3353 ff.

–. Kirchliche Rechtsgeschichte, 2. Auflage, München 2010

Listl, Joseph Staat und Kirche in Deutschland. Vom Preußischen Allgemeinen Landrecht bis zum Bonner Grundgesetz, in: Joseph Listl, Kirche im freiheitlichen Staat. Schriften zum Staatskirchenrecht und Kirchenrecht, Berlin 1996, S. 237 ff.

Listl, Joseph/ Pirson, Dietrich (Hrsg.) Handbuch des Staatskirchenrechts der Bundesrepublik Deutschland, Erster Band, 2. Auflage, Berlin 1994
(zitiert: *Bearbeiter*, in: HdbStKirchR I)

Zweiter Band, 2. Auflage, Berlin 1994
(zitiert: *Bearbeiter*, in: HdbStKirchR II)

Loschelder, Wolfgang Der Islam und die religionsrechtliche Ordnung des Grundgesetzes, in: Heiner Marré, Johannes Stüting (Hrsg.), Essener Gespräche zum Thema Staat und Kirche (20), Münster 1986, S. 149 ff.

Lübbe, Hermann Staat und Zivilreligion, in: Norbert Achterberg/Werner Krawietz (Hrsg.), Legitimation des modernen Staates. Vorträge der Tagung der Deutschen Sektion der Internationalen Vereinigung für Rechts- und Sozialphilosophie in der Bundesrepublik Deutschland vom 8.-11.10.1980 in Münster, Wiesbaden 1981, S. 40 ff.

Luckmann, Thomas	Die unsichtbare Religion, Frankfurt am Main 2005
Luhmann, Niklas	Soziale Systeme. Grundriss einer allgemeinen Theorie, 14. Auflage, Berlin 1984
–.	Legitimation durch Verfahren, 8. Auflage, Frankfurt a.M. 2008
v. Mangoldt, Hermann/ Klein, Friedrich/ Starck, Christian (Hrsg.)	Kommentar zum Grundgesetz, Band 1, 6. Auflage, München 2010 (zitiert: *Verfasser*, in: v. Mangoldt/Klein/Starck, GG, Bd. 1)
	Band 3, 6. Auflage, München 2010 (zitiert: *Verfasser*, in: v. Mangoldt/Klein/Starck, GG, Bd. 3)
Maunz, Theodor	Toleranz und Parität im Deutschen Staatsrecht, München 1953
–.	Die religiöse Neutralität des Staates, in: AfkKR 139 (1970), S. 427 ff.
–.	Die Kooperation von Staat und Kirche, in: BayVBl. 1988, S. 231 ff.
Maunz, Theodor/ Dürig, Günter (Begr.)	Kommentar zum Grundgesetz von Roman Herzog, Matthias Herdegen, Hans H. Klein, Rupert Scholz, München 2012, Stand: 63. Ergänzungslieferung (zitiert: *Bearbeiter*, in: Maunz/Dürig, GG)
Maurer, Hartmut	Staatsrecht I. Grundlagen, Verfassungsorgane, Staatsfunktionen, 6. Auflage, München 2010
Merten, Detlef	Der „Kruzifix-Beschluß" des Bundesverfassungsgerichts aus grundrechtsdogmatischer Sicht, in: Joachim Burmeister (Hrsg.), Verfassungsstaatlichkeit. Festschrift für Klaus Stern, S. 987 ff.
–.	Über Staatsziele, in: DÖV 1993, S. 368 ff.

Metz, René — Staat und Kirche in Frankreich. Auswirkungen des Trennungssystems – Neuere Entwicklungstendenzen, in: Joseph Krautscheidt, Heiner Marré (Hrsg.), Essener Gespräche zum Thema Staat und Kirche (6), Münster 1972, S. 103 ff.

Meyer-Teschendorf, Klaus G. — Religionsfreiheit in der Staatsschule. Das Schulgebet als Prüfstein für staatliche Neutralität und Nicht-Identifikation, in: ZevKR 23 (1978), S. 202 ff.

–. — Staat und Kirche im pluralistischen Gemeinwesen. Verfassungstheoretische Vorverständnisse von Staat, Kirche und Gesellschaft in der staatskirchenrechtlichen Diskussion der Gegenwart, Tübingen 1979

Mikat, Paul — Zur Ortsbestimmung des deutschen Staatskirchenrechts, in: Paul Mikat (Hrsg.), Kirche und Staat in der neueren Entwicklung, Darmstadt 1980, S. 1 ff.

Möllers, Christoph — Staat als Argument, München 2000

–. — Demokratie – Zumutungen und Versprechungen, Berlin 2008

–. — Pluralität der Kulturen als Herausforderung an das Verfassungsrecht?, in: Horst Dreier, Eric Hilgendorf (Hrsg.), Kulturelle Identität als Grund und Grenze des Rechts. Akten der IVR-Tagung vom 28. – 30. September 2006 in Würzburg, Stuttgart 2008, S. 223 ff.

–. — Religiöse Freiheit als Gefahr?, in: VVDStRL 68 (2009), S. 47 ff.

–. — Referat am 22.9.2010, in: Verhandlungen des 68. Deutschen Juristentages Berlin 2010, Band II/1: Sitzungsberichte (Referate und Beschlüsse), München 2011, S. O 39 ff.

Morlok, Martin	Selbstverständnis als Rechtskriterium, Tübingen 1993
Morlok, Martin/ Krüper, Julian	Artikel „Religionsrecht“, in: Werner Heun, Martin Honecker, Martin Morlok, Joachim Wieland (Hrsg.), Evangelisches Staatslexikon, Neuausgabe, Stuttgart 2006, Sp. 2019 ff. (zitiert: *Morlok/Krüper*, Art. „Religionsrecht“, in: EvStL 2006)
Muckel, Stefan	Überkreuz mit dem Kreuz. Bemerkungen zum „Kruzifix-Beschluss“ des BVerfG, in: KuR 1996, S. 65 ff.
–.	Religiöse Freiheit und staatliche Letztentscheidung. Die verfassungsrechtlichen Garantien religiöser Freiheit unter veränderten gesellschaftlichen Verhältnissen, Köln 1996
–.	Der Islam unter dem Grundgesetz. Muslime in einer christlich vorgeprägten Rechtsordnung, Köln 2000
–.	Islamischer Religionsunterricht und Islamkunde an öffentlichen Schulen in Deutschland, in: JZ 2001, S. 58 ff.
Muckel, Stefan/ Tillmanns, Reiner	„Lebensgestaltung – Ethik – Religionskunde“ statt Religionsunterricht? Zur Geltung des Art. 7 Abs. 3 GG im Bundesland Brandenburg, in: RdJB 1996, S. 360 ff.
Mückl, Stefan	Anmerkung zu BVerwG, JZ 1999, 353 ff., in: JZ 1999, S. 358 ff.
–.	Besprechung von Uhle, Arnd, Staat – Kirche – Kultur, Berlin 2004, in: AfkKR 173 (2004), S. 295 ff.
Müller, Friedrich/ Pieroth, Bodo	Religionsunterricht als ordentliches Lehrfach. Eine Fallstudie zu den Verfassungsfragen seiner Versetzungserheblichkeit, Berlin 1974

Müller-Volbehr, Jörg — Neue Minderheitenreligionen – aktuelle verfassungsrechtliche Probleme, in: JZ 1981, S. 41 ff.

–. — Das Grundrecht der Religionsfreiheit und seine Schranken, in: DÖV 1995, S. 301 ff.

–. — Positive und negative Religionsfreiheit, in: JZ 1995, S. 996 ff.

–. — Staatskirchenrecht an der Jahrtausendwende – Bestandsaufnahme und Ausblick, in: ZevKR 44 (1999), S. 385 ff.

von Münch, Ingo/ Kunig, Philip (Hrsg.) — Grundgesetz-Kommentar, Band 1: Präambel bis Art. 69, 6. Auflage, München 2012 (zitiert: *Verfasser*, in: v. Münch/Kunig, GGK, Bd. 1)

Münch, Richard — Die neue Arbeitsgesellschaft, in: Claus Leggewie, Richard Münch (Hrsg.), Politik im 21. Jahrhundert, 2. Auflage, Frankfurt am Main 2001, S. 51 ff.

Neureither, Georg — Die jüngere Rechtsprechung des BVerfG im Kontext von Recht und Religion, in: NVwZ 2011, S. 1492 ff.

Niehues, Norbert (Begr.)/Rux, Johannes (Bearbeiter) — Schul- und Prüfungsrecht, Band 1: Schulrecht, 4. Auflage, München 2006 (zitiert: *Niehues/Rux*, Schulrecht)

Nolte, Achim — Das Kreuz mit dem Kreuz. Hintergründe und Kritik am Urteil des Bundesverwaltungsgerichts vom 21. April 1999, JöR 48 (2000), S. 87 ff.

Obermayer, Klaus — Staat und Religion: Bekenntnisneutralität zwischen Traditionalismus und Nihilismus. Vortrag gehalten vor der Berliner Juristischen Gesellschaft am 16. Februar 1977, Berlin/New York 1977

Oebbecke, Janbernd — Reichweite und Voraussetzungen der grundgesetzlichen Garantie des Religionsunterrichts, in: DVBl. 1996, S. 336 ff.

Ossenbühl, Fritz — Schule im Rechtsstaat, in: DÖV 1977, S. 801 ff.

Pannenberg, Wolfhart — Christlicher Glaube und Gesellschaft, in: Ulrich Hommes (Hrsg.), Gesellschaft ohne Christentum? Zum Beitrag der Christen für die Erhaltung der Freiheit, Düsseldorf 1974

Pawlowski, Hans-Martin — Ehrfurcht vor Gott als schulisches Bildungsziel in Bayern, in: NJW 1989, S. 2240 ff.

Pieroth, Bodo — Erziehungsauftrag und Erziehungsmaßstab in der Schule, in: DVBl. 1994, S. 949 ff.

Pirson, Dietrich — Die Förderung der Kirchen als Aufgabe des säkularen Staates, in: Heiner Marré, Dieter Schümmelfeder (Hrsg.), Essener Gespräche zum Thema Staat und Kirche (28), Münster 1994, S. 83 ff.

Pollack, Detlef — Säkularisierung – ein moderner Mythos? Studien zum religiösen Wandel in Deutschland, Tübingen 2003

Quaritsch, Helmut — Kirchen und Staat. Verfassungs- und staatstheoretische Probleme der staatskirchenrechtlichen Lehre der Gegenwart, in: Der Staat 1 (1962), S. 175 ff.

–. — Neues und Altes über das Verhältnis von Kirchen und Staat, in: Der Staat 5 (1966), S. 451 ff.

Raabe, Felix — Der Streit um die Grundwerte. Fragen, Argumente, Konsequenzen, Köln 1977

Rahner, Karl/ Vorgrimler, Herbert — Kleines Konzilskompendium. Sämtliche Texte des Zweiten Vatikanums, 35. Auflage, Freiburg 2008

Rawls, John — Der Bereich des Politischen und der Gedanke eines übergreifenden Konsenses, in: John Rawls, Die Idee des politischen Liberalismus, Frankfurt am Main 1992, S. 333 ff.

–. Political Liberalism, New York 1995

Reiners, Heinrich Die klassische islamische Staatsidee, ihre moderne Interpretation und ihre Verwirklichung in den Verfassungsordnungen muslimischer Staaten, Münster 1968

Reinhard, Wolfgang Geschichte der Staatsgewalt. Eine vergleichende Verfassungsgeschichte Europas von den Anfängen bis zur Gegenwart, 2. Auflage, München 2000

Renck, Ludwig Die Trennung von Staat und Kirche, in: BayVBl. 1988, S. 225 ff.

–. Religionsfreiheit und das Bildungsziel der Ehrfurcht vor Gott, in: NJW 1989, S. 2442 ff.

–. Verfassungsprobleme des Ethikunterrichts, in: BayVBl. 1992, S. 519 ff.

–. Zum Stand des Bekenntnisverfassungsrechts in der Bundesrepublik, in: BayVBl. 1999, S. 70 ff.

Richter, Dagmar Relativierung universeller Menschenrechte durch Religionsfreiheit? Ein Beitrag zu den rechtlichen Grenzen schädlicher religiöser Praktiken, in: Rainer Grote, Thilo Marauhn (Hrsg.), Religionsfreiheit zwischen individueller Selbstbestimmung, Minderheitenschutz und Staatskirchenrecht. Völker- und verfassungsrechtliche Perspektiven, Heidelberg u.a. 2001, S. 89 ff.

Roellecke, Gerd Zum Verhältnis von Recht und Erziehung, in: Hans Joachim Faller/Wolfgang Kirchhof/Theodor Maunz/Gerd Roellecke (Hrsg.), Verantwortlichkeit und Freiheit. Festschrift für Willi Geiger zum 80. Geburtstag, Tübingen 1989, S. 342 ff.

Rohe, Mathias Islamisierung des deutschen Rechts?, in: JZ 2007, S. 801 ff.

Sachs, Michael (Hrsg.) Kommentar zum Grundgesetz, 6. Auflage, München 2011
(zitiert: *Verfasser*, in: Sachs, GG)

Samm, Carl-Theodor Die Stellung der Deutschen Bundesbank im Verfassungsgefüge, Berlin 1967

Schachten, Winfried Quis iudicabit? Das konfessionell gebundene Staatsamt eines katholischen Universitätstheologen und die beamtenrechtliche Fürsorgepflicht des Staates im Bereich der Grundrechte, Berlin 1989

Schäuble, Wolfgang Braucht unsere Gesellschaft Religion? Vom Wert des Glaubens, Berlin 2009

–. Sechzig Jahre „wehrhafte Demokratie“, in: Die Politische Meinung Nr. 473 (2009), S. 10 ff.

Scheuner, Ulrich Nochmals: Zum Ende des Schulgebetsstreits. Bemerkungen zur Abhandlung von Ernst-Wolfgang Böckenförde, in: DÖV 1980, S. 513 ff.

Schlaich, Klaus Neutralität als verfassungsrechtliches Prinzip. Vornehmlich im Kulturverfassungs- und Staatskirchenrecht, Tübingen 1972

–. Radikale Trennung und Pluralismus – zwei Modelle der weltanschaulichen Neutralität des Staates, in: Klaus Wegenast (Hrsg.), Trennung von Kirche und Staat? Juristische, theologische und politische Stimmen zu einem alten Problem, Hamburg 1975, S. 10 ff.

–. Konfessionalität – Säkularität – Offenheit. Der christliche Glaube und der freiheitlich-demokratische Verfassungsstaat, in: Martin Heckel, Werner Heun (Hrsg.), Gesammelte Aufsätze. Kirche und Staat von der Reformation bis zum Grundgesetz/Klaus Schlaich, Tübingen 1997, S. 423 ff.

Schmitt, Carl	Übersicht über die verschiedenen Bedeutungen und Funktionen des Begriffs der innerpolitischen Neutralität des Staates, in: Carl Schmitt, Der Begriff des Politischen, 6. Auflage, Berlin 1996, S. 97 ff.
Schmitt-Kammler, Arnulf	Elternrecht und schulisches Erziehungsrecht nach dem Grundgesetz, Berlin 1983
–.	In hoc signo – Zum „Schulkreuz-Erkenntnis" des Bundesverfassungsgerichts, in: Rudolf Wendt/ Wolfram Höfling/Ulrich Karpen/Martin Oldiges (Hrsg.), Staat-Wirtschaft-Steuern. Festschrift für Karl Heinrich Friauf zum 65. Geburtstag, Heidelberg 1996, S. 343 ff.
Schnapp, Friedrich E.	Toleranzidee und Grundgesetz, in: JZ 1985, S. 857 ff.
Schockenhoff, Martin	Ist Ethikunterricht verfassungswidrig? Zugleich Erwiderung auf Renck, in: BayVBl. 1993, S. 737 ff.
Scholz, Rupert	Staat und Kirche – Chance für eine neue Partnerschaft?, in: Walter Bernhardt, Gottfried Mehnert (Hrsg.), Glaube und Politik, Neumünster 1987, S. 63 ff.
Schröder, Ulrich Jan	Wovon der Staat lebt. Verfassungsvoraussetzungen vom Vormärz bis zum Grundgesetz, in: JZ 2010, S. 869 ff.
Schwarz, Kyrill-A.	Das christlich-abendländische Fundament des Grundgesetzes als Topos der Verfassungsinterpretation, in: Rainer Grote, Ines Härtel, Karl-E. Hain, Thorsten Schmidt, Thomas Schmitz (Hrsg.), Die Ordnung der Freiheit. Festschrift für Christian Starck zum siebzigsten Geburtstag, Tübingen 2007, S. 419 ff.

Ständige Konferenz der Kultusminister der Länder in der Bundesrepublik Deutschland (Hrsg.)	Zur Situation des Ethikunterrichts in der Bundesrepublik Deutschland. Bericht der Kultusministerkonferenz vom 22.2.2008, abrufbar unter: http://www.kmk.org/fileadmin/veroeffentlichungen_beschluesse/2008/2008_02_22-Situation-Ethik-Unterricht.pdf (Stand: 26.4.2012)
–.	Sammlung der Beschlüsse der Ständigen Konferenz der Kultusminister der Länder in der Bundesrepublik Deutschland, Stand: 163. Ergänzungslieferung, Neuwied 2012 (zitiert: Sammlung der Beschlüsse der KMK)
Starck, Christian	Freiheitlicher Staat und staatliche Schulhoheit, in: Joseph Krautscheidt/Heiner Marré (Hrsg.), Essener Gespräche zum Thema Staat und Kirche 9 (1975), S. 11 ff.
–.	Vom Grund des Grundgesetzes, Zürich 1979
–.	Staat und Religion, in: JZ 2000, S. 1 ff.
Statistisches Bundesamt	Statistisches Jahrbuch für die Bundesrepublik Deutschland 1967, Stuttgart und Mainz 1967
–.	Statistisches Jahrbuch für die Bundesrepublik Deutschland 2011, Wiesbaden 2011
Steiner, Udo	Artikel „Toleranz. Rechtlich“, in: Roman Herzog, Hermann Kunst, Klaus Schlaich, Wilhelm Schneemelcher (Hrsg.), Evangelisches Staatslexikon, Band II, 3. Auflage, Stuttgart 1987, Sp. 3630 ff. (zitiert: *Steiner*, Art. „Toleranz. Rechtlich“, in: EvStL 1987)
Stock, Martin	Einige Schwierigkeiten mit islamischem Religionsunterricht, in: NVwZ 2004, S. 1399 ff.

Stutz, Ulrich — Das Studium des Kirchenrechts an den deutschen Universitäten, in: Deutsche Akademische Rundschau, 6. Jahrgang, 12. Semester-Folge Nr. 5 v. 15.12.1924, S. 1 ff.

–. — Die päpstliche Diplomatie unter Leo XIII. nach den Denkwürdigkeiten des Kardinals Domenico Ferrata, Berlin 1926

Sydow, Gernot — Moderator im Glaubensstreit: Der neutrale Staat in ungewohnter Rolle, in: JZ 2009, S. 1141 ff.

Thiel, Markus — Der Erziehungsauftrag des Staates in der Schule. Grundlagen und Grenzen staatlicher Erziehungstätigkeit im öffentlichen Schulwesen, Berlin 2000

–. — Die „wehrhafte Demokratie“ als verfassungsrechtliche Grundentscheidung, in: Markus Thiel (Hrsg.), Wehrhafte Demokratie. Beiträge über die Regelungen zum Schutze der freiheitlichen demokratischen Grundordnung, Tübingen 2003, S. 1 ff.

von Tiling, Peter — Die Kirche in der pluralistischen Gesellschaft, in: ZevKR 14 (1968/1969), S. 238 ff.

Tillmanns, Reiner — Wehrhaftigkeit durch Werthaftigkeit – der ethische Grundkonsens als Existenzvoraussetzung des freiheitlichen Staates, in: Markus Thiel (Hrsg.), Wehrhafte Demokratie. Beiträge über die Regelungen zum Schutze der freiheitlichen demokratischen Grundordnung, Tübingen 2003

Uhle, Arnd — Freiheitlicher Verfassungsstaat und kulturelle Identität, Tübingen 2004

–. — Staat – Kirche – Kultur, Berlin 2004

–. Ein „rätselhafter Ehrentitel“? Die dogmatischen Konturen des Art. 140 GG i.V.m. Art. 137 Abs. 5 WRV und die Zukunftsfähigkeit des deutschen Staatskirchenrechts, in: Otto Depenheuer, Markus Heintzen, Matthias Jestaedt, Peter Axer (Hrsg.), Staat im Wort. Festschrift für Josef Isensee, Heidelberg 2007, S. 1033 ff.

–. Die Integration des Islam in das Staatskirchenrecht der Gegenwart, in: Hans Michael Heinig, Christian Walter (Hrsg.), Staatskirchenrecht oder Religionsverfassungsrecht? Ein begriffspolitischer Grundsatzstreit, Tübingen 2007, S. 299 ff.

Umbach, Dieter C./ Clemens, Thomas (Hrsg.) Mitarbeiterkommentar und Handbuch zum Grundgesetz, Band 2, Art. 38 – 146 GG, Heidelberg 2002 (zitiert: *Verfasser*, in: Umbach/Clemens, GG, Bd. 2)

Unruh, Peter Zur Verfassungsmäßigkeit des obligatorischen Ethikunterrichts. Anmerkungen zum Religions- und Ethikunterricht in Berlin, in: DÖV 2007, S. 625 ff.

Vattimo, Gianni Jenseits des Christentums. Gibt es eine Welt ohne Gott?, München 2004

De Wall, Heinrich/ Muckel, Stefan Kirchenrecht. Ein Studienbuch, 2. Auflage, München 2010

Waldhoff, Christian Die Zukunft des Staatskirchenrechts, in: Burkhard Kämper, Hans-Werner Thönnes (Hrsg.), Essener Gespräche zum Thema Staat und Kirche (42), Münster 2008, S. 55 ff.

–. Neue Religionskonflikte und staatliche Neutralität. Erfordern weltanschauliche und religiöse Entwicklungen Antworten des Staates? Gutachten D für den 68. Deutschen Juristentag, München 2010

Walter, Christian Religionsverfassungsrecht. In vergleichender und internationaler Perspektive, Heidelberg 2004

Weber, Hermann — Schule, Staat und Religion, in: Der Staat 8 (1969), S. 493 ff.

Werner, Gitta — Ethik als Ersatzfach, in: NVwZ 1998, S. 816 ff.

Wienholtz, Ekkehard — Arbeit, Kultur und Umwelt als Gegenstände verfassungsrechtlicher Staatszielbestimmungen, in: AöR 109 (1984), S. 532 ff.

Wittekind, Folkart — Welche Religionsgemeinschaften sollen Körperschaften des öffentlichen Rechts sein? Die Entstehung des modernen deutschen Staatskirchenrechts in den Verhandlungen über die Weimarer Reichsverfassung, in: Günter Brakelmann, Norbert Friedrich, Traugott Jähnichen (Hrsg.) Auf dem Weg zum Grundgesetz, Münster 1999, S. 77 ff.

Würtenberger, Thomas — Zur Legitimität des Grundgesetzes in historischer Perspektive, in: Winfried Brugger (Hrsg.), Legitimation des Grundgesetzes aus Sicht von Rechtsphilosophie und Gesellschaftstheorie, Baden-Baden 1996, S. 21 ff.

–. — Zu den Voraussetzungen des freiheitlichen, säkularisierten Staates, in: Winfried Brugger, Stefan Huster (Hrsg.), Der Streit um das Kreuz in der Schule, Baden-Baden 1998, S. 227 ff.

von Zezschwitz, Friederich — Staatliche Neutralitätspflicht und Schulgebet, in: JZ 1966, S. 337 ff.

Zippelius, Reinhold — Kirche und Staat und die Einheit der Staatsgewalt, in: ZevKR 9 (1962/1963), S. 42 ff.

–. — Allgemeine Staatslehre. Politikwissenschaft. Ein Studienbuch, 16. Auflage, München 2010

Schriften zum Staatskirchenrecht

Herausgegeben von Axel Frhr. von Campenhausen, Christoph Link und Jörg Winter

Band 1 Christoph Link: Staat und Kirche in der neueren deutschen Geschichte. Fünf Abhandlungen. 2000.

Band 2 Andreas Franitza: Der Allgemeine Hannoversche Klosterfonds und die Klosterkammer Hannover. Untersuchung zur rechtsgeschichtlichen Entwicklung. 2000.

Band 3 Reinald Willenberg: Rundfunk unter kirchlicher Trägerschaft. 2001.

Band 4 Martin Fischer: Kirchliche Beiträge im Fernsehen. Darstellung eines abgestuften Mitgestaltungsmodells kirchlicher Beteiligung im Fernsehen. 2001.

Band 5 Bernd Albrecht von Garmissen: Landwirtschaftliches Grundvermögen in kirchlicher Hand. Dargestellt am Beispiel der Evangelischen Kirche in Deutschland und unter besonderer Berücksichtigung der Evangelisch-Lutherischen Landeskirche Hannovers. 2001.

Band 6 Berend Lindner: Entstehung und Untergang von Körperschaften des öffentlichen Rechts. Unter besonderer Berücksichtigung der Religions- und Weltanschauungsgemeinschaften. 2002.

Band 7 Gesa Dirksen: Das deutsche Staatskirchenrecht - Freiheitsordnung oder Fehlentwicklung? 2003.

Band 8 Im Dienste der Sache. Liber amicorum für Joachim Gaertner. Herausgegeben von Ricarda Dill, Stephan Reimers, Christoph Thiele. 2003.

Band 9 Arnd Diringer: Scientology. Verbotsmöglichkeit einer verfassungsfeindlichen Bekenntnisgemeinschaft. 2003.

Band 10 Konstantin v. Notz: Lebensführungspflichten im evangelischen Kirchenrecht. 2003.

Band 11 Matthias Schwara: Die Heiliggeistkirche in Heidelberg im Wandel der Zeiten. Ein Beitrag zur Rechtsgeschichte Südwestdeutschlands. 2003.

Band 12 Axel Frhr. von Campenhausen (Hrsg.): Deutsches Staatskirchenrecht zwischen Grundgesetz und EU-Gemeinschaftsrecht. Symposion im Kirchenamt der Evangelischen Kirche in Deutschland am 25. und 26. April 2002 in Hannover. 2003.

Band 13 Thomas Bauer: Die GmbH als Rechtsform karitativer Einrichtungen der Kirche. 2003.

Band 14 Anne-Ruth Glawatz: Die Zuordnung privatrechtlich organisierter Diakonie zur evangelischen Kirche. Unter besonderer Berücksichtigung von unternehmerischen Umstrukturierungen in der Diakonie. 2003.

Band 15 Detlef Kehlen: Europäische Antidiskriminierung und kirchliches Selbstbestimmungsrecht. Zur Auslegung von Art. 13 EG und Art. 4 der Richtlinie 2000/78/EG. 2003.

Band 16 Andreas Grube: Der Sonntag und die kirchlichen Feiertage zwischen Gefährdung und Bewährung. Aspekte der feiertagsrechtlichen Entwicklung im 19. und 20. Jahrhundert. 2003.

Band 17 Burghard Winkel: Kirche und Vergaberecht. Der vergaberechtliche Status der evangelischen Landeskirchen in Deutschland. 2004.

Band 18 Suzanne Mann: Das Kopftuch der muslimischen Lehramtsanwärterin als Eignungsmangel im Beamtenrecht. 2004.

Band 19 Markus Ogorek: Geltung und Fortbestand der Verfassungsgarantie staatlichen Religionsunterrichts in den neuen Bundesländern. Ein Beitrag zur Lehre vom sogenannten Verfassungswandel. 2004.

Band 20 Steffen Rupp: Verwaltungsmodernisierung in der Kirche. Eine Untersuchung am Beispiel des Neuen Steuerungsmodells der Evangelischen Landeskirche in Baden. 2004.

Band 21 Gunter Barwig: Die Geltung der Grundrechte im kirchlichen Bereich. Eine Untersuchung zur Grundrechtsfähigkeit und Grundrechtsbindung der Religionsgemeinschaften. 2004.

Band 22 Andreas Kasper: Sozialsponsoring. Eine rechtliche Bewertung unter besonderer Berücksichtigung des Sponsorings kirchlicher Werke und Einrichtungen. 2004.

Band 23 Martin Rauhaus: Das kirchenrechtliche Gemeindeprinzip und seine Auswirkungen auf die kirchliche Verfassungsgestaltung. Dargestellt am Beispiel der Verfassung der evangelisch-reformierten Kirche. 2005.

Band 24 Heidi Reichegger: Die Auswirkungen der Richtlinie 2000/78/EG auf das kirchliche Arbeitsrecht unter Berücksichtigung von Gemeinschaftsgrundrechten als Auslegungsmaxime. 2005.

Band 25 Matthias Triebel: Das europäische Religionsrecht am Beispiel der arbeitsrechtlichen Anti-Diskriminierungsrichtlinie 2000/78/EG. 2005.

Band 26 René Seidel: Die Anerkennung der privaten Ersatzschule und ihre Auswirkungen auf das Privatschulverhältnis. 2005.

Band 27 Uta Kleine: Die Eingrenzung des Haftungsrisikos für den ehrenamtlichen Betreuer. 2005.

Band 28 Gerrit Nils Beermann: Hoheitsbetriebe von Kirchen und Religionsgemeinschaften. Eine körperschaftsteuerliche Untersuchung. 2005.

Band 29 Falko Tappen: Kirchliche Vermögensverwaltung am Beispiel des Ethischen Investments. 2005.

Band 30 Walter Fischedick: Die Zeugnisverweigerungsrechte von Geistlichen und kirchlichen Mitarbeitern. 2006.

Band 31 Myrian Dietrich: Islamischer Religionsunterricht. Rechtliche Perspektiven. 2006.

Band 32 Florian Herrmann: Die rechtliche Organisation international tätiger kirchlicher Hilfswerke. 2006.

Band 33 Joachim Gaertner / Erika Godel (Hrsg.): Religionsfreiheit und Frieden. Vom Augsburger Religionsfrieden zum europäischen Verfassungsvertrag. 2007.

Band 34 Volker Ochsenfahrt: Die staatskirchenrechtliche Stellung des Katholischen Bistums der Alt-Katholiken in Deutschland. 2007.

Band 35 Gustav Reingrabner: Um Glaube und Freiheit. Eine kleine Rechtsgeschichte der Evangelischen in Österreich und ihrer Kirche. 2007.

Band 36 Steffen Alexander Sommer: Teildienstverhältnisse bei Pfarrern in den Gliedkirchen der Evangelischen Kirche in Deutschland. Eine rechtliche Untersuchung. 2007.

Band 37 Arne Feickert: Rechtsfragen der kirchlichen Bestattung. Mitgliedschaftsanspruch und Totenfürsorgerecht dargestellt für die katholische Kirche und die evangelische Landeskirche in Baden. Nebst einem Anhang zum Verhältnis von Totenfürsorgerecht und Bestattungspflicht. 2007.

Band 38 Nina Coumont: Muslimische Schüler und Schülerinnen in der öffentlichen Schule. 2008.

Band 39 Christine Mertesdorf: Weltanschauungsgemeinschaften. Eine verfassungsrechtliche Betrachtung mit Darstellung einzelner Gemeinschaften. 2008.

Band 40 Tajan Tober: Ein neues *ius divinum*? Zur Theologie des Rechts der Bahá'í. 2008.

Band 41 Tamara Bloch: Die Stellungnahmen der römisch-katholischen Amtskirche zur Frage der Menschenrechte seit 1215. Eine historische Untersuchung unter besonderer Berücksichtigung der Gewährleistungen im CIC/1983. 2008.

Band 42 Axel Lehmann: Krankenhaus und EG-Beihilferecht. Die Vereinbarkeit des Krankenhausfinanzierungsrechts mit Art. 87 ff. EG-Vertrag. 2008.

Band 43 Claudia Maria Corlazzoli: Religionsunterricht von kleineren Religionsgemeinschaften an öffentlichen Schulen in Deutschland. 2009.

Band 44 Jens Neie: Bekenntnis, Bekenntnisstand und Bekenntnisbildung im evangelischen Kirchenrecht. 2009.

Band 45 Christian Schulze Pellengahr Freiherr von Freusberg-Steinhorst: Das Verbot der politischen Betätigung für Geistliche nach katholischem und evangelischem Kirchenrecht sowie im geltenden Staatskirchenrecht. Unter Berücksichtigung der Staaten- und Verfassungsgeschichte Deutschlands und Österreichs. 2009.

Band 46 Carolin Metzner: Johann Caspar Bluntschli. Leben, Zeitgeschehen und Kirchenpolitik. 1808–1881. 2009.

Band 47 Tajan Tober: Ein föderaler Weltrechtsstaat am Ausgang der Zeit? Staat und religiöse Ordnung in der Bahá'í-Theologie. 2009.

Band 48 Stephan Sünner: Staatsgesetz vor Religionsgebot? Eine Analyse mit Bezug zum englischen Recht und zur Rechtsprechung des EGMR. 2010.

Band 49 Kyrill Makoski: Kirchliche Krankenhäuser und staatliche Finanzierung. Geschichte, Ausgestaltung, verfassungsrechtliche Anforderungen. 2010.

Band 50 Philipp Lehmann: Marken-, Kennzeichen- und Namensrecht im Bereich der Religionsgemeinschaften. 2010.

Band 51 Flavia Hauschild: Die Christlichkeit der Schulen. Die Bayerische Schule und ihr Umgang mit Religion. 2010.

Band 52 Axel Frhr. von Campenhausen (Hrsg.): Tag der Arbeitsruhe und der seelischen Erhebung. Dokumentation zum Urteil des Bundesverfassungsgerichts zum Schutz der Sonntagsruhe. 2010.

Band 53 Heiko Feurer: Amtshaftung und Staatskirchenrecht. Zu Pflichten, Amt und Körperschaft in Art. 34 GG und Art. 137 WRV. 2010.

Band 54 Katharina Haupt: Verfassungsfragen zum muslimischen Kopftuch von Erzieherinnen in öffentlichen Kindergärten. 2010.

Band 55 Andreas Schoenauer: Die Kirchenklausel des § 9 AGG im Kontext des kirchlichen Dienst- und Arbeitsrechts. 2010.

Band 56 Maren Rosenkötter: Die Establishment Clause der U.S. Verfassung und staatliche Unterstützung religiöser Privatschulen. 2011.

Band 57 Sandra Könemann: Das Staatskirchenrecht in der wissenschaftlichen Diskussion der Weimarer Zeit. 2011.

Band 58 Danielle Gaukel: Vereinsbildungen im evangelischen Kirchenrecht. 2011.

Band 59 Nicole Grahm: Kommunale Kirchenbaulasten im Gebiet des ehemaligen Großherzogtums Baden. 2012.

Band 60 Julia Palm: Berechtigung und Aktualität des Böckenförde-Diktums. Eine Überprüfung vor dem Hintergrund der religiös-weltanschaulichen Neutralität des Staates. Möglichkeiten des Staates zur Pflege seiner Voraussetzungen durch Werterziehung in der öffentlichen Schule. 2013.

www.ingramcontent.com/pod-product-compliance
Ingram Content Group UK Ltd.
Pitfield, Milton Keynes, MK11 3LW, UK
UKHW021853290926
8980IPUK00005B/816

9 783631 627396